xyzdz@265.net

BLCU'S BEST-SELLING CHINESE TEXTBOOKS FOR LEARNERS OVERSEAS

CONVERSATIONAL CHINESE 301

Compiled by Kang Yuhua and Lai Siping
Translated by Zhu Wenjun

Beijing Language and Culture University Press

北语对外汉语精版教材

汉语会话 301 句

康玉华　来思平　编著
朱文俊　　　　翻译

北京语言大学出版社

（京）新登字 157 号

图书在版编目（CIP）数据

汉语会话 301 句/康玉华、来思平编著．－修订本．
－北京：北京语言大学出版社，2004 重印
北语对外汉语精版教材
ISBN 7－5619－0656－0

Ⅰ．汉…
Ⅱ．①康… ②来…
Ⅲ．口语－对外汉语教学－教材
Ⅳ．H195.4
中国版本图书馆 CIP 数据核字（98）第 25464 号

责任印制：乔学军
出版发行：北京语言大学出版社
社　　址：北京市海淀区学院路 15 号　邮政编码：100083
网　　址：http：//www.blcup.com
印　　刷：北京北林印刷厂
经　　销：全国新华书店
版　　次：1999 年 1 月第 1 版　2004 年 6 月第 12 次印刷
开　　本：787 毫米×1092 毫米　1/16　印张：18.5
字　　数：305 千字　印数：94000－104000 册
书　　号：ISBN 7－5619－0656－0/H·9826
　　　　　2000 DW 0031
定　　价：38.00 元
出版部电话：010－82303590
发行部电话：010－82303648　82303591
　　　传真：010－82303081
E-mail：fxb@blcu.edu.cn

前　言

　　《汉语会话 301 句》是为初学汉语的外国人编写的速成教材。

　　本书共 40 课，另有复习课 8 课。40 课内容包括"问候"、"相识"等交际功能项目近 30 个，生词 800 个左右以及汉语基本语法。每课分句子、会话、替换与扩展、生词、语法、练习等六部分。

　　本书注重培养初学者运用汉语进行交际的能力，采用交际功能与语法结构相结合的方法编写。将现代汉语中最常用、最基本的部分通过生活中常见的语境展现出来，使学习者能较快地掌握基本会话 301 句，并在此基础上通过替换与扩展练习，达到能与中国人进行简单交际的目的，为进一步学习打下良好的基础。

　　考虑到成年人学习的特点，对基础阶段的语法部分，用通俗易懂的语言，加上浅显明了的例句作简明扼要的解释，使学习者能用语法规律来指导自己的语言实践，从而起到举一反三的作用。

　　练习项目多样，练习量也较大；复习课注意进一步训练学生会话与成段表达，对所学的语法进行归纳总结。各课的练习和复习课可根据实际情况全部或部分使用。

编　者

PREFACE

Conversational Chinese 301 is intended to be an intensive course book for foreigners who have just started to learn Chinese.

This book consists of 40 lessons and 8 reviews. The 40 lessons encompass nearly 30 communicative functions such as "Greetings" and "Making an Acquaintance", about 800 new words and the fundamentals of Chinese grammar. Each lesson is divided into six parts —— Sentences, Conversation, Substitution and Extension, New Words, Grammar, and Exercises.

This book lays emphasis on improving the ability of the learner to use Chinese for communication. It integrates the communicative function with the grammatical structure and presents the most essential and useful part of the language in the linguistic environments one is usually exposed to in daily life, so as to enable the learner to master the 301 basic conversational sentences fairly quickly, and on that basis, through substitution and extension practice, to acquire the ability to carry on simple conversations with the Chinese. In this way, the book will also help lay a solid foundation for further study.

In view of the characteristics of language learning of the adult, we use not only easy-to-understand language, but also simple grammar. All this will help him use the grammatical rules to guide his own language practice and draw inferences about other cases from one instance.

The exercises are varied and plentiful. The reviews give due attention to improving the conversational and narrative skills of the learner, as well as systematically summarizing the grammar points covered. The exercises in each lesson and the reviews may be used in totality or in part, according to actual circumstances.

The Compilers

目　　录

IV

CONTENTS

V

　Ⅵ

汉 语 拼 音 字 母 表
The Chinese Phonetic Alphabet

印刷体 printed forms	书写体 written forms	字母名称 names	印刷体 printed forms	书写体 written forms	字母名称 names
A a	*A a*	[a]	N n	*N n*	[nɛ]
B b	*B b*	[pɛ]	O o	*O o*	[o]
C c	*C c*	[ts'ɛ]	P p	*P p*	[p'ɛ]
D d	*D d*	[tɛ]	Q q	*Q q*	[tɕ'iou]
E e	*E e*	[ɤ]	R r	*R r*	[ar]
F f	*F f*	[ɛf]	S s	*S s*	[ɛs]
G g	*G g*	[kɛ]	T t	*T t*	[t'ɛ]
H h	*H h*	[xa]	U u	*U u*	[u]
I i	*I i*	[i]	V v	*V v*	[vɛ]
J j	*J j*	[tɕiɛ]	W w	*W w*	[wa]
K k	*K k*	[k'ɛ]	X x	*X x*	[ɕi]
L l	*L l*	[ɛl]	Y y	*Y y*	[ja]
M m	*M m*	[ɛm]	Z z	*Z z*	[tsɛ]

词类简称表
Abbreviations

1. （名）	名词	míngcí	noun
2. （代）	代词	dàicí	pronoun
3. （动）	动词	dòngcí	verb
4. （能动）	能愿动词	néngyuàn dòngcí	modal verb
5. （形）	形容词	xíngróngcí	adjective
6. （数）	数词	shùcí	numeral
7. （量）	量词	liàngcí	measure word
8. （副）	副词	fùcí	adverb
9. （介）	介词	jiècí	preposition
10. （连）	连词	liáncí	conjunction
11. （助）	助词	zhùcí	particle
	动态助词	dòngtài zhùcí	aspect particle
	结构助词	jiégòu zhùcí	structural particle
	语气助词	yǔqì zhùcí	modal particle
12. （叹）	叹词	tàncí	interjection
13. （象声）	象声词	xiàngshēngcí	onomatopoeia
（头）	词头	cítóu	prefix
（尾）	词尾	cíwěi	suffix

问候（一）
wènhòu
GREETINGS (1)

第一课　Lesson　1

你好!
How do you do?

一、句子　Sentences

1　你好!
　Nǐ hǎo!
How do you do?

2　你好吗?
　Nǐ hǎo ma?
How are you?

3　很好。
　Hěn hǎo.
Very well.

4　我也很好。
　Wǒ yě hěn hǎo.
I am very well, too.

二、会话　Conversation

大卫：　玛丽，你好!
Dàwèi：　Mǎlì, nǐ hǎo!

玛丽：　你好，大卫!
Mǎlì：　Nǐ hǎo, Dàwèi!

王　兰：　你好吗?
Wáng Lán：　Nǐ hǎo ma?

刘京：　很好。你好吗?
Liú Jīng：　Hěn hǎo. Nǐ hǎo ma?

王　兰：　我也很好。
Wáng Lán：　Wǒ yě hěn hǎo.

注释　Notes

① "你好!"　Hello! / Hi!

日常问候语。任何时间、任何场合以及任何身份的人都可使用。对方的回答也应是"你好"。

It is an everyday greeting and is used at any time, on any occasion and by a person of any social status. The reply should also be "你好".

② "你好吗?"　How are you?

常用问候语。回答一般是"我很好"等套语。一般用于已经相识的人之间。

It is an everyday greeting and is usually used between acquaintances. A polite expression such as "我很好" can be used as a reply.

三、替换与扩展　Substitution and Extension

1. <u>你</u>好!　| 你们 |

2. <u>你</u>好吗?　| 你们　她　他　他们 |

　　　　*　　　　*　　　　*　　　　*　　　　*

1. 你们 好 吗?
   Nǐmen hǎo ma?

   我们 都 很 好。 你 好 吗?
   Wǒmen dōu hěn hǎo.　Nǐ hǎo ma?

   我 也 很 好。
   Wǒ yě hěn hǎo.

2. 你 来 吗?
   Nǐ lái ma?

   我 来。
   Wǒ lái.

   爸爸、妈妈 来 吗?
   Bàba、māma lái ma?

   他们 都 来。
   Tāmen dōu lái.

四、生词　New Words

1	你	(代)	nǐ	you
2	好	(形)	hǎo	well
3	吗	(助)	ma	(modal particle)
4	很	(副)	hěn	very
5	我	(代)	wǒ	I, me
6	也	(副)	yě	also, too
7	你们	(代)	nǐmen	you (plural)
8	她	(代)	tā	she, her
9	他	(代)	tā	he, him
10	他们	(代)	tāmen	they, them
11	我们	(代)	wǒmen	we, us
12	都	(副)	dōu	all
13	来	(动)	lái	to come
14	爸爸	(名)	bàba	father, dad
15	妈妈	(名)	māma	mother, mum

专名　Proper Names

1	大卫	Dàwèi	David

2	玛丽	Mǎlì	Mary
3	王兰	Wáng Lán	Wang Lan
4	刘京	Liú Jīng	Liu Jing

五、语音 Phonetics

1. 声母、韵母(1) Initials and finals (1)

声母 initials	b p m f d t n l g k h
韵母 finals	a o e i u ü ai ei ao ou en ie an ang ing iou (-iu)

2. 拼音(1) Phonetic alphabet (1)

	a	o	e	ai	ei	ao	ou	an	en	ang
b	ba	bo		bai	bei	bao		ban	ben	bang
p	pa	po		pai	pei	pao	pou	pan	pen	pang
m	ma	mo	me	mai	mei	mao	mou	man	men	mang
f	fa	fo			fei		fou	fan	fen	fang
d	da		de	dai	dei	dao	dou	dan	den	dang
t	ta		te	tai		tao	tou	tan		tang
n	na		ne	nai	nei	nao	nou	nan	nen	nang
l	la		le	lai	lei	lao	lou	lan		lang
g	ga		ge	gai	gei	gao	gou	gan	gen	gang
k	ka		ke	kai	kei	kao	kou	kan	ken	kang
h	ha		he	hai	hei	hao	hou	han	hen	hang

3. 声调 Tones

汉语是有声调的语言。汉语语音有四个基本声调。分别用声调符号"ˉ(第一声)、ˊ(第二声)、ˇ(第三声)、ˋ(第四声)"表示。

Chinese is a tone language. It has four basic tones, which are indicated respectively by the tone graphs: ˉ(the first tone), ˊ(the second tone), ˇ(the third tone) and ˋ(the fourth tone).

声调有区别意义的作用。如 mā(妈) má(麻) mǎ(马) mà(骂),声调不同,意思也不同。

The tones are used to distinguish meanings of a syllable. Different tones have different meanings, e.g. mā(mother), má(hemp), mǎ(horse), mà(to curse).

当一个音节只有一个元音时,声调符号标在元音上(元音 i 上有调号时要去掉 i 上的点儿,如 nǐ)。一个音节的韵母有两个或两个以上的元音时,声调符号要标在主要元音上,如 lái。

When there is only one vowel in a syllable, the tone-graph is put above the vowel (if the graph is above the vowel i, the dot of i is omitted, e.g. nǐ). When there are two or more than two vowels in the final of a syllable, the tone-graph falls on the main vowel, e.g. lái.

声调示意图　Diagram of tones

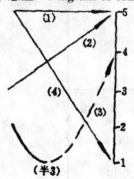

高	high-pitch
半高	mid-high-pitch
中	middle-pitch
半低	mid-low-pitch
低	low-pitch

ˉ　第一声　1st tone　　　ˊ　第二声　2nd tone

ˇ　第三声　3rd tone　　　ˋ　第四声　4th tone

4．轻声　Neutral tone

普通话里有一些音节读得又轻又短,叫作轻声。书写时轻声不标调号,例如:bàba(爸爸)、tāmen(他们)。

In Common Speech, some syllables are pronounced both light and short. Such a tone is called the neutral tone, which lacks a tone-graph representation in writing, e.g. bàba (father), tāmen (they).

5．变调　Change of tones

(1) 两个第三声音节连在一起时,前一个音节变为第二声(调号仍用"ˇ"),如:"你好 nǐ hǎo"的实际读音为"ní hǎo"。

When two 3rd tones come together, the first tone changes into the 2nd (but its tone-graph remains ˇ), e.g. "你好 nǐ hǎo" (How are you) is actually pronounced as "ní hǎo".

(2) 第三声字在第一、二、四声和大部分轻声字前边时,要变成"半三声"。"半三声"就是只读原来第三声的前一半降调。例如:你们 nǐmen → nǐmen。

When a syllable in the 3rd tone precedes a syllable in the 1st, 2nd, 4th or neutral tone, it is pronounced in the half 3rd tone, that is, the tone only falls but doesn't rise, e.g. "你们" nǐmen →nǐmen.

6．拼写说明(1)　Notes on spelling (1)

以 i 或 u 开头的韵母,前面没有声母时,必须把 i 改写为 y;把 u 改写为 w。例如:ie → ye;uo → wo。

Finals beginning with i or u, when not preceded by any initials, should be changed respectively into y and w, e.g. ie → ye, uo → wo.

六、练习　Exercises

1. 完成对话　Complete the following conversations：

(1) A：你好！　　　　　　(2) A、B：你好！

B：_____！　　　　　　C：_____！

A：他好吗？

B：_____。

(3) 玛丽：你好吗？

王兰：_____。你好吗？

玛丽：_____。刘京好吗？

王兰：_____，我们_____。

2. 根据情境会话　Situational dialogues：

(1) 你和你的同学见面，互相问候。

You meet and greet your classmates.

(2) 你去朋友家，见到他爸爸、妈妈，向他们问候。

On a visit to your friend's home, you greet his / her father and mother.

3. 在课堂上同学、老师互相问候。　A teacher and his students greet each other in class.

4. 语音练习　Phonetic drills：

(1) 辨音　Discrimination of sounds

bā （八）	pā （啪）	dā （搭）	tā （他）
gòu （够）	kòu （扣）	bái （白）	pái （排）
dào （到）	tào （套）	gǎi （改）	kǎi （凯）

(2) 变调　Change of tones

bǔkǎo	（补考）	hěn hǎo	（很好）
dǎdǎo	（打倒）	fěnbǐ	（粉笔）
měihǎo	（美好）	wǔdǎo	（舞蹈）
nǐ lái	（你来）	hěn lèi	（很累）
měilì	（美丽）	hǎiwèi	（海味）
hěn hēi	（很黑）	nǎ ge	（哪个）

(3) 轻声　Neutral tone

tóufa	（头发）	nàme	（那么）
hēi de	（黑的）	gēge	（哥哥）
lái ba	（来吧）	mèimei	（妹妹）

5

<table>
<tr><td>问候(二)
wènhòu
GREETINGS　(2)</td></tr>
</table>

你身体好吗?

How is your health?

一、句子　Sentences

5　你 早!
　　Nǐ zǎo!
Good morning!

6　你 身体 好 吗?
　　Nǐ shēntǐ hǎo ma?
How is your health?

7　谢谢!
　　Xièxie!
Thanks.

8　再见!
　　Zàijiàn!
Good-bye.

二、会话　Conversation

李 老师：　你早!
Lǐ lǎoshī：　Nǐ zǎo!

王　老师：你早!
Wáng lǎoshī：Nǐ zǎo!

李 老师：　你身体 好 吗?
Lǐ lǎoshī：　Nǐ shēntǐ hǎo ma?

王　老师：很好。谢谢!
wáng lǎoshī：Hěnhǎo. Xièxie!

＊　　　＊　　　＊　　　＊　　　＊

张　　老师：你们 好 吗?
Zhāng lǎoshī：Nǐmen hǎo ma?

学生 A、B：我们 都 很 好。您 身体 好 吗?
xuésheng：　Wǒmen dōu hěn hǎo. Nín shēntǐ hǎo ma?

张　　老师：也 很 好。再见!
Zhāng lǎoshī：Yě hěn hǎo. Zàijiàn!

6

学生 A、B：再见！
xuésheng：　　Zàijiàn!

注释　Notes

① **"你早！"**　Good morning!

问候语。只在早上见面时说。

It is an everyday greeting that is used only when people meet each other in the morning.

② **"您"**　(The respectful form of "你")

第二人称代词"你"的尊称。通常用于老年人或长辈。为了表示礼貌，对同辈人，特别是初次见面时，也可用"您"。

It is a respectful form of the second person pronoun "你". It is normally reserved for old people or elders. To show politeness, one may extend its use to people of his own generation, especially at the first meeting.

三、替换与扩展　Substitution and Extension

1. 你早！　　| 您　你们　张老师　李老师 |

2. 你身体好吗？　| 他　你们　他们　王老师　张老师 |

    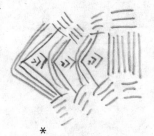

1. 五 号　　九 号　　十四 号　　二十七 号　　三十 号　　三十一 号
　　wǔ hào　jiǔ hào　shísì hào　èrshíqī hào　sānshí hào　sānshíyī hào

2. A：今天 六号。李老师 来吗？
　　　Jīntiān liù hào.　Lǐ lǎoshī lái ma?

　B：他来。
　　　Tā lái.

四、生词　New Words

1	早	（形）	zǎo	early
2	身体	（名）	shēntǐ	health
3	谢谢	（动）	xièxie	to thank
4	再见	（动）	zàijiàn	to say good-bye
5	老师	（名）	lǎoshī	teacher
6	学生	（名）	xuésheng	student

7

7	您	（代）	nín	you
8	一	（数）	yī	one
9	二	（数）	èr	two
10	三	（数）	sān	three
11	四	（数）	sì	four
12	五	（数）	wǔ	five
13	六	（数）	liù	six
14	七	（数）	qī	seven
15	八	（数）	bā	eight
16	九	（数）	jiǔ	nine
17	十	（数）	shí	ten
18	号（日）	（名）	hào(rì)	date
19	今天	（名）	jīntiān	today

专名　Proper Names

1	李	Lǐ	Li（surname）
2	王	Wáng	Wang（surname）
3	张	Zhāng	Zhang（surname）

五、语音　Phonetics

1. 声母、韵母（2）　Initials and finals（2）

声母 initials	j	q	x	z		c	s
	zh	ch	sh	r			
韵母 finals	（an）（en）（ang） eng						ong
	ia	iao	（ie）（-iu）				
	ian	in	iang（ing）				iong
	-i	er					

2. 拼音（2）　Phonetic alphabet（2）

	i	ia	iao	ie	iou	ian	in	iang	ing	iong
j	ji	jia	jiao	jie	jiu	jian	jin	jiang	jing	jiong
q	qi	qia	qiao	qie	qiu	qian	qin	qiang	qing	qiong
x	xi	xia	xiao	xie	xiu	xian	xin	xiang	xing	xiong

	a	e	-i	ai	ei	ao	ou	an	en	ang	eng	ong
z	za	ze	zi	zai	zei	zao	zou	zan	zen	zang	zeng	zong
c	ca	ce	ci	cai		cao	cou	can	cen	cang	ceng	cong
s	sa	se	si	sai		sao	sou	san	sen	sang	seng	song
zh	zha	zhe	zhi	zhai	zhei	zhao	zhou	zhan	zhen	zhang	zheng	zhong
ch	cha	che	chi	chai		chao	chou	chan	chen	chang	cheng	chong
sh	sha	she	shi	shai	shei	shao	shou	shan	shen	shang	sheng	shong
r		re	ri			rao	rou	ran	ren	rang	reng	rong

3．拼写说明（2）　Notes on spelling（2）

(1)韵母 i 或 u 自成音节时,前边分别加 y 或 w。例如:i → yi;u → wu。

When the finals i and u form syllables by themselves, they are preceded respectively by y and w, e.g. i → yi, u → wu.

(2)-i 代表 z、c、s 后的舌尖前元音[ɿ],也代表 zh、ch、sh、r 后的舌尖后元音[ʅ]。在读 zi、ci、si 或 zhi、chi、shi、ri 时,不要把-i 读成[i]。

-i represents not only the blade-alveolar vowel [ɿ] after z, c, s, but also the blade-palatal vowel [ʅ] after zh, ch, sh, r. In zi, ci, si, or zhi, chi, shi, ri, -i should not be articulated as [i].

(3)iou 在跟声母相拼时,中间的元音 o 省略,写成-iu。调号标在后一元音上。例如:jiǔ (九)。

When iou follows an initial, the vowel o in the middle should be omitted and thus be written as -iu. The tone-graph is put above the last vowel, e.g. jiǔ(九).

六、练习　Exercises

1．完成对话　Complete the conversations:

(1) A、B：老师,_____!
　　老师：_____!

(2) 大卫：刘京,你身体_____?
　　刘京：_____,谢谢!
　　大卫：王兰也好吗?
　　刘京：_____,我们_____。

(3) 王兰：妈妈,您身体好吗?
　　妈妈：_____。
　　王兰：爸爸_____?
　　妈妈：他也很好。

2．熟读下列词语　Read until fluent the following phrases:

也来	都来	再来
很好	也很好	都很好

谢谢你　　　　　　谢谢您　　　　　　谢谢你们　　　　　谢谢老师

老师再见　　　　　　王兰再见

3. 根据情境会话　Situational dialogues:

（1）两人互相问候并问候对方的爸爸、妈妈。

　　Two people greet each other and inquire after each other's parents.

（2）同学们和老师见面,互相问候(同学和同学,同学和老师;一个人和几个人,几个人和另外几个人互相问候)。

　　A teacher meets his students. They greet one another (More specifically, the students greet one another, the students greet the teacher, one person greets several other persons and one group greets another).

4. 语音练习　Phonetic drills:

（1）辨音　Discrimination of sounds

shāngliang	（商量）	xiǎngliàng	（响亮）
jīxīn	（鸡心）	zhīxīn	（知心）
zájì	（杂技）	zázhì	（杂志）
dà xǐ	（大喜）	dàshǐ	（大使）
bù jí	（不急）	bù zhí	（不直）
xīshēng	（牺牲）	shīshēng	（师生）

（2）辨调　Discrimination of tones

bā kē	（八棵）	bà kè	（罢课）
bùgào	（布告）	bù gāo	（不高）
qiān xiàn	（牵线）	qiánxiàn	（前线）
xiǎojie	（小姐）	xiǎo jiē	（小街）
jiàoshì	（教室）	jiàoshī	（教师）

（3）读下列词语　Read the following words

zǒu lù	（走路）	chūfā	（出发）
shōurù	（收入）	liànxí	（练习）
yǎn xì	（演戏）	sùshè	（宿舍）

10

问候（三） wènhòu GREETINGS　(3)	

你工作忙吗?

Are you busy with your work?

一、句子　Sentences

9	你 工作　忙　吗? Nǐ gōngzuò máng ma?	Are you busy with your work?
10	很　忙。 你 呢? Hěn máng. Nǐ ne?	Yes, very much. And you?
11	我 不 太 忙。 Wǒ bú tài máng.	I am not very busy.
12	你 爸爸、妈妈 身体 好 吗? Nǐ bàba、māma shēntǐ hǎo ma?	How are your father and mother?

二、会话　Conversation

李：　你 好!
Lǐ：　Nǐ hǎo!

张：　你 好!
Zhāng：Nǐ hǎo!

李：　你 工作　忙　吗?
Lǐ：　Nǐ gōngzuò máng ma?

张：　很　忙。　你 呢?
Zhāng：Hěn máng. Nǐ ne?

李：　我 不 太 忙。
Lǐ：　Wǒ bú tài máng.

　　　*　　　*　　　*

大卫：您 早!
Dàwèi：Nín zǎo!

玛丽：　老师 好!
Mǎlì：　Lǎoshī hǎo!

张：　你们 好!
Zhāng：Nǐmen hǎo!

大卫：老师 忙　吗?
Dàwèi：Lǎoshī máng ma?

张：　很　忙。 你们 呢?
Zhāng：Hěn máng. Nǐmen ne?

大卫：我 不 忙。
Dàwèi：Wǒ bù máng.

玛丽：我 也 不 忙。
Mǎlì：Wǒ yě bù máng.

　　　*　　　*　　　*　　　*　　　*

王　兰：　刘　京，你　好！

Wáng Lán:　Liú Jīng, nǐ hǎo!

刘　京：　你　好！

Liú Jīng:　Nǐ hǎo!

王　兰：　你爸爸、妈妈　身体　好　吗？

Wáng Lán:　Nǐ bàba、māma shēntǐ hǎo ma?

刘　京：　他们　都　很　好。谢谢！

Liú Jīng:　Tāmen dōu hěn hǎo. Xièxie!

注释　Note

"你呢？"　What about you?

承接上面的话题提出问题。如："我很忙。你呢？"意思是"你忙吗？"；"我身体很好。你呢？"意思是"你身体好吗？"。

It is a question asked in connection with the preceding topic, e.g. "我很忙。你呢？", which means "Are you busy?"；"我身体很好。你呢？", which means "How are you?"

三、替换与扩展　Substitution and Extension

1. 老师忙吗？

2. 你爸爸、妈妈身体好吗？ 他们都很好。

好　累

哥哥、姐姐　弟弟、妹妹

*　　*　　*　　*　　*

1. 一月　二月　六月　十二月
   yīyuè　èryuè　liùyuè　shí'èryuè

2. 今天　十月　三十一　号。
   Jīntiān　shíyuè　sānshíyī　hào.

   明　天　十一月　一　号。
   Míngtiān　shíyīyuè　yī　hào.

   今年　一九九九　年，明年　二○○○　年。
   Jīnnián　yījiǔjiǔjiǔ　nián,　míngnián　èrlínglíng líng　nián.

四、生词　New Words

1	工作	（动、名）	gōngzuò	to work；work
2	忙	（形）	máng	busy

3	呢	（助）	ne	（modal particle）
4	不	（副）	bù	not, no
5	太	（副）	tài	very, extremely
6	累	（形）	lèi	tired, worn out
7	哥哥	（名）	gēge	elder brother
8	姐姐	（名）	jiějie	elder sister
9	弟弟	（名）	dìdi	younger brother
10	妹妹	（名）	mèimei	younger sister
11	月	（名）	yuè	moon, month
12	明天	（名）	míngtiān	tomorrow
13	今年	（名）	jīnnián	this year
14	零（〇）	（数）	líng	zero
15	年	（名）	nián	year
16	明年	（名）	míngnián	next year

五、语音　Phonetics

1. 韵母（3）　Finals（3）

韵母 finals	ua　uo　uai　uei(-ui)　uan　uen(-un)　uang　ueng üe　üan　ün

2. 拼音（3）　Phonetic alphabet（3）

	u	ua	uo	uai	uei (-ui)	uan	uen (-un)	uang
d	du		duo		dui	duan	dun	
t	tu		tuo		tui	tuan	tun	
n	nu		nuo			nuan		
l	lu		luo			luan	lun	
z	zu		zuo		zui	zuan	zun	
c	cu		cuo		cui	cuan	cun	
s	su		suo		sui	suan	sun	

zh	zhu	zhua	zhuo	zhuai	zhui	zhuan	zhun	zhuang
ch	chu	chua	chuo	chuai	chui	chuan	chun	chuang
sh	shu	shua	shuo	shuai	shui	shuan	shun	shuang
r	ru	rua	ruo		rui	ruan	run	
g	gu	gua	guo	guai	gui	guan	gun	guang
k	ku	kua	kuo	kuai	kui	kuan	kun	kuang
h	hu	hua	huo	huai	hui	huan	hun	huang

	ü	üe	üan	ün
n	nü	nüe		
l	lü	lüe		
j	ju	jue	juan	jun
q	qu	que	quan	qun
x	xu	xue	xuan	xun

3．拼写说明（3）　Notes on spelling（3）

（1）ü 自成音节或在一个音节开头时写成 yu。如：Hànyǔ(汉语)、yuànzi(院子)。

ü will be written as yu when it forms a syllable by itself or appears at the beginning of a syllable, e.g. Hànyǔ (Chinese), yuànzi (courtyard).

（2）j、q、x 与 ü 及以 ü 开头的韵母相拼时，ü 上的两点省略。如 jùzi(句子)、xuéxí(学习)。

When j, q, x are put before ü and a final beginning with ü, the two dots in ü will be omitted, e.g. jùzi (sentence), xuéxí (study).

（3）uei、uen 跟声母相拼时，中间的元音省略，写成-ui、-un。如 huí(回)、dūn(吨)。

When uei and uen follow initials, they change respectively into -ui and -un in writing, i.e., the vowel in the middle is deleted, e.g. huí (return), dūn (ton).

4．"不"、"一"的变调　Change of tones of "不"and "一"

"不"在第四声字前或由第四声变来的轻声字前读第二声"bú"。如：bú xiè(不谢)、bú shì(不是)。在第一、二、三声前仍读第四声"bù"。如：bù xīn(不新)、bù lái(不来)、bù hǎo(不好)。

"不" is pronounced in the 2nd tone (bú) before a syllable in the 4th tone or a syllable in the neutral tone reduced from the 4th tone, e.g. bú xiè (Not at all), bú shì (No, it isn't).But "不" is still pronounced in the 4th tone (bù) when it precedes a syllable in the lst, 2nd or 3rd tone, e.g. bù xīn (not new), bù lái (not come), bù hǎo (not good).

14

"一"在第四声字前或由第四声变来的轻声字前读第二声"yí"。如"yí kuài"(一块)、"yí ge"(一个);在第一、二、三声字前读"yì"。如"yì tiān"(一天)"yì nián"(一年)"yì qǐ"(一起)。

"一" is pronounced in the 2nd tone (yí) before a syllable in the 4th tone or a syllable in the neutral tone reduced from the 4th tone, e.g. yí kuài (a block/bar), yí ge (a piece). But "一" is pronounced as "yì" when it precedes a syllable in the lst, 2nd or 3rd tone, e.g. yìtiān (a day), yìnián (a year), yìqǐ (together).

5. 儿化　Retroflexion with -r

er 常常跟其他韵母结合在一起,使该韵母成为儿化韵母。儿化韵母的写法是在原韵母之后加-r。如:wánr(玩儿)、huār(花儿)。

er is often added to another final to make it retroflexed. The retroflex final is transcribed by adding r to the original final, e.g. wánr (play), huār (flower).

6. 隔音符号　The dividing mark

a、o、e 开头的音节连接在其他音节后面时,为了使音节界限清楚,不致混淆,要用隔音符号"'"隔开。如:nǚ'ér(女儿)。

When a syllable beginning with a, o or e is attached to another syllable, it is desirable to use the dividing mark "'" to clarify the boundary between the two syllables, e.g. nǚ'ér (daughter).

六、练习　Exercises

1. 熟读下列词语并造句　Read until fluent the following phrases and make sentences：
不好　不太好　也很忙　都很忙　都不忙　不累　不太累　都不累

2. 用所给的词完成对话　Complete the conversations with the given words：

(1) A：今天你来吗?

B：_____。（来）

A：明天呢?

B：_____。（也）

(2) A：今天你累吗?

B：我不太累。_____?　（呢）

A：我_____。　（也）

B：明天你_____?　（来）

A：_____。　（不）

(3) A：你爸爸忙吗?

B：_____。　（忙）

A：_____?　（呢）

B：她也很忙。我爸爸、妈妈_____。（都）

3. 根据实际情况回答下列问题　Answer the following questions according to actual situations：

(1) 你身体好吗?

(2) 你忙吗?

(3) 今天你累吗?

(4) 明天你来吗?

(5) 你爸爸(妈妈、哥哥、姐姐……)身体好吗?

(6) 他们忙吗?

4．语音练习　Phonetic drills：

（1）辨音　Discrimination of sounds

zhǔxí	（主席）	chūxí	（出席）
shàng chē	（上车）	shàngcè	（上策）
shēngchǎn	（生产）	zēngchǎn	（增产）
huádòng	（滑动）	huódòng	（活动）
xīn qiáo	（新桥）	xīn qiú	（新球）
tuīxiāo	（推销）	tuìxiū	（退休）

（2）辨调　Discrimination of tones

càizǐ	（菜子）	cáizǐ	（才子）
tóngzhì	（同志）	tǒngzhì	（统治）
héshuǐ	（河水）	hē shuǐ	（喝水）
xìqǔ	（戏曲）	xīqǔ	（吸取）
huíyì	（回忆）	huìyì	（会议）

（3）"er"和儿化韵　"er"and retroflex finals

értóng	（儿童）	nǚ'ér	（女儿）
ěrduo	（耳朵）	èrshí	（二十）
yíhuìr	（一会儿）	yìdiǎnr	（一点儿）
yíxiàr	（一下儿）	yǒudiǎnr	（有点儿）
huār	（花儿）	wánr	（玩儿）
xiǎoháir	（小孩儿）	bīnggùnr	（冰棍儿）

16

<table>
<tr>
<td>

相识(一)

xiāngshí

MAKING

AN ACQUAINTANCE (1)

</td>
</tr>
</table>

您贵姓?

May I know your name?

一、句子　Sentences

13　我 叫 玛丽。
　　Wǒ jiào Mǎlì.

I am Mary.

14　认识 你, 很 高兴。
　　Rènshi nǐ, hěn gāoxìng.

I am pleased to meet you.

15　您 贵 姓?
　　Nín guì xìng?

May I know your name?

16　你 叫 什么 名字?
　　Nǐ jiào shénme míngzi?

What's your name?

17　他 姓 什么?
　　Tā xìng shénme?

What's his name?

18　她 不 是 老师, 她 是 学生。
　　Tā bú shì lǎoshī, tā shì xuésheng.

She is not a teacher. She is a student.

二、会话　Conversation

玛丽:　　　我 叫 玛丽, 你 姓 什么?
Mǎlì:　　　Wǒ jiào Mǎlì, nǐ xìng shénme?

王 兰:　我 姓 王, 我 叫 王 兰。
Wáng Lán:　Wǒ xìng Wáng, wǒ jiào Wáng Lán.

玛丽:　　　认识 你, 很 高兴。
Mǎlì:　　　Rènshi nǐ, hěn gāoxìng.

王 兰:　认识 你, 我 也 很 高兴。
Wáng Lán:　Rènshi nǐ, wǒ yě hěn gāoxìng.

　　　*　　　　*　　　　*　　　　*　　　　*

大卫:　　老师, 您 贵 姓?
Dàwèi:　　Lǎoshī, nín guì xìng?

张： 我 姓 张。 你 叫 什么 名字？
Zhāng: Wǒ xìng Zhāng. Nǐ jiào shénme míngzi?

大卫： 我 叫 大卫。她 姓 什 么？
Dàwèi: Wǒ jiào Dàwèi. Tā xìng shénme?

张： 她 姓 王。
Zhāng: Tā xìng Wáng.

大卫： 她 是 老师 吗？
Dàwèi: Tā shì lǎoshī ma?

张： 她 不 是 老师，她 是 学生。
Zhāng: Tā bú shì lǎoshī, tā shì xuésheng.

注释 Notes

① **"您贵姓？"** May I know your name?

这是尊敬、客气的询问姓氏的方法。回答时要说"我姓……"，不能说"我贵姓……"。

This is a respectful and polite way of asking the name of a person. The answer is never "我贵姓……", but "我姓……".

② **"你叫什么名字？"** What's your name?

也可说"你叫什么？"用于长辈对晚辈，或者青年人之间互相询问姓名。对长辈或要表示尊敬、客气时，不能用此问法。

One may also use "你叫什么？". It is used by elders when they want to know the names of young people or between young people. One shouldn't use it, therefore, when he wants to know an elder's name or when he needs to show respect and politeness to his hearer.

③ **"他姓什么？"** What's his name?

询问第三者姓氏时用。不能用"他贵姓？"

It is used for asking another person's name. One shouldn't say "他贵姓？".

三、替换与扩展 Substitution and Extension

1. 我认识你。

| 他 | 那个学生 | 他们老师 | 玛丽 | 这个人 |

2. 她是老师吗？
   她不是老师，她是学生。

大夫	留学生
你妹妹	我朋友
你朋友	我哥哥

*   *   *   *   *

A： 我 不 认识 那个 人，她 叫 什么？
   Wǒ bú rènshi nà ge rén, tā jiào shénme?

18

B： 她 叫 玛丽。
　　Tā jiào Mǎlì.

A： 她 是 美国 人 吗?
　　Tā shì Měiguó rén ma?

B： 是，她 是 美国 人。
　　Shì, tā shì Měiguó rén.

四、生词　New Words

1	叫	（动）	jiào	to call, to be known as...
2	认识	（动）	rènshi	to know
3	高兴	（形）	gāoxìng	glad
4	贵	（形）	guì	honoured
5	姓	（动）	xìng	to be called
6	什么	（代）	shénme	what
7	名字	（名）	míngzi	name
8	是	（动）	shì	to be
9	那	（代）	nà	that
10	个	（量）	gè	(measure word)
11	这	（代）	zhè	this
12	人	（名）	rén	person
13	大夫	（名）	dàifu	doctor
14	留学生	（名）	liúxuéshēng	foreign student
15	朋友	（名）	péngyou	friend

专名　Proper Name

美国　　　　　　　　Měiguó　　　　　　　　the United States

五、语法　Grammar

1．用"吗"的问句　Questions with "吗"

在陈述句末尾加上表示疑问语气的助词"吗"，就构成了一般疑问句。例如：

An interrogative sentence is formed by adding the modal particle "吗" at the end of a declarative sentence, e.g.

(1) 你好吗?　　　　　　　　(2) 你身体好吗?

(3) 她是老师吗?

2．用疑问代词的问句　Questions with interrogative pronouns

用疑问代词（"谁 shuí"、"什么"、"哪儿 nǎr"等）的问句,其词序跟陈述句一样。把陈述句中需要提问的部分改成疑问代词,就构成了疑问句。例如:

The word order of questions with interrogative pronouns （"谁 shuí"，"什么"，"哪儿 nǎr" and so on）is the same as that of the declarative sentence. Replacing the corresponding part（i.e., the part being questioned）of a declarative sentence with an interrogative pronoun will result in an interrogative sentence, e.g.

(1) 他姓什么?　　　　　　(2) 你叫什么名字?

(3) 谁(shuí)是大卫?　　　　(4) 玛丽在哪儿(nǎr)?

3．形容词谓语句　The sentence with an adjectival predicate

谓语的主要成分是形容词的句子,叫做形容词谓语句。例如:

A sentence with an adjective as the main element of its predicate is known as the sentence with an adjectival predicate, e.g.

(1) 他很忙。　　　　　　　(2) 他不太高兴。

六、练习　Exercises

1．完成对话　Complete the following conversations：

(1) A: 大夫, _____?　　(2) A: 她_____?

B: 我姓张。　　　　　　　　B: 是,她是我妹妹。

A: 那个大夫_____?　　　　A: 她_____?

B: 他姓李。　　　　　　　　B: 她叫京京。

(3) A: _____?　　(4) A: 今天你高兴吗?

B: 是,我是留学生。　　　　　B: _____。你呢?

A: 你忙吗?　　　　　　　　A: _____。

B: _____。你呢?

A: _____。

2．根据情境会话　Situational dialogues：

(1) 你和一个中国朋友初次见面,互相问候,问姓名,表现出高兴的心情。

You meet a Chinese friend for the first time. You greet each other and ask each other's names with delight.

(2) 你不认识弟弟的朋友,你向弟弟问他的姓名、身体和工作的情况。

You do not know your younger brother's friend. You ask your brother about his name, health and work.

3．听述　Listen and retell：

我认识王英,她是学生,认识她我很高兴。她爸爸是大夫,妈妈是老师,他们身体都很好,工作也很忙。她妹妹也是学生,她不太忙。

4．语音练习　Phonetic drills：

(1) 辨音　Discrimination of sounds

piāoyáng　　（飘扬）　　　biǎoyáng　　（表扬）

dǒng le　　　（懂了）　　　tōng le　　　（通了）

xiāoxi	（消息）	jiāojí	（焦急）
gǔ zhǎng	（鼓掌）	kù cháng	（裤长）
shǎo chī	（少吃）	xiǎochī	（小吃）

(2) 辨调 Discrimination of tones

běifāng	（北方）	běifáng	（北房）
fènliang	（分量）	fēn liáng	（分粮）
mǎi huār	（买花儿）	mài huār	（卖花儿）
dǎ rén	（打人）	dàrén	（大人）
lǎo dòng	（老动）	láodòng	（劳动）
róngyi	（容易）	róngyī	（绒衣）

(3) 读下列词语：第一声＋第一声 Read the following words：1st tone ＋1st tone

fēijī	（飞机）	cānjiā	（参加）
fāshēng	（发生）	jiāotōng	（交通）
qiūtiān	（秋天）	chūntiān	（春天）
xīngqī	（星期）	yīnggāi	（应该）
chōu yān	（抽烟）	guānxīn	（关心）

相识（二）

xiāngshí

MAKING

AN ACQUAINTANCE (2)

我介绍一下儿

Let me introduce...

一、句子　Sentences

19	他 是 谁？ Tā shì shuí?	Who is he?
20	我 介绍 一下儿。 Wǒ jièshào yíxiàr.	Let me introduce...
21	你 去 哪儿？ Nǐ qù nǎr?	Where are you going?
22	张 老师 在 家 吗？ Zhāng lǎoshī zài jiā ma?	Is Mr. Zhang at home?
23	我 是 张 老师 的 学生。 Wǒ shì Zhāng lǎoshī de xuésheng.	I am Mr. Zhang's student.
24	请 进！ Qǐng jìn!	Please come in!

二、会话　Conversation

玛丽：　　王 兰，他 是 谁？
Mǎlì：　　Wáng Lán, tā shì shuí?

王 兰：玛丽，我 介绍 一下儿，这 是 我 哥哥。
Wáng Lán：Mǎlì, wǒ jièshào yíxiàr, zhè shì wǒ gēge.

王 林：我 叫 王 林。认识 你，很 高兴。
Wáng Lín：Wǒ jiào Wáng Lín. Rènshi nǐ, hěn gāoxìng.

玛丽：　　认识 你，我 也 很 高兴。
Mǎlì：　　Rènshi nǐ, wǒ yě hěn gāoxìng.

王 兰：你 去 哪儿？
Wáng Lán：Nǐ qù nǎr?

玛丽：　　我 去 北京 大学。你们 去 哪儿？
Mǎlì：　　Wǒqù Běijīng Dàxué. Nǐmen qù nǎr?

22

王　林：我们　去商店。
Wáng Lín: Wǒmen qù shāngdiàn.

玛丽：　再见！
Mǎlì: Zàijiàn!

王　兰：
Wáng Lán: 再见！
Zàijiàn!

王　林：
Wáng Lín: 再见！
Zàijiàn!

*　　　　*　　　　*　　　　*　　　　*

和子：　张　老师在家吗？
Hézǐ: Zhāng lǎoshī zài jiā ma?

小　英：在。您是——
Xiǎoyīng: Zài. Nín shì——

和子：　我是张　老师的学生，　我姓　山下，我叫
Hézǐ: Wǒ shì Zhāng lǎoshī de xuésheng, wǒ xìng Shānxià, wǒ jiào

和子。你是——
Hézǐ. Nǐ shì——

小　英：我叫小英。张　老师是我爸爸。请　进！
Xiǎoyīng: Wǒ jiào Xiǎoyīng. Zhāng lǎoshī shì wǒ bàba. Qǐng jìn!

和子：　谢谢！
Hézǐ: Xièxie!

注释　Notes

① "我介绍一下儿"　Let me introduce...

给别人作介绍时的常用语。"一下儿"表示动作经历的时间短或轻松随便。这里是表示后一种意思。

This is a common expression for introducing others. "一下儿" means that an action will be of short duration or something will be done in a casual way. Here the second meaning is intended.

② "您是——"　You are...

意思是："您是谁？"被问者应接下去答出自己的姓名或身份。这种句子是在对方跟自己说话，而自己又不认识对方时发出的询问。注意："你是谁？"这种问法不太客气，所以对不认识的人，当面一般不问"你是谁？"而问"您是——"。

It means "Who are you?" The hearer should respond with his name or social status. Such a sentence is used only when a stranger has started to speak to you. Caution: "你是谁？" (Who are you?) is a rather impolite inquiry. So normally one avoids asking a stranger "你是谁？".

23

三、替换与扩展　Substitution and Extension

1. 我介绍一下儿。

你来　我看　你听
我休息

2. 你去哪儿?
   我去北京大学。

商店　宿舍　教室　农贸市场

3. 张老师在家吗?

你爸爸　你妈妈　你妹妹

*　　　*　　　*　　　*　　　*

1. A：你去商店　吗?
      Nǐ qù shāngdiàn ma?

   B：我不去商店，　我回家。
      Wǒ bú qù shāngdiàn, wǒ huí jiā.

2. A：大卫在宿舍吗?
      Dàwèi zài sùshè ma?

   B：不在,他在301　　教室。
      Bú zài, tā zài sānlíngyāo jiàoshì.

四、生词　New Words

1	谁	（代）	shuí	who
2	介绍	（动）	jièshào	to introduce
3	一下儿		yíxiàr	one time, once
4	去	（动）	qù	to go
5	哪儿	（代）	nǎr	where
6	在	（动、介）	zài	to be at (in); in, at
7	家	（名）	jiā	home
8	的	（助）	de	(structural particle)
9	请	（动）	qǐng	to invite, please
10	进	（动）	jìn	to come in, to enter
11	商店	（名）	shāngdiàn	shop
12	看	（动）	kàn	to look, to watch
13	听	（动）	tīng	to listen, to hear

24

14	休息	（动）	xiūxi	to have a rest
15	宿舍	（名）	sùshè	dormitory
16	教室	（名）	jiàoshì	classroom
17	农贸市场		nóngmào shìchǎng	a market of farm produce (in urban area)
18	市场	（名）	shìchǎng	market
19	回	（动）	huí	to come back, to return

专名　Proper Names

1	王林	Wáng Lín	Wang Lin
2	北京大学	Běijīng Dàxué	Beijing University
3	山下和子	Shānxià Hézǐ	Wako Yamanoshita
4	小英	Xiǎoyīng	Xiaoying

五、语法　Grammar

1. 动词谓语句　The sentence with a verbal predicate

谓语的主要成分是动词的句子,叫做动词谓语句。动词如带有宾语,宾语一般在动词的后边。例如:

A sentence with a verb as the main element of its predicate is called a sentence with a verbal predicate. If the verb takes an object, the former usually precedes the latter, e.g.

（1）他来。　　　　　（2）张老师在家。

（3）我去北京大学。

2. 表示领属关系的定语　The attributive genitive

1）代词、名词作定语表示领属关系时,后面要加结构助词"的"。例如:"他的书"、"张老师的学生"、"王兰的哥哥"等。

When a personal pronoun or a noun is used as an attributive genitive, it generally takes the structural particle "的", e.g. "他的书", "张老师的学生", "王兰的哥哥" and so on.

2）人称代词作定语,而中心语是亲属称谓,或表示集体、单位等的名词时,定语可以不用"的"。如"我哥哥"、"他姐姐"、"我们学校"等。

When a personal pronoun is used as an attributive and the headword is a kin term or an institutional one, "的" may be omitted in the attributive, e.g. "我哥哥", "他姐姐", "我们学校" and so on.

3. "是"字句（1）　The "是" sentence (1)

动词"是"和其他词或短语一起构成谓语的句子,叫做"是"字句。"是"字句的否定形式,是在"是"前加否定副词"不"。例如:

A sentence with the verb "是" and other words or phrases constituting its predicate is known as the "是" sentence. Its negative counterpart is formed by putting the negative adverb "不" before "是", e.g.

　　（1）他是大夫。　　　（2）大卫是她哥哥。　　　（3）我不是学生,是老师。

六、练习　Exercises

1. **熟读下列词语并造句**　Read until fluent the following phrases and make sentences:

　　　　叫什么　　　认识谁　　　在哪儿　　　去商店
　　　　妈妈的朋友　　王兰的哥哥

2. **用所给的词完成对话**　Complete the following conversations with the given words:

　　(1) A: 王兰在哪儿?　　　　　　　(2) A: 你认识王林的妹妹吗?

　　　　B: ＿＿＿＿＿＿＿。（教室）　　　　B: ＿＿＿＿＿＿。你呢?

　　　　A: ＿＿＿＿＿＿＿?（回宿舍）　　　　A: 我认识。

　　　　B: 回。　　　　　　　　　　　　B: ＿＿＿＿＿＿?（名字）

　　　　　　　　　　　　　　　　　　　A: 她叫王兰。

　　(3) A: ＿＿＿＿＿＿＿?（商店）

　　　　B: 去。

　　　　A: 这个商店好吗?

　　　　B: ＿＿＿＿＿＿。（好）

3. **根据句中的划线部分,把句子改成用疑问代词提出问题的问句**　Change the following sentences into questions by replacing the underlined parts with interrogative pronouns:

　　(1) 他是我的老师。　　　(2) 她姓王。
　　(3) 她叫京京。　　　　　(4) 她认识王林。
　　(5) 王老师去教室。　　　(6) 玛丽在宿舍。

4. **听述**　Listen and retell:

　　我介绍一下儿,我叫玛丽,我是美国留学生。那是大卫,他是我的朋友,他也是留学生,他是法国(Fǎguó France)人。刘京、王兰是我们的朋友,认识他们我们很高兴。

5. **语音练习**　Phonetic drills:

　　(1) 辨音　Discrimination of sounds

zhīdao	（知道）	chídào	（迟到）
běnzi	（本子）	pénzi	（盆子）
zìjǐ	（自己）	cíqì	（瓷器）
niǎolóng	（鸟笼）	lǎonóng	（老农）
chī lí	（吃梨）	qí lǘ	（骑驴）
jiāotì	（交替）	jiāo dì	（浇地）

　　(2) 辨调　Discrimination of tones

núlì	（奴隶）	nǔlì	（努力）
chīlì	（吃力）	chī lí	（吃梨）
jiù rén	（救人）	jiǔ rén	（九人）
Měijīn	（美金）	méijìn	（没劲）

26

zhuāng chē	（装车）	zhuàng chē	（撞车）
wán le	（完了）	wǎn le	（晚了）

（3）读下列词语：第一声＋第二声　Read the following words：1st tone＋2nd tone

bā lóu	（八楼）	gōngrén	（工人）
jīnnián	（今年）	tī qiú	（踢球）
huānyíng	（欢迎）	shēngcí	（生词）
dāngrán	（当然）	fēicháng	（非常）
gōngyuán	（公园）	jiātíng	（家庭）

复习（一） Review（Ⅰ）

一、会话　Conversation

林(Lín)：	你好!
A：	林大夫,您好!
林：	你爸爸、妈妈身体好吗?
A：	他们身体都很好。谢谢!
林：	他是——
A：	他是我朋友,叫马小民(Mǎ Xiǎomín)。
	〔对马小民说〕
	林大夫是我爸爸的朋友。
马(Mǎ)：	林大夫,您好! 认识您很高兴。
林：	认识你,我也很高兴。你们去哪儿?
马：	我回家。
A：	我去他家。您呢?
林：	我去商店。再见!
A、马：	再见!

> *　　　　*　　　　*　　　　*　　　　*

高(Gāo)：	马小民在家吗?
B：	在。您贵姓?
高：	我姓高,我是马小民的老师。
B：	高老师,请进。
高：	您是——
B：	我是马小民的姐姐,我叫马小清(Mǎ Xiǎoqīng)。

二、语法　Grammar

"也"和"都"的位置　The positions of "也" and "都"

1) 副词"也"和"都"必须放在主语之后、谓语动词或形容词之前。"也"、"都"同时修饰谓语时,"也"必须在"都"前边。例如:

The adverbs "也" and "都" should be put between the subject and the predicate verb or adjective. When both of them are used to modify the same predicate, "也" should be put before "都", e.g.

(1) 我也很好。　　　　　　　　(2) 他们都很好。

(3) 我们都是学生,他们也都是学生。

2)"都"一般总括它前边出现的人或事物,因此只能说"我们都认识他",不能说"我都认识他们"。

As a rule, "都" indicates all of the persons or things referred to by the preceding noun (phrase). Therefore, one can say "我们都认识他", but not "我都认识他们".

三、练习　Exercises

1. 辨音辨调　Discrimination of sounds and tones:

(1) 送气音与不送气音　Aspirated and unaspirated sounds

b	bǎo le	(饱了	full)
p	pǎo le	(跑了	to run away)
d	dà de	(大的	big)
t	tā de	(他的	his)
g	gāi zǒu le	(该走了	It's time to leave)
k	kāizǒu le	(开走了	to drive away)
j	dì-jiǔ	(第九	ninth)
q	dìqiú	(地球	the Earth)

(2) 区别几个易混的声母和韵母　Discrimination of a few easily confused initials and finals

j	jiějie	(姐姐)	x	xièxie		(谢谢)
s	sìshísì	(四十四)	sh	shì yi shì		(试一试)
üe	dàxué	(大学)	ie	dà xié		(大鞋)
uan	yì zhī chuán	(一只船)	uang	yì zhāng chuáng		(一张床)

(3) 区别不同声调的不同意义　Discrimination of the meanings of different tones

yǒu	(有 to have　)	yòu	(又 again　)
jǐ	(几 how many　)	jì	(寄 to post　)
piāo	(漂 to float　)	piào	(票 ticket　)
shí	(十 ten　)	shì	(是 yes　)
sī	(丝 silk　)	sì	(四 four　)
xǐ	(洗 to wash　)	xī	(西 west　)

2. 三声音节连读　Liaison of 3rd-tone syllables:

(1) Wǒ hǎo.　　　　　　　　(2) Nǐ yǒu.

　Wǒ hěn hǎo.　　　　　　　　Nǐ yǒu biǎo.

　Wǒ yě hěn hǎo.　　　　　　　Nǐ yě yǒu biǎo.

四、阅读短文　Reading Passage

他叫大卫,他是法国(Fǎguó France)人。他在北京语言文化大学(Běijīng Yǔyán Wénhuà Dàxué Beijing Language and Culture University)学习。

玛丽是美国人。她认识大卫。他们是同学(tóngxué　classmate)。

　　刘京和(hé　and)王兰都是中国人(Zhōngguórén　Chinese)。他们都认识玛丽和大卫。他们常去留学生宿舍看大卫和玛丽。

　　玛丽和大卫的老师姓张。张老师很忙,他身体不太好。张老师的爱人(àiren　wife)是大夫,她身体很好,工作很忙。

<table>
<tr><td>

询问（一）

xúnwèn

MAKING

AN INQUIRY (1)

</td></tr>
</table>

你的生日是几月几号？

When is your birthday?

一、句子　Sentences

25　今天　几号？

　　Jīntiān jǐ hào?

What is the date today?

26　今天　十月　三十一　号。

　　Jīntiān shíyuè sānshíyī hào.

Today is October the 31st.

27　今天　不是星期四，昨天

　　Jīntiān bú shì xīngqīsì, zuótiān

星期四。

xīngqīsì.

Today is not Thursday, but yesterday was.

28　晚上　　你做 什么？

　　Wǎnshang nǐ zuò shénme?

What will you do this evening?

29　你的生日 是几月　几号？

　　Nǐ de shēngri shì jǐ yuè jǐ hào?

When is your birthday?

30　我们 上午　去他家，

　　Wǒmen shàngwǔ qù tā jiā,

好 吗？

hǎo ma?

We'll call on him at his home in the morning, won't we?

二、会话　Conversation

玛丽：　今天　几号？

Mǎlì:　Jīntiān jǐ hào?

大卫：　今天　十月　三十一　号。

Dàwèi　Jīntiān shíyuè sānshíyī hào.

玛丽：　今天　星期四 吗？

Mǎlì:　Jīntiān xīngqīsì ma?

大卫：　今天　不 是星期四，昨天　星期四。

Dàwèi　Jīntiān bú shì xīngqīsì, zuótiān xīngqīsì.

玛丽： 明天 星期六。晚上 你做 什么?
Mǎlì： Míngtiān xīngqīliù. Wǎnshang nǐ zuò shénme?

大卫： 我 写 信。你呢?
Dàwèi Wǒ xiě xìn. Nǐ ne?

玛丽： 我 看 电视。
Mǎlì： Wǒ kàn diànshì.

　　*　　　　*　　　　*　　　　*　　　　*

玛丽： 你 的 生日 是 几月 几号?
Mǎlì： Nǐ de shēngri shì jǐ yuè jǐ hào?

王 兰： 三月 十七号。你呢?
Wáng Lán：Sānyuè shíqī hào. Nǐ ne?

玛丽： 五月 九 号。
Mǎlì： Wǔyuè jiǔ hào.

王 兰： 四号 是 张 丽英 的 生日。
Wáng Lán：Sì hào shì Zhāng Lìyīng de shēngri.

玛丽： 四号 星期几?
Mǎlì： Sì hào xīngqījǐ?

王 兰： 星期天。
Wáng Lán：Xīngqītiān.

玛丽： 你 去 她 家 吗?
Mǎlì： Nǐ qù tā jiā ma?

王 兰： 去。你呢?
Wáng Lán：Qù. Nǐ ne?

玛丽： 我 也 去。
Mǎlì： Wǒ yě qù.

王 兰： 我们 上午 去, 好 吗?
Wáng Lán：Wǒmen shàngwǔ qù, hǎo ma?

玛丽： 好。
Mǎlì： Hǎo.

三、替换与扩展 Substitution and Extension

1. 今天几号?

| 昨天　明天　这个星期六 |
| 这个星期日 |

32

2. 晚上你做什么?
   我<u>写信</u>。

3. 我们<u>上午</u>去她家,好吗?

看书	听音乐
看电视	

晚上看电视
下午去他家
星期天听音乐
明天去买东西

＊　　　＊　　　＊　　　＊　　　＊

1. A: 明天　是 几 月 几 号, 星期 几?
      Míngtiān shì jǐ yuè jǐ hào, xīngqī jǐ?

   B: 明天　是 十一月 二十八 号, 星期日。
      Míngtiān shì shíyīyuè èrshíbā hào, xīngqīrì.

2. 这 个 星期五 是 我 朋友　的 生日。他 今年 二十 岁。
   Zhè ge xīngqīwǔ shì wǒ péngyou de shēngri Tā jīnnián èrshí suì.

   下午 我 去 他 家 看 他。
   Xiàwǔ wǒ qù tā jiā kàn tā.

四、生词　New Words

1	几	(数)	jǐ	what, how many
2	星期	(名)	xīngqī	week
3	昨天	(名)	zuótiān	yesterday
4	晚上	(名)	wǎnshang	evening
5	做	(动)	zuò	to do, to make
6	生日	(名)	shēngri	birthday
7	上午	(名)	shàngwǔ	morning
8	写	(动)	xiě	to write
9	信	(名)	xìn	letter
10	电视	(名)	diànshì	television
11	星期天	(名)	xīngqītiān	Sunday
	(星期日)		(xīngqīrì)	
12	书	(名)	shū	book
13	音乐	(名)	yīnyuè	music
14	下午	(名)	xiàwǔ	afternoon

33

15	买	（动）	mǎi	to buy
16	东西	（名）	dōngxi	things, goods
17	岁	（量）	suì	age

专名　Proper Name

张丽英　　　　Zhāng Lìyīng　　　　Zhang Liying

五、语法　Grammar

1. 名词谓语句　The sentence with a nominal predicate

1）由名词、名词短语或数量词等直接作谓语的句子，叫名词谓语句。肯定句不用"是"（如用"是"则是动词谓语句）。这种句子主要用来表达时间、年龄、籍贯及数量等。例如：

A sentence with a noun, noun phrase or numeral-measure compound as its predicate is known as the sentence with a nominal predicate. In the affirmative sentence, "是" is not used ("是" is used in the sentence with a verbal predicate). This type of sentence is mainly used to show time, age, birthplace and quantity, e.g.

（1）今天星期天。　　　　（2）我今年二十岁。

（3）他北京人。

2）如要表示否定，在名词谓语前加"不是"，变成动词谓语句。例如：

The addition of "不是" before the nominal predicate makes it the negative counterpart of the sentence, resulting in a sentence with a verbal predicate at the same time, e.g.

（4）今天不是星期天。　　　　（5）他不是北京人。

2. 年、月、日、星期的表示法　Ways to show the year, the month, the day and the days of the week

1）年的读法是直接读出每个数字。例如：

The way to read a year is simply to read every figure, e.g.

　　一　九　九　七　年　　　　一　九　九　八　年
　　yī　jiǔ　jiǔ　qī　nián　　　yī　jiǔ　jiǔ　bā　nián

　　一　九　九　九　年　　　　二　〇　〇　〇　年
　　yī　jiǔ　jiǔ　jiǔ　nián　　　èr　líng　líng　líng　nián

2）十二个月的名称是数词 1—12 后边加"月"。例如：

The names of the twelve months are formed by adding "月" to each of the numerals from 1 to 12, e.g.

　　一月　　五月　　九月　　十二月
　　yīyuè　　wǔyuè　　jiǔyuè　　shí'èryuè

3）日的表示法同月。数词 1—31 后加"日"或"号"。（"日"多用于书面语；"号"多用于口语。）

A day is indicated in the same way as a month, i.e., to add "日" or "号" to each of the numerals from 1 to 31. ("日" is mainly used in written Chinese, while "号" is preferred as an oral form.)

4) 星期的表示法是"星期"后加数词一～六。第七天为星期日或星期天。

Weekdays are indicated by putting "星期" before each of the numerals from "一" to "六". The seventh day is written as "星期日" or "星期天".

5) 年、月、日、星期的顺序是：

The order of the year, month, day and the days of the week is as follows：

1998 年 3 月 29 日(星期日)

3．"……，好吗?" The question tag "……，好吗?"

1) 这是用来提出建议后，征询对方意见的一种问法。问句的前一部分是陈述句。例如：

It is a way of soliciting an opinion from the person you are talking to after making a proposal. The first part of the question is a declarative sentence, e.g.

(1) 你来我宿舍,好吗?   (2) 明天去商店,好吗?

2) 如同意,则用"好"、"好啊(wa)"等应答。

If the reply is positive, one should say "好" or "好啊".

六、练习 Exercises

1．**熟读下列短语并选四个造句 Read until fluent the following phrases and make sentences with four of them**：

看电视 听音乐 写信 看书 他的生日 我的宿舍
做什么 买什么 星期日下午 明天上午 今天晚上

2．**完成对话 Complete the following conversations**：

(1) A：明天星期几?   (2) A：星期六是几月几号?

　　B：＿＿＿＿＿＿＿＿。   　　B：＿＿＿＿＿＿＿＿＿＿。

　　A：＿＿＿＿＿＿＿＿?   　　A：你去商店吗?

　　B：我看电视。   　　B：＿＿＿＿＿＿,我工作很忙。

(3) A：星期日晚上你做什么?

　　B：＿＿＿＿＿＿。你呢?

　　A：＿＿＿＿＿＿＿＿＿＿。

3．**谈一谈 Say what you can**：

(1) 同学们互相介绍自己的生日。

Students talk about their own birthdays.

(2) 介绍一下你做下面几件事情的时间。

Talk about the periods of time in which you do the following things.

看书 看电视 听音乐 写信

4．**听述 Listen and retell**：

今天是星期天,我不学习。上午我去商店,下午我去看朋友。晚上我写信。

5．**语音练习 Phonetic drills**：

(1) 辨音 Discrimination of sounds

zhuànglì	（壮丽）	chuànglì	（创立）
zǎoyuán	（枣园）	cǎoyuán	（草原）
rénmín	（人民）	shēngmíng	（声明）
pǎo bù	（跑步）	bǎohù	（保护）
niúnǎi	（牛奶）	yóulǎn	（游览）
qǐ zǎo	（起早）	xǐ zǎo	（洗澡）

(2) 辨调　Discrimination of tones

túdì	（徒弟）	tǔdì	（土地）
xuèyè	（血液）	xuéyè	（学业）
cāi yi cāi	（猜一猜）	cǎi yi cǎi	（踩一踩）
zǔzhī	（组织）	zǔzhǐ	（阻止）
jiǎnzhí	（简直）	jiān zhí	（兼职）
jiǎng qíng	（讲情）	jiǎng qīng	（讲清）

(3) 读下列词语：第一声＋第三声　Read the following words: 1st tone + 3rd tone

qiānbǐ	（铅笔）	jīchǎng	（机场）
xīnkǔ	（辛苦）	jīnglǐ	（经理）
shēntǐ	（身体）	cāochǎng	（操场）
hēibǎn	（黑板）	kāishǐ	（开始）
fāngfǎ	（方法）	gēwǔ	（歌舞）

<table>
<tr><td>

询问(二)

xúnwèn

MAKING
AN INQUIRY (2)

</td></tr>
</table>

你家有几口人?

How many people are there in your family?

一、句子　Sentences

31　你 家 有 几 口 人?
　　Nǐ jiā yǒu jǐ kǒu rén?

How many people are there
in your family?

32　你 爸爸 做 什么 工作?
　　Nǐ bàba zuò shénme gōngzuò?

What does your father do?

33　他 在 大学 工作。
　　Tā zài dàxué gōngzuò.

He works in a university.

34　我 家 有 爸爸、妈妈 和 一 个
　　Wǒ jiā yǒu bàba、māma hé yí ge

弟弟。
dìdi.

There are my father, mother and
younger brother in my family.

35　哥哥 结婚 了。
　　Gēge jié hūn le.

My elder brother is married.

36　他们 没有 孩子。
　　Tāmen méiyǒu háizi.

They haven't any children.

二、会话　Conversation

大卫：　刘京, 你 家 有 几 口 人?
Dàwèi:　Liú Jīng, nǐ jiā yǒu jǐ kǒu rén?

刘京：　四 口 人。你 家 呢?
Liú Jīng:　Sì kǒu rén. Nǐ jiā ne?

大卫：　三 口 人。爸爸、妈妈 和 我。
Dàwèi:　Sān kǒu rén. Bàba、māma hé wǒ.

刘京：　你 爸爸 做 什么 工作?
Liú Jīng:　Nǐ bàba zuò shénme gōngzuò?

大卫：　他 是 老师。他 在 大学 工作。
Dàwèi:　Tā shì lǎoshī. Tā zài dàxué gōngzuò.

大卫： 和子，你 家 有 什么 人？
Dàwèi： Hézǐ, nǐ jiā yǒu shénme rén?

和子： 爸爸、妈妈 和 一个 弟弟。
Hézǐ： Bàba、māma hé yí ge dìdi.

大卫： 你 弟弟 是 学生 吗？
Dàwèi： Nǐ dìdi shì xuésheng ma?

和子： 是。他 学习 英语。
Hézǐ： Shì. Tā xuéxí Yīngyǔ.

大卫： 你 妈妈 工作 吗？
Dàwèi： Nǐ māma gōngzuò ma?

和子： 她 不 工作。
Hézǐ： Tā bù gōngzuò.

王 兰：你 家 有 谁？
Wáng Lán：Nǐ jiā yǒu shuí?

玛丽： 爸爸、妈妈、姐姐。
Mǎlì： Bàba、māma、jiějie.

王 兰：你 姐姐 工作 吗？
Wáng Lán：Nǐ jiějie gōngzuò ma?

玛丽： 工作。她 是 职员，在 银行 工作。你 哥哥 做 什么
Mǎlì： Gōngzuò. Tā shì zhíyuán, zài yínháng gōngzuò. Nǐ gēge zuò shénme

工作？
gōngzuò?

王 兰：他 是 大夫。
Wáng Lán：Tā shì dàifu.

玛丽： 他 结婚 了 吗？
Mǎlì： Tā jié hūn le ma?

王 兰：结婚 了。他 爱人 也 是 大夫。
Wáng Lán：Jié hūn le. Tā àiren yě shì dàifu.

玛丽： 他们 有 孩子 吗？
Mǎlì： Tāmen yǒu háizi ma?

王 兰：没有。
Wáng Lán：Méiyǒu.

38

① **"你家有几口人?"** How many people are there in your family?

"几口人"只用于询问家庭的人口。其他场合询问人数时,量词要用"个"。

"几口人" is used to ask about the number of people in the family only. When one wants to ask about the number of people in an institution or a community, he should use the measure word "个".

② **"你家有谁?"** Who are there in your family?

此句与"你家有什么人?"意思相同。"谁"既可以指单数(一个人),也可指复数(几个人)。

The above sentence has the same meaning as "你家有什么人?" "谁" can either be singular (one person) or plural (several persons).

三、替换与扩展　Substitution and Extension

1. 他学习<u>英语</u>。

2. 她在<u>银行工作</u>。

3. <u>他们</u>有<u>孩子</u>吗?

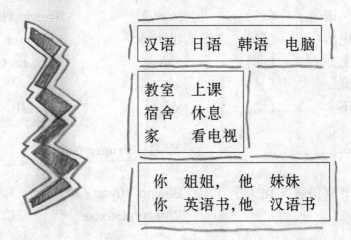

| 汉语 日语 韩语 电脑 |
| 教室　上课
宿舍　休息
家　　看电视 |
| 你　姐姐，他　妹妹
你　英语书,他　汉语书 |

1. 我 在 北京 语言 文化 大学 学习。
   Wǒ zài Běijīng Yǔyán Wénhuà Dàxué xuéxí.

2. 今天 有 汉语 课, 明天 没有 课。
   Jīntiān yǒu Hànyǔ kè, míngtiān méiyǒu kè.

3. 下 课 了, 我 回 宿舍 休息。
   Xià kè le, wǒ huí sùshè xiūxi.

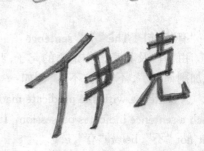

四、生词　New Words

1	有	(动)	yǒu	there to be, to have
2	口	(量)	kǒu	(a measure word for people in a family)
3	大学	(名)	dàxué	university
4	和	(连)	hé	and, as well as

5	结婚		jié hūn	to marry
6	了	(助)	le	(modal particle)
7	没	(副)	méi	no, not
8	孩子	(名)	háizi	child, children
9	学习	(动)	xuéxí	to study
10	英语	(名)	Yīngyǔ	English
11	职员	(名)	zhíyuán	employee, clerk
12	银行	(名)	yínháng	bank
13	爱人	(名)	àiren	wife, husband
14	汉语	(名)	Hànyǔ	Chinese
15	日语	(名)	Rìyǔ	Japanese (language)
16	韩语	(名)	Hányǔ	Korean (language)
17	电脑	(名)	diànnǎo	computer
18	上	(动)	shàng	to go to, to have
19	课	(名)	kè	class
20	下	(动)	xià	to finish, to be over

专名　Proper Name

北京语言文化大学	Běijīng Yǔyán Wénhuà Dàxué	Beijing Language and Culture University

五、语法　Grammar

1．"有"字句　The "有" sentence

由"有"及其宾语作谓语的句子,叫"有"字句。这种句子表示领有。它的否定式是在"有"前加副词"没",不能加"不"。例如:

A sentence with the predicate made up of "有" and its object is known as the "有" sentence. Such a sentence indicates possession. Its negative form is constructed by putting the adverb "没", but not "不", before "有", e.g.

(1) 我有汉语书。　　(2) 他没有哥哥。

(3) 他没有日语书。

2．介词结构　Prepositional constructions

介词跟它的宾语组成介词结构,常在动词前作状语。如"在银行工作""在教室上课"中的"在银行"、"在教室"都是由介词"在"和它的宾语组成的介词结构。

The prepositional construction consists of a preposition and its object. It often occurs before a verb, serving as an adverbial adjunct, e.g."在银行" and "在教室" in "在银行工作" and "在教室上课", respectively, are both prepositional constructions composed of the preposition "在" and its object.

40

六、练习　Exercises

1．选用括号中的动词填空　Fill in the blanks with the appropriate verbs in the brackets：

（听　写　学习　看　有　叫　是）

(1) <u>叫</u>什么名字？　　(2) <u>有</u>几口人？　　(3) <u>是</u>学生。

(4) <u>学</u>汉语。　　　　(5) <u>听</u>音乐。　　　(6) <u>写</u>信。

(7) <u>看</u>电视。

2．用"几"提问，完成下列对话　Complete the dialogues by raising questions with "几"：

(1) A：<u>明天星期几</u>？　　　　(2) A：<u>王老师家有几口人</u>？

　　B：明天星期四。　　　　　　　B：王老师家有四口人。

　　A：<u>明天是几月几号</u>？　　　　A：<u>他家有什么人</u>？

　　B：明天是六月一号。　　　　　B：他有一个妹妹。

3．谈一谈　Say what you can：

(1) 同学们互相介绍自己的家庭。

　　Students talk about each other's families.

(2) 介绍一下自己在哪儿学习、学习什么。

　　Say something about where and what you study.

4．听述　Listen and retell：

　　小明五岁，他有一个哥哥，哥哥是学生。他爸爸、妈妈都工作。小明说(shuō　to say)，他家有五口人。那一个是谁？是他的猫（māo　cat）。

5．语音练习　Phonetic drills：

① 音节连读：第一声＋第四声　Syllabic liaison：1st tone ＋ 4th tone

dōu qù	（都去）	gāoxìng	（高兴）
shāngdiàn	（商店）	shēngri	（生日）
yīnyuè	（音乐）	shēngdiào	（声调）
chī fàn	（吃饭）	bāngzhù	（帮助）
gōngzuò	（工作）	xūyào	（需要）

② 第三声的变调　Changes of 3rd tone

hěn(很) { xīn（新）／bái（白）／zǎo（早）／jiù（旧）　　　　nǐ(你) { chī（吃）／xué（学）／zǒu（走）／zuò（坐）

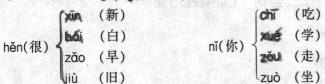

米分　刷　匠　＿house painter
fěn　shuā　jiàng

询问（三）

xúnwèn

MAKING
AN INQUIRY (3)

现在几点？

What time is it?

一、句子　Sentences

37　现在　几点？　　　　　　　　What time is it?
　　Xiànzài jǐ diǎn?

38　现在　七点　二十五　分。　　It's twenty-five past seven now.
　　Xiànzài qī diǎn èrshíwǔ fēn.

39　你几点　上　课？　　　　　　At what time does your class begin?
　　Nǐ jǐ diǎn shàng kè?

40　差　一刻　八点　去。　　　　A quarter to eight.
　　Chà yí kè bā diǎn qù.

41　我　去吃饭。　　　　　　　　I'm going to have my lunch.
　　Wǒ qù chī fàn.

42　我们　什么　时候　去？　　　When will we go?
　　Wǒmen shénme shíhou qù?

43　太　早　了。　　　　　　　　It is still early. / It is too early.
　　Tài zǎo le.

44　我也六点　半　起床。　　　　I also get up at half past six.
　　Wǒ yě liù diǎn bàn qǐ chuáng.

二、会话　Conversation

玛丽：　现在　几点？
Mǎlì：　Xiànzài jǐ diǎn?

王　兰：现在　七点　二十五　分。
Wáng Lán：Xiànzài qī diǎn èrshíwǔ fēn.

玛丽：　你几点　上　课？
Mǎlì：　Nǐ jǐ diǎn shàng kè?

王　兰：八点。
Wáng Lán：Bā diǎn.

玛丽： 你什么 时候 去 教室？
Mǎlì： Nǐ shénme shíhou qù jiàoshì?

王 兰：差 一 刻 八 点 去。
Wáng Lán：Chà yí kè bā diǎn qù.

玛丽： 现在 你 去 教室 吗？
Mǎlì： Xiànzài nǐ qù jiàoshì ma?

王 兰：不 去，我 去 吃 饭。
Wáng Lán：Bú qù, Wǒ qù chī fàn.

      *   *   *   *   *

刘 京： 明天 去 长城， 好 吗？
Liú Jīng： Míngtiān qù Chángchéng, hǎo ma?

大 卫： 好，什么 时候 去？
Dàwèi： Hǎo, shénme shíhou qù?

刘 京： 早上 七 点。
Liú Jīng： Zǎoshang qī diǎn.

大 卫： 太 早 了。七 点 半 吧。你 几 点 起床？
Dàwèi： Tài zǎo le. Qī diǎn bàn ba. Nǐ jǐ diǎn qǐ chuáng?

刘 京： 六 点 半。你 呢？
Liú Jīng： Liù diǎn bàn. Nǐ ne?

大 卫： 我 也 六 点 半 起床。
Dàwèi： Wǒ yě liù diǎn bàn qǐ chuáng.

三、替换与扩展 Substitution and Extension

1. 现在几点？
   现在七点二十五分(7:25)。

10:15	3:45
11:35	12:10
2:30	8:15
2:55	5:20

2. 你什么时候去教室？
   差一刻八点去。

来教室	2:00
来我的宿舍	4:00
去食堂	11:55
去上海	7月28号
去日本	1月25号

43

3. 我去吃饭。

*　　　*　　　*　　　*　　　*

1. 现在　两　点　零　五分，我去大卫 宿舍看 他。
   Xiànzài liǎng diǎn líng wǔ fēn, wǒ qù Dàwèi sùshè kàn tā.

2. 早上　　七点　一　刻 吃 早饭。
   Zǎoshang qī diǎn yí kè chī zǎofàn.

四、生词　New Words

1	现在	（名）	xiànzài	now, nowadays
2	点	（量）	diǎn	o'clock, hour
3	分	（量）	fēn	minute
4	差	（动）	chà	to lack, to be short of
5	刻	（量）	kè	quarter
6	吃	（动）	chī	to eat
7	饭	（名）	fàn	meal, (cooked) rice
8	时候	（名）	shíhou	time, hour
9	半	（数）	bàn	half
10	起	（动）	qǐ	to get up
11	床	（名）	chuáng	bed
12	早上	（名）	zǎoshang	morning
13	吧	（助）	ba	(modal particle)
14	两	（数）	liǎng	two
15	食堂	（名）	shítáng	dining-room
16	打	（动）	dǎ	to play
17	保龄球	（名）	bǎolíngqiú	bowling (ball)
18	电影	（名）	diànyǐng	film
19	睡觉		shuì jiào	to go to sleep
20	早饭	（名）	zǎofàn	breakfast

专名　Proper Name

长城　　　Chángchéng　　　the Great Wall

44

五、语法 Grammar

1. **钟点的读法 How to tell time**

2:00　两 点
　　　　liǎng diǎn

6:05　六 点 五 分
　　　　liù diǎn wǔ fēn

8:15　八 点 十五 分　　　　　（八 点 一 刻）
　　　　bā diǎn shíwǔ fēn　　　　　（bā diǎn yí kè）

10:30　十 点 三十 分　　　　　（十 点 半）
　　　　shí diǎn sānshí fēn　　　　（shí diǎn bàn）

11:45　十一 点 四十五 分　　　（十一 点 三 刻；差 一
　　　　shíyī diǎn sìshíwǔ fēn　　（shíyī diǎn sān kè；chà yí

　　　　　　　　　　　　　　　　　　刻 十二 点 ）
　　　　　　　　　　　　　　　　　　kè shí'èr diǎn ）

1:50　一 点 五十 分　　　　　　（差 十分 两 点 ）
　　　　yī diǎn wǔshí fēn　　　　　（chà shífēn liǎng diǎn ）

2. **时间词 Grammatical functions of time words**

① 表示时间的名词或数量词可作主语、谓语、定语。例如：

Nouns or numeral-measure compounds indicating time may be used as subjects, predicates and attributives, e.g.

　① 现在八点。（主语）　　② 今天五号。（谓语）
　③ 他看八点二十的电影。（定语）　④ 晚上的电视很好。（定语）

② 时间词作状语时，可放在主语之后谓语之前，也可放在主语之前。例如：

When used as an adverbial adjunct, a time word may be put between the subject and the predicate, or before the subject, e.g.

　⑤ 我晚上看电视。　　　　　⑥ 晚上我看电视。

③ 作状语的时间词有两个以上时，表示时间长的词在前。例如：

When more than two time words are used as adverbial adjuncts, the word showing a longer period of time comes first, e.g.

　（7）今天晚上八点二十分我看电影。

4）时间词与处所词同时作状语时，一般来说时间词在前，处所词在时间词之后。例如：

When a time word and a place word are both used as adverbial adjuncts in the same sentence, normally the former is put before the latter, e.g.

　（8）她现在在银行工作。

六、练习　Exercises

1.用汉语说出下列时间并选择五个造句　Render the following points of time into Chinese and make sentences with five of them：

| 10:00 | 6:30 | 4:35 | 8:05 | 7:15 |
| 9:25 | 11:45 | 2:55 | 3:20 | 12:10 |

2.把下列短语扩展成对话　Develop each of the following phrases into a dialogue：

例:七点四十去教室

A：你们几点上课?

B：八点。

A：你几点去教室?

B：七点四十去。现在几点?

A：现在七点半。

(1)十一点三刻去食堂吃饭

(2)十点半回宿舍睡觉

3.按照实际情况回答问题　Answer the following questions according to actual situations：

(1)你几点起床? 几点吃早饭?

(2)你几点上课? 几点下课? 几点吃饭?

(3)你几点吃晚饭(wǎn fàn dinner)? 几点睡觉?

(4)星期六你几点起床? 几点睡觉?

4.说说你的一天　Talk about a day in your life.

5.听述　Listen and retell：

今天是星期六,我们不上课。小王说(shuō to say),晚上有一个好电影,他和我一起(yìqǐ together)去看,我很高兴。

下午六点我去食堂吃饭,六点半去小王的宿舍,七点我们去看电影。

6.语音练习　Phonetic drills：

(1) 读下列词语:第一声＋轻声　Read the following words：1st tone ＋ neutral tone

yīfu	（衣服）	xiūxi	（休息）
dōngxi	（东西）	zhīdao	（知道）
chuānghu	（窗户）	tāmen	（他们）
dāozi	（刀子）	bōli	（玻璃）
māma	（妈妈）	zhuōzi	（桌子）

(2) 常用音节练习　Drill on the frequently used syllables

de
- wǒ de （我的）
- xīn de （新的）
- cháng de （长的）
- jiù de （旧的）

shi
- jiàoshì （教室）
- shí ge （十个）
- lǎoshī （老师）
- zhīshi （知识）

第九课　Lesson　9

你住在哪儿?

Where do you live?

一、句子　Sentences

45　你 住在 哪儿?　　　　　　　Where do you live?
　　Nǐ zhùzài nǎr?

46　住在 留学生　宿舍。　　　　I live in the dormitory for foreign
　　Zhùzài liúxuéshēng sùshè.　　students.

47　多少　号 房间?　　　　　　What's the number of your room?
　　Duōshao hào fángjiān?

48　你 家 在 哪儿?　　　　　　Where is your home?
　　Nǐ jiā zài nǎr?

49　欢迎　你 去 玩儿。　　　　　You are welcome to my home.
　　Huānyíng nǐ qù wánr.

50　她 常　去。　　　　　　　She often goes there.
　　Tā cháng qù.

51　我们　一起 去 吧。　　　　　Let's go there together.
　　Wǒmen yìqǐ qù ba.

52　那 太 好 了。　　　　　　　That's great.
　　Nà tài hǎo le.

二、会话　Conversation

刘 京：　你 住在 哪儿?
Liú Jīng：　Nǐ zhùzài nǎr?

大卫：　住在 留学生　宿舍。
Dàwèi：　Zhùzài liúxuéshēng sùshè.

刘 京：　几 号 楼?
Liú Jīng：　Jǐ hào lóu?

大卫：　九 号 楼。
Dàwèi：　Jiǔ hào lóu.

刘 京： 多少 号 房间 ？
Liú Jīng: Duōshao hào fángjiān?

大卫： 308 号 房间。 你 家 在 哪儿？
Dàwèi: Sānlíngbā hào fángjiān. Nǐ jiā zài nǎr?

刘 京： 我 家 在 学院 路 25 号，欢迎 你 去 玩儿。
Liú Jīng: Wǒ jiā zài Xuéyuàn lù èrshíwǔ hào, huāngyíng nǐ qù wánr.

大卫： 谢谢 ！
Dàwèi: Xièxie !

* * * * *

大卫： 张 丽英 家 在 哪儿？
Dàwèi: Zhāng Lìyīng jiā zài nǎr?

玛丽： 我 不 知道。 王 兰 知道。 她 常 去。
Mǎlì : Wǒ bù zhīdao. Wáng Lán zhīdao. Tā cháng qù.

大卫： 好 ，我 去 问 她。
Dàwèi: Hǎo , wǒ qù wèn tā.

* * * * *

大卫： 王 兰 ，张 丽英 家 在 哪儿？
Dàwèi: Wáng Lán , Zhāng Lìyīng jiā zài nǎr?

王 兰：东四 大街 97 号。你 去 她 家 吗？
Wáng Lán：Dōngsì Dàjiē jiǔshíqī hào. Nǐ qù tā jiā ma?

大卫： 对 ，明天 我 去 她 家。
Dàwèi: Duì , míngtiān wǒ qù tā jiā.

王 兰：你 不 认识 路，我们 一起 去 吧！
Wáng Lán：Nǐ bú rènshi lù, wǒmen yìqǐ qù ba!

大卫： 那 太 好 了。
Dàwèi: Nà tài hǎo le.

注释 Notes

① "几号楼？"和"多少号房间？" What's the building number? What's the room number?

这两句中的"几"和"多少"都是用来询问数目的。估计数目在 10 以下，一般用"几"，10 以上用"多少"。

"几" and "多少" in the two sentences are interrogatives of number. When the estimated number is smaller than 10, "几" is usually used; when the estimated number exceeds 10, "多少" is used.

② "那太好了。" That's very good.

这里的"那",意思是"那样的话"。

"太好了"是表示满意、赞叹的用语。"太"在这里表示程度极高。

"那" here means "if so".

"太好了" is an expression showing satisfaction, appreciation and so on. Here "太" greatly intensifies the meaning of the word that follows it.

三、替换与扩展 Substitution and Extension

1. 你住在哪儿?
   我住在<u>留学生宿舍</u>。

   | 9 楼 308 号房间 |
   | 5 楼 204 号房间 |
   | 上海   北京饭店 |

2. 欢迎你<u>去玩儿</u>。

   | 来我家玩儿   来北京工作 |
   | 来语言文化大学学习 |

3. 她常去<u>张丽英家</u>。

   | 王老师家   那个邮局 |
   | 留学生宿舍   我们学校 |

    *   *   *   *   *

A: 你 去 哪儿?
   Nǐ qù nǎr?

B: 我 去 邮局 买 邮票。 你 知道 小 王 住在 哪儿 吗?
   Wǒ qù yóujú mǎi yóupiào. Nǐ zhīdao Xiǎo Wáng zhùzài nǎr ma?

A: 他 住在 宾馆 2 层 234 号 房间。
   Tā zhùzài bīnguǎn èr céng èrsānsì hào fángjiān.

四、生词 New Words

1	住	(动)	zhù	to live
2	多少	(代)	duōshao	how many, how much
3	房间	(名)	fángjiān	room
4	欢迎	(动)	huānyíng	to welcome
5	玩儿	(动)	wánr	to enjoy oneself, to play
6	常(常)	(副)	cháng(cháng)	often, usually
7	一起	(副、名)	yìqǐ	together
8	楼	(名)	lóu	building

9	知道	（动）	zhīdao	to know
10	问	（动）	wèn	to ask
11	对	（形、介、动）	duì	right; opposite; to face
12	路	（名）	lù	road
13	邮局	（名）	yóujú	post office
14	学校	（名）	xuéxiào	school
15	邮票	（名）	yóupiào	stamp
16	宾馆	（名）	bīnguǎn	hotel
17	层	（量）	céng	floor

专名 Proper Names

1	学院路	Xuéyuàn lù	Xueyuan Road
2	东四大街	Dōngsì Dàjiē	Dongsi Avenue
3	上海	Shànghǎi	Shanghai
4	北京饭店	Běijīng Fàndiàn	Beijing Hotel
5	北京	Běijīng	Beijing

五、语法 Grammar

1．连动句 The sentence with verbal constructions in series

在动词谓语句中,几个动词或动词短语连用,并有同一主语,这样的句子叫连动句。例如:

If a sentence with a verbal predicate is composed of several verbs or verbal phrases which share the same subject, it is known as the sentence with verbal constructions in series, e.g.

(1) 我去问他。　　　　　(2) 王林常去看电影。

(3) 星期天大卫来我家玩儿。　(4) 我去他宿舍看他。

2．状语 Adverbial adjuncts

动词、形容词前面的修饰成分叫状语。副词、形容词、时间词、介词结构等都可作状语。例如:

The modifying elements before verbs and adjectives are known as adverbial adjuncts. Adverbs, adjectives, time words and prepositional constructions can all be used as adverbial adjuncts, e.g.

(1) 她常去我家玩儿。　　　(2) 你们快来。

(3) 我们八点去上课。　　　(4) 他姐姐在银行工作。

六、练习 Exercises

1. 熟读下列词语并选择造句 Read until fluent the following words and make sentences with some of them：

2. 按照实际情况回答问题 Answer the following questions according to actual situations：

(1) 你家在哪儿？你的宿舍在哪儿？

(2) 你住在几号楼？多少号房间？

(3) 星期日你常去哪儿？晚上你常做什么？你常写信吗？

3. 用下列词语造句 Make sentences with each pair of words given below：

例：家　　在　　　　王老师的家在北京大学。

(1) 商店　在

(2) 谁　　认识

(3) 一起　听

4. 说话 Talk about the following topic：

介绍一下你的一个朋友。

提示：他(她)的家在哪儿，住在哪儿，在哪儿学习或工作等等。

Say something about a friend of yours.

Suggested points：Where does he/she live? Where does he/she study or work?

5. 语音练习 Phonetic drills：

(1) 读下列词语：第二声＋第一声　Read the following words：2nd tone ＋ 1st tone

míngtiān	（明天）	zuótiān	（昨天）
jié hūn	（结婚）	fángjiān	（房间）
máoyī	（毛衣）	pángbiān	（旁边）
qiánbiān	（前边）	shíjiān	（时间）
hóng huā	（红花）	huí jiā	（回家）

(2) 常用音节练习　Drill on the frequently used syllables

wo { wǒmen （我们） / wò shǒu （握手） / niǎowō （鸟窝） }

ru { rúguǒ （如果） / rù xué （入学） / wǔrǔ （侮辱） }

第十课　Lesson　10

邮局在哪儿?

Where is the post office?

一、句子　**Sentences**

53　八 楼 在 九 楼 旁边。
　　Bā lóu zài jiǔ lóu pángbiān.

Building No. 8 stands next to Building No. 9.

54　去 八 楼 怎么 走?
　　Qù bā lóu zěnme zǒu?

Which way leads to Building No. 8?

55　那 个 楼 就 是 八 楼。
　　Nà ge lóu jiù shì bā lóu.

That's Building No. 8.

56　请问, 邮局 在 哪儿?
　　Qǐngwèn, yóujú zài nǎr?

Excuse me, but could you please tell me where the post office is?

57　往 前 走, 就是 邮局。
　　Wǎng qián zǒu, jiù shì yóujú.

The post office is just down the road.

58　邮局 离 这儿 远 不 远?
　　Yóujú lí zhèr yuǎn bu yuǎn?

Is the post office far from here?

59　百货 大楼 在 什么 地方?
　　Bǎihuò Dàlóu zài shénme dìfang?

Where is the Department Store?

60　在 哪儿 坐 汽车?
　　Zài nǎr zuò qìchē?

Where is the bus stop?

二、会话　**Conversation**

学生：　劳驾, 八 楼 在 哪儿?
xuésheng: Láo jià, bā lóu zài nǎr?

刘 京：　在 九 楼 旁边。
Liú Jīng: Zài jiǔ lóu pángbiān.

学生：　怎么 走?
xuésheng: Zěnme zǒu?

刘 京：　你 看, 那 个 楼 就 是。
Liú Jīng: Nǐ kàn, nà ge lóu jiù shì.

和子：　　请 问，邮局 在 哪儿？
Hézǐ:　　Qǐng wèn, yóujú zài nǎr?

A：　　在 前边。
　　　　Zài qiánbiān.

和子：　　怎么 走？
Hézǐ:　　Zěnme zǒu?

A：　　往 前 走。
　　　　Wǎng qián zǒu.

和子：　　离 这儿 远 不 远？
Hézǐ:　　Lí zhèr yuǎn bu yuǎn?

A：　　不 太 远。就 在 银行 旁边。
　　　　Bú tài yuǎn. Jiù zài yínháng pángbiān.

*　　　　*　　　　*　　　　*　　　　*

玛丽：　　请 问，百货 大楼 在 什么 地方？
Mǎlì:　　Qǐng wèn, Bǎihuò Dàlóu zài shénme dìfang?

B：　　王府井。
　　　　Wángfǔjǐng.

玛丽：　　远 吗？
Mǎlì:　　Yuǎn ma?

B：　　不 远。
　　　　Bù yuǎn.

玛丽：　　在 哪儿 坐 汽车？
Mǎlì:　　Zài nǎr zuò qìchē?

B：　　在 那儿。
　　　　Zài nàr.

玛丽：　　谢谢！
Mǎlì:　　Xièxie!

注释　Notes

① **"请问，邮局在哪儿？"** Excuse me, but could you please tell me where the post office is?

"请问"是向别人提问时的客套话。一定要用在提出问题之前。

"请问"（Could you please tell me...）is a polite expression for making an inquiry of some-body about something. It is used before the actual question.

② **"那个楼就是"、"就在银行旁边"** It's the building right over there. Right beside the bank.

53

这两句中的副词"就"都是用来加强肯定语气的。

The adverb "就" in both sentences is used to heighten the positive tone.

三、替换与扩展　Substitution and Extension

1. 八楼在哪儿?
   在<u>九楼旁边</u>。

留学生食堂西边	那个楼前边
他的宿舍楼北边	操场东边

2. 邮局离<u>这儿</u>远不远?

他家　语言文化大学操场东边	
北京饭店	这儿
食堂	宿舍

3. 在哪儿<u>坐汽车</u>?

学习汉语	工作
吃饭	休息

*　　*　　*　　*　　*

他 爸爸 在 商店　工作。 那个 商店　离 他 家 很 近。
Tā bàba zài shāngdiàn gōngzuò. Nà ge shāngdiàn lí tā jiā hěn jìn.

他 爸爸 早上　七点 半 去 工作, 下午 五 点 半 回 家。
Tā bàba zǎoshang qī diǎn bàn qù gōngzuò, xiàwǔ wǔ diǎn bàn huí jiā.

四、生词　New Words

1	旁边	(名)	pángbiān	side, next to
2	怎么	(代)	zěnme	how
3	走	(动)	zǒu	to go, to walk
4	就	(副)	jiù	right
5	请问		qǐng wèn	please (tell me), could you tell me...
6	往	(介、动)	wǎng	to go; to, towards
7	前	(名)	qián	front, before
8	离	(介)	lí	away from (a place)
9	这儿	(代)	zhèr	here
10	远	(形)	yuǎn	far
11	地方	(名)	dìfang	place, region
12	坐	(动)	zuò	to sit, to take a seat
13	汽车	(名)	qìchē	bus, car

54

14	劳驾		láo jià	excuse me
15	前边	（名）	qiánbiān	in front of
16	那儿	（代）	nàr	there, over there
17	西边	（名）	xībiān	west side
18	北边	（名）	běibiān	north side
19	东边	（名）	dōngbiān	east side
20	操场	（名）	cāochǎng	sports ground
21	近	（形）	jìn	near

专名　Proper Names

1	百货大楼	Bǎihuò Dàlóu	the Department Store
2	王府井	Wángfǔjǐng	Wangfujing Street

五、语法　Grammar

1．方位词　Words of location

"旁边"、"前边"等都是方位词。方位词是名词的一种,可以作主语、宾语、定语等句子成分。

方位词作定语时,一般要用"的"与中心语连接。例如"东边的房间"、"前边的商店"等。

"旁边" and "前边" are words of location, which make up a subclass of nouns. They may serve as such sentence elements as subjects, objects and attributives.

When used as attributives, they are normally linked with the headword with "的", e.g. "东边的房间"(the room in the east side), "前边的商店"(the shop in front).

2．正反疑问句　The affirmative-negative question

将谓语中的动词或形容词的肯定式和否定式并列,就构成了正反疑问句。例如:

An affirmative-negative question is formed by juxtaposing the verb or adjective of the predicate and its negative form, e.g.

(1) 你今天来不来?　　　　　(2) 这个电影好不好?

(3) 这是不是你们的教室?　　(4) 王府井离这儿远不远?

六、练习　Exercises

1．选词填空　Choose from the words given in the brackets to fill in the blanks:

（去　在　离　回　买　往）

(1) 八楼＿＿九楼不太远。

(2) 食堂＿＿宿舍旁边。

(3) 邮局很近,＿＿前走就是。

(4) 今天晚上我不学习,＿＿家看电视。

(5) 我们____宿舍休息一下吧。

(6) 这本(běn *a measure word*)书很好,你____不____?

2. 按照实际情况回答问题 Answer the questions according to actual situations:

(1) 谁在你旁边?谁在你前边?

(2) 谁住在你旁边的房间?

(3) 你知道邮局、银行在哪儿吗?怎么走?

3. 听述 Listen and retell:

邮局离银行不远,我常去那儿买邮票、寄(jì to post)信。书店在银行旁边。那个书店很大,书很多,我常去那儿买书。

4. 语音练习 Phonetic drills:

(1) 读下列词语:第二声+第二声 Read the following words:2nd tone+2nd tone

liúxué	(留学)	yínháng	(银行)
zhíyuán	(职员)	xuéxí	(学习)
shítáng	(食堂)	huídá	(回答)
tóngxué	(同学)	rénmín	(人民)
wénmíng	(文明)	értóng	(儿童)

(2) 常用音节练习 Drill on the frequently used syllables

	yīshēng	(医生)		bù xīn	(不新)
	yí ge	(一个)		bú qù	(不去)
yi	yǐzi	(椅子)	bu	bǔyǔ	(补语)
	yìjiàn	(意见)		bùxié	(布鞋)
	piányi	(便宜)		hǎo bu hǎo	(好不好)

(3) 朗读会话 Read aloud the conversation

A:Qǐng wèn, Běijīng Dàxué zài nǎr?

B:Zài Qīnghuá Dàxué xībiān.

A:Qīnghuá Dàxué dōngbiān shì Yǔyán Wénhuà Dàxué ma?

B:Duì. Zhèr yǒu hěn duō dàxué. Yǔyán Wénhuà Dàxué nánbiān hái yǒu hǎo jǐ ge dàxué.

A:Cóng zhèr wǎng běi zǒu dàxué bù duō le.

B:Shì de.

复习（二） Review（Ⅱ）

一、会话 Conversation

王： 小卫(Xiǎo Wèi Little Wei)，我们什么时候去小李家？

卫： 星期天，好吗？

王： 好。他家在上海饭店(Shànghǎi Fàndiàn Shanghai Hotel)旁边吧？

卫： 他搬家(bān jiā to move)了，现在在中华路(Zhōnghuá lù)38号。你认识那个地方吗？

王： 不认识，问一下儿小马吧。

    *   *   *   *   *

卫： 小马，中华路在什么地方？你知道吗？

马： 中华路离我奶奶(nǎinai grandma)家很近。你们去那儿做什么？

王： 看一个朋友。那儿离这儿远吗？

马： 不太远。星期天我去奶奶家，你们和我一起去吧。

    *   *   *   *   *

王： 小马，你奶奶不和你们住在一起吗？

马： 不住在一起。奶奶一个人住，我和爸爸、妈妈常去看她。

卫： 你奶奶身体好吗？

马： 身体很好。她今年六十七岁了。前边就是我奶奶家，你们去坐一会儿(yíhuìr a moment)吧！

王： 十点了，我们不去了。

马： 再见！

卫、王：再见！

二、语法 Grammar

句子的主要成分　The main elements of a sentence

1．主语和谓语　The subject and the predicate

句子一般可分为主语和谓语两大部分。主语一般在谓语之前。例如：

A sentence is normally divided into two parts, the subject and the predicate. Generally, the subject precedes the predicate, e.g.

（1）你好！　　　　　　（2）我去商店。

如果语言环境清楚，主语或谓语可省略。例如：

If the language context is clear, the subject or predicate can be omitted, e.g.

(3) 你好吗？   (4) 谁是学生？

  （我)很好。   他(是学生)。

2．宾语　The object

宾语是动词的连带成分，一般在动词后边。例如：

The object is an element related to a verb and usually follows the verb, e.g.

(1) 我认识他。   (2) 他有一个哥哥。

(3) 他是学生。

3．定语　The attributive

定语一般都修饰名词。定语和中心语之间有时用结构助词"的"，如"王兰的朋友"；有时不用，如"我姐姐"、"好朋友"(见第五课语法2)。

An attributive usually modifies a noun. Sometimes, the structural particle "的" is needed between the attributive and the headword, e.g. "王兰的朋友"；at other times, however, it is not required, e.g. "我姐姐"，"好朋友". (see Grammar, Sec.2 of Lesson 5)

4．状语　The adverbial adjunct

状语是用来修饰动词或形容词的。它一般要放在中心语的前边。例如：

An adverbial adjunct is used to modify a verb or an adjective. It usually precedes the part which is being modified, e.g.

(1) 我很好。   (2) 他们都来。

(3) 他在家看电视。

三、练习　Exercises

1．回答问题　Answer the questions：

(1) 一年有几个月？ 一个月有几个星期？ 一个星期有几天(tiān days)？

(2) 今天几月几号？ 明天星期几？ 星期天是几月几号？

(3) 你家有几口人？ 他们是谁？ 你妈妈工作不工作？ 你住在哪儿？ 你家离学校远不远？

2．用下面所给的句子练习会话　Practise conversations with the sentences given：

(1) 问候　Greet each other

你好！   你早！   你……身体好吗？

你好吗？   早上好！   他好吗？

你身体好吗？   你工作忙不忙？

(2) 相识、介绍　Get to know each other

你贵姓？   他姓什么？   我介绍一下儿。

你叫什么名字？   他是谁？   我叫＿＿＿＿。

你是＿＿＿＿。   我是＿＿＿＿。

                              这是＿＿＿＿。

                              认识你很高兴。

(3) 询问　Make an inquiry

a.问时间　about time   b.问住址　about an address

……几月几号星期几？   你家在哪儿？

......几点?　　　　　　　　　　　你住在哪儿?

你的生日＿＿＿＿＿?　　　　　　你住在多少号房间?

你几点＿＿＿＿＿?

你什么时候＿＿＿＿＿?

c.问路　about the way　　　　d.问家庭　about family

......在哪儿?　　　　　　　　　你家有几口人?

去......怎么走?　　　　　　　　你家有什么人?

......离这儿远吗?　　　　　　　你家有谁?

　　　　　　　　　　　　　　　你有......吗?

　　　　　　　　　　　　　　　你......做什么工作?

3．语音练习　Phonectic drills：

(1) 声调练习:第二声＋第二声　Drill on tone：2nd tone＋2nd tone

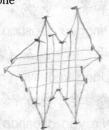

　　tóngxué　　　　　　　　　　(同学)

　　nán tóngxué　　　　　　　　(男同学)

　　nán tóngxué lái　　　　　　(男同学来)

　　nán tóngxué lái huá chuán　(男同学来划船)

(2) 朗读会话　Read aloud the conversation

　　A：Yóujú lí zhèr yuǎn ma?

　　B：Bú tài yuǎn, jiù zài nàr.

　　A：Nà ge yóujú dà bu dà?

　　B：Hěn dà. Nǐ jì dōngxi ma?

　　A：Duì, hái mǎi jìniàn yóupiào.

四、阅读短文　Reading Passage

　　小张家有四口人:爸爸、妈妈、姐姐和他。

　　他爸爸是大夫。五十七岁了,身体很好。他工作很忙,星期天常常不休息。

　　他妈妈是银行职员,今年五十五岁。

　　他姐姐是老师。今年二月结婚了。她不住在爸爸 妈妈家。

　　昨天是星期五,下午没有课。我们去小张家了。小张家在北京饭店旁边。我们到(dào to arrive at)小张家的时候,小张的爸爸、妈妈不在家。我们和小张一起谈话(tán huà to talk)、听音乐、看电视......

　　五点半小张的爸爸、妈妈都回家了。他姐姐也来了。我们在他家吃了晚饭,晚上八点半我们就回学校了。

需要(一)

xūyào

NEEDS　(1)

我要买橘子

I want to buy some oranges.

一、句子　Sentences

61　您 要 什么？
　　Nín yào shénme?

What would you like?

62　苹果 多少 钱 一 斤？
　　Píngguǒ duōshao qián yì jīn?

How much is a *jin* of apples?

63　两 块 五 (毛) 一 斤。
　　Liǎng kuài wǔ (máo) yì jīn.

Two *yuan* and fifty *fen* a *jin*.

64　您 要 多少？
　　Nín yào duōshao?

How much would you like?

65　您 还 要 别的 吗？
　　Nín hái yào biéde ma?

What else do you want?

66　我 要 买 橘子。
　　Wǒ yào mǎi júzi.

I want to buy some oranges.

67　(橘子) 太 贵 了。
　　(Júzi)　tài guì le.

(Oranges) It is too expensive.

68　您 尝尝。
　　Nín chángchang.

Please have a taste.

二、会话　Conversation

售货员：　您 要 什么？
shòuhuòyuán：Nín yào shénme?

大卫：　　我 要 苹果。 多少 钱 一 斤？
Dàwèi：　　Wǒ yào píngguǒ. Duōshao qián yì jīn?

售货员：　两 块 五 (毛)。
shòuhuòyuán：Liǎng kuài wǔ (máo).

大卫：　　那 种 呢？
Dàwèi：　　Nà zhǒng ne?

售货员： 一 块 三。
shòuhuòyuán: Yí kuài sān.

大卫： 要 这种 吧。
Dàwèi: Yào zhè zhǒng ba.

售货员： 要 多少?
shòuhuòyuán: Yào duōshao?

大卫： 两 斤。
Dàwèi: Liǎng jīn.

售货员： 还要 别的 吗?
shòuhuòyuán: Hái yào biéde ma?

大卫： 不 要 了。
Dàwèi: Bú yào le.

     *   *   *   *   *

售货员： 您 要 买 什么?
shòuhuòyuán: Nín yào mǎi shénme?

玛丽： 我 要 买 橘子。一斤 多少 钱?
Mǎlì: Wǒ yào mǎi júzi. Yì jīn duōshao qián?

售货员： 两 块 八。
shòuhuòyuán: Liǎng kuài bā.

玛丽： 太 贵 了。
Mǎlì: Tài guì le.

售货员： 那种 便宜。
shòuhuòyuán: Nà zhǒng piányi.

玛丽： 那种 好 不 好?
Mǎlì: Nà zhǒng hǎo bu hǎo?

售货员： 您 尝尝。
shòuhuòyuán: Nín chángchang.

玛丽： 好, 我 要 四个。
Mǎlì: Hǎo, wǒ yào sì ge.

售货员： 这 是 一斤 半, 三 块 七毛 五分。还买 别的 吗?
shòuhuòyuán: Zhè shì yì jīn bàn, sān kuài qī máo wǔ fēn. Hái mǎi biéde ma?

玛丽： 不 要 了。
Mǎlì: Bú yào le.

注释 Notes

① "（苹果）多少钱一斤?"与"（橘子）一斤多少钱?"

这两句的句意相同,都是询问一斤的价钱。只是前句侧重"多少钱"能买一斤;后句侧重"一斤"需要多少钱。

Both sentences make an inquiry about the price of a *jin* (of oranges) and are thus the same in meaning. However, while the first lays stress on "多少钱"(i.e., the cost), the second gives emphasis to "一斤"(i.e., the weight).

② "两块五毛。"

人民币的计算单位是"元、角、分",口语里常用"块、毛、分",都是十进位。处于最后一位的"毛"或"分"可以省略不说。例如:

"元","角"and"分"are the monetary units of *Renminbi* (the Chinese currency), which adopts the decimal system. In colloquial Chinese, however, the use of "块","毛","分"is more preferable. "毛"and"分"may be omitted when they are at the end, e.g.

1.30 元→一块三　　　　2.85 元→两块八毛五

③ "两斤"

"两"和"二"都表示"2"。在量词前(或不用量词的名词前)一般都用"两",不用"二"。如"两个朋友"、"两斤苹果"等。但 10 以上数字中的"2"如 12、32 等数字中的"2",不管后面有无量词,都用"二",不用"两"。例如:"十二点"、"二十二个学生"。

"两"and"二"both mean "2". Generally, "两"is used instead of "二" before a measure word (or a noun which does not take a measure word), e.g. "两个朋友", "两斤苹果" and so on. But for a figure bigger than 10, e.g. 12 or 32, "二" is used instead of "两" no matter whether it is followed by a measure word or not, e.g. "十二点","二十二个学生".

三、替换与扩展 Substitution and Extension

1. 您要什么?
   我要苹果。

看	看汉语书
喝	喝(可口)可乐
听	听录音
学习	学习汉语

2. 你尝尝。

吃	看	听	问

3. 我要买橘子。

看电视	吃苹果	喝雪碧

    *   *   *   *   *

1. 我 常 去百货 大楼 买 东西。那儿 的 东西 很 多, 也 很
   Wǒ cháng qù Bǎihuò Dàlóu mǎi dōngxi. Nàr de dōngxi hěn duō, yě hěn

便宜。

piányi.

2. A：你要 喝什么？

　　Nǐ yào hē shénme?

B：有 雪碧 吗？

　　Yǒu xuěbì ma?

A：有。

　　yǒu.

B：要 两 瓶 吧。

　　Yào liǎng píng ba.

四、生词　New Words

1	要	（动、能愿）	yào	to want, would like
2	苹果	（名）	píngguǒ	apple
3	钱	（名）	qián	money, currency
4	斤	（量）	jīn	*jin*（unit of weight）
5	块(元)	（量）	kuài(yuán)	（unit of currency）
6	毛(角)	（量）	máo(jiǎo)	（unit of currency）
7	还	（副）	hái	still
8	别的	（代）	biéde	anything else, other
9	橘子	（名）	júzi	orange
10	尝	（动）	cháng	to taste
11	售货员	（名）	shòuhuòyuán	shop assistant
12	种	（量）	zhǒng	kind, sort
13	便宜	（形）	piányi	inexpensive, cheap
14	分	（量）	fēn	（smallest unit of Chinese currency）
15	喝	（动）	hē	to drink
16	(可口)可乐	（名）	(kěkǒu)kělè	(Coca-)Cola
17	录音	（名）	lùyīn	recording
18	雪碧	（名）	xuěbì	Sprite
19	多	（形、数、副）	duō	much, many
20	瓶	（名、量）	píng	bottle

五、语法 Grammar

1. 语气助词"了"(1) The modal particle "了"(1)

语气助词"了"有时表示情况有了变化。例如：

The modal particle "了" sometimes denotes that the situation has changed, e.g.

(1)这个月我不忙了。(以前很忙)　　(2)现在他有工作了。(以前没有工作)

2. 动词重叠 Reduplication of verbs

汉语中某些动词可以重叠。动词重叠表示动作经历的时间短促或轻松、随便；有时也表示尝试。单音节动词重叠的形式是"AA"。例如"看看"、"听听"、"尝尝"。双音节动词重叠的形式是"ABAB"。例如："休息休息"、"介绍介绍"。

In the Chinese language, certain verbs may be reduplicated to denote short duration or ease and casualness of an act. Sometimes they mean to have a try. The form of reduplication for a monosyllabic verb is "AA", e.g. "看看", "听听", "尝尝", while the form of reduplication for a disyllabic verb is "ABAB", e.g. "休息休息", "介绍介绍".

六、练习 Exercises

1. 用汉语读出下列钱数 Read the following sums in Chinese：

6.54 元　　　10.05 元　　　2.30 元　　　8.20 元　　　42.52 元

1.32 元　　　9.06 元　　　57.04 元　　　100 元　　　142.92 元

2. 用动词的重叠式造句 Make sentences with reduplicated verb forms：

介绍　看　听　学习　休息　玩儿

例：问　→　问问老师,明天上课吗?

3. 完成对话 Complete the conversations：

(1) A：_____?

B：一瓶可乐三块五毛钱。

(2) A：您买什么?

B：_____。

A：您要多少?

B：_____。一斤橘子多少钱?

A：_____。还要别的吗?

B：_____。

4. 听述 Listen and retell：

我要买汉语书,不知道去哪儿买。今天我问小王,她说(shuō　to say),新华书店(Xīnhuá Shūdiàn　Xinhua Bookstore)有,那儿的汉语书很多。明天下午我去看看。

5. 语音练习 Phonetic drills：

(1) 读下列词语：第二声＋第三声 Read the following words：2nd tone ＋ 3rd tone

píjiǔ　　　　(啤酒)　　　　píngguǒ　　　　(苹果)

yóulǎn　　　　(游览)　　　　shíjiǔ　　　　(十九)

méiyǒu	（没有）	jiéguǒ	（结果）
máobǐ	（毛笔）	tíngzhǐ	（停止）
cídiǎn	（词典）	shípǐn	（食品）

（2）常用音节练习　Drill on the frequently used syllables

you
- yóuyǒng （游泳）
- yǒuhǎo （友好）
- zuǒyòu （左右）
- péngyou （朋友）

zhi
- zhīshi （知识）
- yìzhí （一直）
- xìnzhǐ （信纸）
- zhèngzhì （政治）

需要(二)
xūyào
NEEDS (2)

我想买毛衣

I want to buy a sweater.

一、句子　Sentences

69　天　冷　了。　　　　　　　It is getting cold.
　　Tiān lěng le.

70　我　想　买件毛衣。　　　　I want to buy a sweater.
　　Wǒ xiǎng mǎi jiàn máoyī.

71　星期天　去，怎么样？　　　What about going there on Sunday?
　　Xīngqītiān qù, zěnmeyàng?

72　星期天　人太多。　　　　　It is too crowded on Sunday.
　　Xīngqītiān rén tài duō.

73　我看看　那件毛衣。　　　　I want to have a look at that sweater.
　　Wǒ kànkan nà jiàn máoyī.

74　这件毛衣我可以试试吗？　　Can I try on this sweater?
　　Zhè jiàn máoyī wǒ kěyǐ shìshi ma?

75　这件毛衣不大也不小。　　　This sweater is just the right size.
　　Zhè jiàn máoyī bú dà yě bù xiǎo.

76　好　极了。　　　　　　　　That's very nice.
　　Hǎo jí le.

二、会话　Conversation

大卫：　天　冷　了。我　想　买　件　毛衣。
Dàwèi：　Tiān lěng le. Wǒ xiǎng mǎi jiàn máoyī.

玛丽：　我也要买东西。我们　什么　时候去？
Mǎlì：　Wǒ yě yào mǎi dōngxi. Wǒmen shénme shíhou qù?

大卫：　星期天　去，怎么样？
Dàwèi：　Xīngqītiān qù, zěnmeyàng?

玛丽：　星期天　人太多。
Mǎlì：　Xīngqītiān rén tài duō.

大卫：　　　那 明天　下午 去 吧。
Dàwèi:　　Nà míngtiān xiàwǔ qù ba.

　　*　　　　*　　　　*　　　　*　　　　*

大卫：　　　小姐, 我 看看 那件 毛衣。
Dàwèi:　　Xiǎojie, wǒ kànkan nà jiàn máoyī.

售货员：　好。
shòuhuòyuán: Hǎo.

大卫：　　　我 可以 试试 吗?
Dàwèi:　　Wǒ kěyǐ shìshi ma?

售货员：　您 试 一下儿 吧。
shòuhuòyuán: Nín shì yíxiàr ba.

玛丽：　　　这 件 太 短 了。
Mǎlì:　　　Zhè jiàn tài duǎn le.

售货员：　您 试试 那件。
shòuhuòyuán: Nín shìshi nà jiàn.

大卫：　　　好, 我 再 试 一下儿。
Dàwèi:　　Hǎo, wǒ zài shì yíxiàr.

玛丽：　　　这 件 不 大 也 不 小。
Mǎlì:　　　Zhè jiàn bú dà yě bù xiǎo.

大卫：　　　好 极 了, 我 就 买 这 件。
Dàwèi:　　Hǎo jí le, wǒ jiù mǎi zhè jiàn.

注释　Notes

① **"我想买件毛衣"**　I want to buy a sweater.

　　量词前的数词"一"如不在句首,可以省略。所以"买一件毛衣"可以说成"买件毛衣"。

　　The numeral "一" before a measure word may be omitted if it does not occur at the beginning of a sentence. So "买一件毛衣" may be reduced to "买件毛衣".

② **"这件太短了"**　This one is too short.

　　句中省略了中心语"毛衣"。在语言环境清楚时,中心语可以省略。

　　The headword "毛衣" in the sentence is omitted. When the language context is clear, the headword may be omitted.

③ **"好极了"**　wonderful

　　"极了"在形容词或某些状态动词后,表示达到最高程度。例如:"累极了"、"高兴极了"、"喜欢(xǐhuan)极了"等等。

　　"极了" after adjectives or certain stative verbs denotes "to the highest degree", e.g. "累极了"、"高兴极了"、"喜欢(xǐhuan　to like, to enjoy) 极了".

三、替换与扩展　Substitution and Extension

1. 我想<u>买毛衣</u>。

学习汉语	看电影
写信	喝饮料

2. 我<u>看看</u>那<u>件毛衣</u>。

做	课	练习
穿	件	衣服
尝	杯	雪碧

3. 这<u>件毛衣</u>不<u>大</u>也不<u>小</u>。

件	衣服	长	短
课	生词	多	少

*　　*　　*　　*　　*

1. 今天 的 工作　很 多,我 累 极 了。
   Jīntiān de gōngzuò hěn duō, wǒ lèi jí le.

2. 那个 电影　不 太 好,我 不 想　看。
   Nà ge diànyǐng bú tài hǎo, wǒ bù xiǎng kàn.

3. 请　你介绍 介绍 北京 吧。
   Qǐng nǐ jièshao jièshao Běijīng ba.

四、生词　New Words

1	天	（名）	tiān	weather, sky
2	冷	（形）	lěng	cold
3	想	（能愿、动）	xiǎng	to feel like, to want
4	件	（量）	jiàn	a piece
5	毛衣	（名）	máoyī	sweater
6	怎么样	（代）	zěnmeyàng	how, what about...
7	小姐	（名）	xiǎojie	miss
8	可以	（能愿）	kěyǐ	can, may
9	试	（动）	shì	to try on, to test
10	大	（形）	dà	big, large
11	小	（形）	xiǎo	little, small
12	极了		jí le	extremely, very

68

13	短	（形）	duǎn	short
14	再	（副）	zài	again
15	饮料	（名）	yǐnliào	drink
16	练习	（名、动）	liànxí	exercise; to practise
17	穿	（动）	chuān	to wear, to put on
18	衣服	（名）	yīfu	dress, clothes
19	杯	（名、量）	bēi	cup
20	长	（形）	cháng	long
21	生词	（名）	shēngcí	new words
22	少	（形）	shǎo	little, few

五、语法　Grammar

1．主谓谓语句　The sentence with a subject-predicate construction as its predicate

由主谓短语作谓语的句子叫主谓谓语句。主谓短语的主语所指的人或事物常跟全句的主语有关。例如：

Sentences of this type have a subject-predicate construction as its predicate. The person or thing denoted by the subject of this phrase is often related to the subject of the whole sentence, e.g.

（1）他身体很好。　　　（2）我工作很忙。　　　（3）星期天人很多。

2．能愿动词　Modal verbs

1）能愿动词"想、要、可以、会"等常放在动词前边表示意愿、能力或可能。能愿动词的否定式是在能愿动词前加"不"。例如：

Modal verbs such as "想"，"要"，"可以"，"会" are often put before verbs to show will, capability or possibility. The negative forms of these verbs are formed by putting "不" before them, e.g.

（1）他要买书。　　　（2）我想回家。

（3）可以去那儿。　　　（4）我不想买东西。

2）能愿动词"要"的否定形式常用"不想"。例如：

"不想" is often used as the negative form of the modal verb "要"，e.g.

（5）你要喝饮料吗？　　　——我现在不想喝。

3）带有能愿动词的句子,只要把能愿动词的肯定形式与否定形式并列起来,就构成了正反疑问句。例如：

For a sentence with a modal verb, its affirmative-negative (V + 不 + V) question is formed by juxtaposing the positive form and the negative form of that modal verb, e.g.

（6）你想不想去长城？　　　（7）你要不要吃个苹果？

六、练习　Exercises

1. 填入适当的量词,然后用"几"或"多少"提问　Fill in the blanks with proper measure words and then raise questions with "几" or "多少":

例:我要三＿＿＿＿＿橘子。　　→我要三斤橘子。　　你要几斤橘子?

(1) 我想喝一＿＿＿＿＿可乐。

(2) 我要买两＿＿＿＿＿衣服。

(3) 我家有五＿＿＿＿＿人。

(4) 一件毛衣八十＿＿＿＿＿六＿＿＿＿＿三。

(5) 这是六＿＿＿＿＿苹果。

(6) 那个银行有二十五＿＿＿＿＿职员。

(7) 这课有十七＿＿＿＿＿生词。

2. 用括号中的词语完成句子　Complete the following sentences with the words in the brackets:

(不……也不……　太……了　……极了　可以　想)

(1) 这种＿＿＿＿＿＿＿,那种便宜,我买那种。

(2) 我很忙,今天＿＿＿＿＿＿＿,想休息休息。

(3) 这件衣服＿＿＿＿＿＿＿＿＿＿,你穿＿＿＿＿＿＿＿极了。

(5) 今天不上课,我们＿＿＿＿＿＿＿＿＿＿＿＿＿＿。

(6) 明天星期天,我＿＿＿＿＿＿＿＿＿＿＿＿＿＿。

3. 谈谈你买的一件东西　Talk about a thing you've bought:

提示:多少钱? 贵不贵? 买的时候有几种? 那几种怎么样?

Suggested points: How much money did you spend on it? Was it expensive? How many kinds were there at the time when you bought it? What did you think of the others?

4. 听述　Listen and retell:

A:这是小张买的毛衣。他穿太小,我穿太大,你试试怎么样?

B:不长也不短,好极了。多少钱?

A:不知道。不太贵。

B:我们去问问小张。

A:现在小张不在,下午再去问吧。

5. 语音练习　Phonetic drills:

(1) 读下列词语:第二声＋第四声　Read the following words:2nd tone＋4th tone

yóupiào	(邮票)	yúkuài	(愉快)
tóngzhì	(同志)	xuéyuàn	(学院)
shíyuè	(十月)	qúnzhòng	(群众)
chéngdù	(程度)	guójì	(国际)

70

wénhuà　　　（文化）　　　　　　dédào　　　　（得到）

（2）常用音节练习　Drill on the frequently used syllables

ji
{
jǐ ge　　　　（几个）
jì xìn　　　　（寄信）
shōuyīnjī　　（收音机）
zháojí　　　　（着急）
}

yong
{
bú yòng　　　（不用）
yōngjǐ　　　　（拥挤）
yǒnggǎn　　　（勇敢）
yóuyǒng　　　（游泳）
}

<table>
<tr><td>需要（三）
xūyào
NEEDS (3)</td></tr>
</table>

要换车

You have to change buses.

一、句子　Sentences

77　这 路 车 到 天安门　吗？
Zhè lù chē dào Tiān'ānmén ma?
Does this bus go to Tian'anmen?

78　我 买 两 张　票。
Wǒ mǎi liǎng zhāng piào.
I want two tickets.

79　到 天安门　还有 几 站？
Dào Tiān'ānmén hái yǒu jǐ zhàn?
How many more stops are there before we reach Tian'anmen?

80　天安门　到 了。
Tiān'ānmén dào le.
Here we are at Tian'anmen?

81　哪儿 上　的？
Nǎr shàng de?
Where did you get on the bus?

82　去 语言 文化　大学 要
Qù Yǔyán Wénhuà Dàxué yào
换 车 吗？
huàn chē ma?
Shall I change buses on my way to the Language and Culture University?

83　我 会 说　一点儿 汉语。
Wǒ huì shuō yìdiǎnr Hànyǔ.
I can speak a bit of Chinese.

84　换 几 路 车？
Huàn jǐ lù chē?
Which bus shall I change into?

二、会话　Conversation

玛丽：　　　请 问，这 路 车 到 天安门　吗？
Mǎlì:　　　Qǐng wèn, zhè lù chē dào Tiān'ānmén ma?

售票员：　到。上　车 吧。
shòupiàoyuán: Dào. Shàng chē ba.

大卫：　　买 两 张　票。多少　钱 一 张？
Dàwèi:　　Mǎi liǎng zhāng piào. Duōshao qián yì zhāng?

72

售票员：	五毛。
shòupiàoyuán：	Wǔ máo.

大卫：	给 你 两 块 钱。
Dàwèi：	Gěi nǐ liǎng kuài qián.

售票员：	找 你 一 块。
shòupiàoyuán：	Zhǎo nǐ yí kuài.

玛丽：	请问， 到 天安门 还有 几 站？
Mǎlì：	Qǐngwèn, dào Tiān'ānmén hái yǒu jǐ zhàn?

A：	三 站。 你们 会 说 汉语？
	Sān zhàn. Nǐmen huì shuō Hànyǔ?

大卫：	会 说 一点儿。
Dàwèi：	Huì shuō yìdiǎnr.

玛丽：	我 说 汉语， 你 懂 吗？
Mǎlì：	Wǒ shuō Hànyǔ, nǐ dǒng ma?

A：	懂。 你们 是 哪 国 人？
	Dǒng. Nǐmen shì nǎ guó rén?

大卫：	我 是 法国 人。
Dàwèi：	Wǒ shì Fǎguó rén.

玛丽：	我 是 美国 人。
Mǎlì：	Wǒ shì Měiguó rén.

售票员：	天安门 到 了。请 下 车 吧。
shòupiàoyuán：	Tiān'ānmén dào le. Qǐng xià chē ba.

*　　　　　*　　　　　*　　　　　*

大卫：	劳驾，我 买 一 张 票。
Dàwèi：	Láojià, wǒ mǎi yì zhāng piào.

售票员：	哪儿 上 的？
shòupiàoyuán：	Nǎr shàng de?

大卫：	前 一 站。
Dàwèi：	Qián yí zhàn.

售票员：	去 哪儿？
shòupiàoyuán：	Qù nǎr?

大卫：	去 语言 文化 大学。要 换 车 吗？
Dàwèi：	Qù Yǔyán Wénhuà Dàxué. Yào huàn chē ma?

售票员：	要 换 车。
shòupiàoyuán：	Yào huàn chē.

大卫：　　　　在 哪儿 换 车？
Dàwèi：　　　Zài nǎr huàn chē?

售票员：　　　北京 师范 大学。
shòupiàoyuán：Běijīng shīfàn Dàxué.

大卫：　　　　换 几 路 车？
Dàwèi：　　　Huàn jǐ lù chē?

售票员：　　　换 331 路。
shòupiàoyuán：Huàn sānsānyāo lù.

大卫：　　　　谢谢！
Dàwèi：　　　Xièxie!

售票员：　　　不 谢。
shòupiàoyuán：Bú xiè.

注释　Notes

① "哪儿上的?" Where did you get on the bus?

句尾的"的"表示动作已经发生。

"的" at the end indicates that an action has already occurred.

② "要换车。" One has to change buses.

能愿动词"要"在这里表示事实上的需要。

The modal verb "要" here expresses an actual necessity.

③ "你们会说汉语?" Can you speak Chinese?

句末用升调,表示疑问语气。

The rising tone at the end of a sentence has an interrogative implication.

三、替换与扩展　Substitution and Extension

1. 买两<u>张</u> <u>票</u>。

张	电影票,个 本子
张	八毛的邮票
本	英语书

2. 给<u>你</u>两<u>块</u><u>钱</u>。

他	书,	我	本子
你	可乐,	你	苹果

3. 你是哪国人？
   我是<u>法国</u>人。

中国	美国	韩国
英国	日本	印度尼西亚

＊　　　＊　　　＊　　　＊　　　＊

A：你们 会 说 汉语 吗？

　Nǐmen huì shuō Hànyǔ ma?

B：他 会 说 一点儿。我 不 会。

　Tā huì shuō yìdiǎnr. Wǒ bú huì.

四、生词　New Words

1	车	（名）	chē	bus, train
2	到	（动）	dào	to reach, to get to
3	张	（量）	zhāng	(measure word)
4	票	（名）	piào	ticket
5	站	（名、动）	zhàn	bus stop; to stand
6	上	（动）	shàng	to get on
7	换	（动）	huàn	to change
8	会	（能愿、动）	huì	can, to be able to
9	说	（动）	shuō	to speak
10	一点儿		yìdiǎnr	a bit, a little
11	售票员	（名）	shòupiàoyuán	conductor
12	给	（动、介）	gěi	to give
13	找	（动）	zhǎo	to look for, to change
14	懂	（动）	dǒng	to understand
15	哪	（代）	nǎ	which
16	国	（名）	guó	nation
17	下(车)	（动）	xià(chē)	to get off (the bus)
18	本子	（名）	běnzi	exercise book
19	本	（量）	běn	(measure word)

专名　Proper Names

1	天安门	Tiān'ānmén	Tian'anmen
2	法国	Fǎguó	France
3	北京师范大学	Běijīng Shīfàn Dàxué	Beijing Normal University
4	中国	Zhōngguó	China
5	英国	Yīngguó	Britain
6	日本	Rìběn	Japan
7	韩国	Hánguó	the Republic of Korea
8	印度尼西亚	Yìndùníxīyà	Indonesia

75

五、语法 Grammar

1. 双宾语动词谓语句 The sentence with a ditransitive verb as its predicate

汉语中某些动词可以带两个宾语,前一个是间接宾语(一般指人),后一个是直接宾语(一般指事物)。这种句子叫双宾语动词谓语句。例如:

Some verbs in Chinese may take two objects, the first being the indirect object (normally referring to persons) and the second being the direct object (normally referring to things). Such a sentence is known as the sentence with a ditransitive verb as its predicate, e.g.

    (1) 我给你一本书。   (2) 他找我八毛钱。

2. 能愿动词"会" The modal verb "会"

能愿动词"会"可以表示几种不同的意思。常用的有以下两种:

The modal verb "会" has several different meanings. Frequently used are the following two:

1) 通过学习掌握了某种技巧。例如:

to master a skill through learning, e.g.

    (1) 他会说汉语。   (2) 我不会做中国饭。

2) 表示可能性。例如:

to express possibility, e.g.

    (3) 他会来吗?

        ——现在九点半了,他不会来了。

3. 数量词作定语 Numeral-measure compounds acting as attributives

在现代汉语里数词一般不能直接修饰名词。中间必须加上特定的量词。如"两张票"、"三个本子"、"五个学生"。

In modern Chinese, numerals are generally not used to modify nouns directly. One needs to put specific measure words between them, e.g."两张票","三个本子","五个学生".

六、练习 Exercises

1. 熟读下列短语并选择五个造句 Read until fluent the following phrases and choose five of them to make sentences:

    给你   找钱   吃(一)点儿   说英语

    做练习   穿衣服   坐汽车   去商店

2. 用上"在"、"往"、"去"完成句子 Complete the following sentences with "在","往","去":

(1) 大卫_____学习汉语。

(2) 我去王府井,不知道_____坐汽车。

(3) _____走,就是 331 路车站。

(4) 请问,_____怎么走?

(5) 我_____,欢迎你来玩儿。

3. 根据划线部分,用疑问代词提问 Use interrogative pronouns to ask questions about the underlined parts:

(1) 山下和子是<u>日本留学生</u>。

(2) 我有<u>三个本子,两本书</u>。

(3) 我认识<u>大卫</u>的妹妹。

(4) 今天晚上我<u>去看电影</u>。

(5) 我在<u>天安门</u>坐汽车。

(6) 他爸爸的身体好极<u>了</u>。

4．听述　Listen and retell:

　　我认识一个中国朋友,他在北京大学学习。昨天我想去看他。我问小刘去北京大学怎么走。小刘说,北京大学离这儿很近,坐331路汽车可以到,我就去坐331路汽车。

　　331路车站就在前边,汽车来了。我问售票员,去不去北京大学,售票员说去,我很高兴,就上车了。

5．语音练习　Phonetic drills:

(1) 读下列词语:第二声＋轻声　Read the following words: 2nd tone + neutral tone

biéde	（别的）	pútao	（葡萄）
nánde	（男的）	lái le	（来了）
chuán shang	（船上）	júzi	（橘子）
máfan	（麻烦）	shénme	（什么）
tóufa	（头发）	liángkuai	（凉快）

(2) 常用音节练习　Drill on the frequently used syllables

liang {
liángkuai （凉快）
liǎng ge （两个）
yuèliang （月亮）
}

lao {
dǎlāo （打捞）
láodòng （劳动）
lǎoshī （老师）
}

<table>
<tr><td>

需要(四)
xūyào
NEEDS (4)

</td></tr>
</table>

我要去换钱
I am going to change money.

一、句子　Sentences

85　我 没 钱 了。
　　Wǒ méi qián le.

I am short of money.

86　听说， 饭店 里 可以 换 钱。
　　Tīngshuō, fàndiàn li kěyǐ huàn qián.

I hear that one can change money in a hotel.

87　这儿 能 不 能 换钱？
　　Zhèr néng bu néng huàn qián?

Is it possible to change money here?

88　您 带 的 什么 钱？
　　Nín dài de shénme qián?

What kind of money have you brought with you?

89　请 您 写 一下儿 钱 数。
　　Qǐng nín xiě yíxiàr qián shù.

Please write down the sum of money.

90　请 数 一 数。
　　Qǐng shǔ yi shǔ.

Please count the money.

91　时 间 不 早 了。
　　Shíjiān bù zǎo le.

It is getting late.

92　我们 快 走 吧!
　　Wǒmen kuài zǒu ba!

Let us hurry.

二、会话　Conversation

玛丽：　　钱 都 花 了，我 没 钱 了。我 要 去 换 钱。
Mǎlì:　　Qián dōu huā le, wǒ méi qián le. Wǒ yào qù huàn qián.

大卫：　　听说， 饭店 里 可以 换 钱。
Dàwèi:　　Tīngshuō, Fàndiàn li kěyǐ huàn qián.

玛丽：　　我们 去 问问 吧。
Mǎlì:　　Wǒmen qù wènwen ba.

　　*　　　　*　　　　*　　　　*　　　　*

玛丽： 请问， 这儿能 不能 换 钱？
Mǎlì： Qǐngwèn, zhèr néng bu néng huàn qián?

营业员： 能。 您带的什么 钱？
yíngyèyuán： Néng. Nín dài de shénme qián?

玛丽： 美元。
Mǎlì： Měiyuán.

营业员： 换 多少？
yíngyèyuán：Huàn duōshao?

玛丽： 五百 美元。 一美元 换 多少 人民币？
Mǎlì： Wǔbǎi Měiyuán. Yì měiyuán huàn duōshao rénmínbì?

营业员： 八块 二毛 七。请 您写 一下儿 钱 数。再写
yíngyèyuán：Bā kuài èr máo qī. Qǐng nín xiě yíxiàr qián shù. Zài xiě

一下儿 名字。
yíxiàr míngzi.

玛丽： 这样 写，对不对？
Mǎlì： Zhèyàng xiě, duì bu duì?

营业员： 对。给 您钱， 请 数 一数。
yíngyèyuán：Duì. Gěi nín qián, qǐng shǔ yi shǔ.

玛丽： 谢谢！
Mǎlì： Xièxie!

大卫： 时间 不早 了。我们 快 走 吧!
Dàwèi： Shíjiān bù zǎo le. Wǒmen kuài zǒu ba!

注释 Note

"请数一数。" Please count the money.

"数一数"与"数数"的意思相同。单音节动词重叠,中间可加"一"。例如"听一听"、"问一问"等。

"数一数" means the same as "数数". If a monosyllabic verb is reduplicated, one may add "一" in between, e.g. "听一听","问一问" and so on.

三、替换与扩展 Substitution and Extension

1. 听说,<u>饭店里可以换钱</u>。

> 他回国了
> 大卫会说汉语
> 小王会一点儿英语

79

2. 请您<u>写</u>一下儿<u>钱数</u>。

问	电话号码
念	生词
写	这个汉字
等	玛丽

3. <u>我们快走吧</u>!

你	来,你们	去
我们	吃,玛丽	写

* * * * *

1. 没有 时间 了,不 等 他 了。
   Méiyǒu shíjiān le, bù děng tā le.
2. 这 是 他 的 信。请 你 给 他。
   Zhè shì tā de xìn. Qǐng nǐ gěi tā.

四、生词 New Words

1	听说		tīng shuō	it is said, I hear
2	饭店	(名)	fàndiàn	hotel
3	里	(名)	lǐ	inside
4	能	(能愿)	néng	can, to be able to
5	带	(动)	dài	to take, to bring
6	数	(名)	shù	number
7	数	(动)	shǔ	to count
8	时间	(名)	shíjiān	time
9	快	(形)	kuài	quick, rapid
10	花	(动)	huā	to spend
11	营业员	(名)	yíngyèyuán	shop employee
12	美元	(名)	měiyuán	US dollar
13	百	(数)	bǎi	hundred
14	人民币	(名)	rénmínbì	RMB (Chinese monetary unit)
15	这样	(代)	zhèyàng	this
16	电话	(名)	diànhuà	telephone
17	号码	(名)	hàomǎ	telephone number
18	念	(动)	niàn	to read
19	汉字	(名)	Hànzì	Chinese character
20	等	(动)	děng	to wait

80

五、语法　Grammar

1. 兼语句　The pivotal sentence

谓语由两个动词短语组成,前一个动词的宾语同时又是后一个动词的主语,这种句子叫兼语句。兼语句的动词常常是带有使令意义的动词。如"请"、"让 ràng"、"叫"等。例如:

A sentence is called a pivotal sentence if its predicate consists of two verb phrases with the object of the first verb functioning at the same time as the subject of the second verb. In such a sentence, the first verb often has a causative meaning. "请", "让", "叫", etc. are verbs of this type, e. g.

(1) 请您写一下儿名字。　　　　　(2) 请他吃饭。

2. 语气助词"了"(2)　The modal particle "了"(2)

1) 有时"了"表示某件事或某种情况已经发生。试比较下面两组对话:

Sometimes, "了" is used to denote that a certain event or situation has already taken place. Please compare the following two dialogues:

(1) { 你去哪儿?
　　——我去商店。
　　你买什么?
　　——我买苹果。

(2) { 你去哪儿了?
　　——我去商店了。
　　你买什么了?
　　——我买苹果了。

第(1)组对话没用"了",表示"去商店"、"买苹果"这两件事尚未发生;第(2)组用"了",表示这两件事已经发生了。

In the first dialogue "了" doesn't occur, which shows that the two events "去商店" and "买苹果" have not yet happened, but in the second dialogue "了" is used, which shows that the above-mentioned events have already taken place.

2) 带语气助词"了"的句子,其否定形式是在动词前加副词"没(有)",去掉句尾的"了"。正反疑问句是在句尾加上"……了没有",或者并列动词的肯定形式和否定形式"……没……"。例如:

The negative form of the sentence with the modal particle "了" is realized by putting the adverb "没(有)" before the verb while omitting "了" at the end of the sentence. To form an affirmative-negative question, one adds at its end "……了没有" or juxtaposes the affirmative and negative forms of the verb like this:"……没……", e. g.

(3) 他没去商店。　　　　　(4) 我没买苹果。
(5) 你吃饭了没有?　　　　(6) 你吃没吃饭?

六、练习　Exercises

1. 用"要"、"想"、"能"、"会"、"可以"和括号中的词语完成句子　Complete the following sentences with "要", "想", "能", "会", "可以" and the words in the parentheses:

(1) 明天我有课,＿＿＿＿＿＿＿＿。(玩儿)

(2) 听说那个电影很好,＿＿＿＿＿＿＿＿。(看)

(3) 你＿＿＿＿＿＿＿＿吗? (说)

81

(4) 这个本子不太好，_____？（换）

(5) 现在我_____，请你明天再来吧。（上课）

2．用"再"、"可以"、"会"、"想"填空　Fill in the blanks with "再"，"可以"，"会"，"想"：

这个汉字我不_____写，张老师说，我_____去问他。我_____明天去。大卫说，张老师很忙，明天不要去，星期天_____去吧。

3．完成对话　Complete the conversations：

(1) A：_____？

B：我去看朋友了。

A：_____？

B：现在我回学校。

(2) A：_____，好吗？

B：好。你等一下，我去换件衣服。

A：_____。

B：这件衣服_____？

A：很好，我们走吧。

4．听述　Listen and retell：

和子想换钱。她听说学校的银行能换，就去了。营业员问她带的什么钱，要换多少，还说要写一下儿钱数和名字，和子都写了。换钱的时候营业员笑(xiào　to laugh)了。和子给营业员的不是钱，是食堂的饭票(fànpiào　mess card)和子也笑了，她回宿舍去拿(ná　to take)钱。

5．语音练习　Phonetic drills：

(1) 读下列词语：第三声＋第一声　Read the following words：3rd tone＋1st tone

Běijīng	（北京）	shǒudū	（首都）
hǎochī	（好吃）	měi tiān	（每天）
lǎoshī	（老师）	kǎoyā	（烤鸭）
qǐfēi	（起飞）	jiǎndān	（简单）
hěn gāo	（很高）	huǒchē	（火车）

(2) 常用音节练习　Drill on frequently used syllables

li
- lǐbiān （里边）
- lìshǐ （历史）
- líkāi （离开）
- dàoli （道理）

dao
- zhīdao （知道）
- dào le （到了）
- shuāidǎo （摔倒）
- dāozi （刀子）

82

<table>
<tr><td>需要(五)
xūyào
NEEDS (5)</td></tr>
</table>

我要打国际电话

I want to make an international telephone call.

一、句子　Sentences

93　这 是 新 出 的 纪念 邮票。
　　Zhè shì xīn chū de jìniàn yóupiào.

This is a newly-issued commemorative stamp.

94　还有 好看 的 吗?
　　Hái yǒu hǎokàn de ma?

Are there any other good-looking stamps?

95　这 几 种 怎么样?
　　Zhè jǐ zhǒng zěnmeyàng?

How about these few kinds?

96　请 你 帮 我 挑挑。
　　Qǐng nǐ bāng wǒ tiāotiao.

Please help me choose...

97　一样 买 一套 吧。
　　Yí yàng mǎi yí tào ba.

Give me a set each.

98　我 要 打 国际 电话。
　　Wǒ yào dǎ guójì diànhuà.

I want to make an international telephone call.

99　地区 号 是 多少?
　　Dìqū hào shì duōshao?

What is the area code?

100　电话 打通 了。
　　Diànhuà dǎtōng le.

Your line is through.

二、会话　Conversation

〔在北京某邮局〕

和子: 　　　有 纪念 邮票 吗?
Hézǐ: 　　　Yǒu jìniàn yóupiào ma?

营业员: 　有, 这是 新 出 的。
yíngyèyuán: Yǒu, zhè shì xīn chū de.

和子: 　　　好。买 两 套。还 有 好看 的 吗?
Hézǐ: 　　　Hǎo. Mǎi liǎng tào. Hái yǒu hǎokàn de ma?

营业员: 　你 看看, 这 几 种 怎么样?
yíngyèyuán: Nǐ kànkan, zhè jǐ zhǒng zěnmeyàng?

83

和子： 　请　你　帮　我　挑挑。
Hézǐ：　　Qǐng nǐ　bāng wǒ tiāotiao.

营业员： 　我　看　这　四　种　都　很　好。
yíngyèyuán：Wǒ kàn zhè sì　zhǒng dōu hěn hǎo.

和子： 　那　一样　买　一套　吧。这儿　能　打国际电话　吗?
Hézǐ：　　Nà yí　yàng mǎi yí　tào ba. Zhèr　néng dǎ guójì　diànhuà ma?

营业员： 　能，　在　那儿。买　电话卡　吗?
yíngyèyuán：Néng, zài nàr.　　Mǎi diànhuàkǎ ma?

和子： 　不，我有。
Hézǐ：　　Bù,　wǒyǒu.

　　　　　*　　　　*　　　　*　　　　*　　　　*

和子： 　小姐，我　要　打国际电话。
Hézǐ：　　Xiǎojie, wǒ yào dǎ　guójì diànhuà.

营业员： 　你打到　哪儿?
yíngyèyuán：Nǐ dǎdào　nǎr?

和子： 　东京。　我　的　电话　号码　是　(03)　3　9　0　7-
Hézǐ：　　Dōngjīng. Wǒ de diànhuà hàomǎ shì (Líng sān) sān jiǔ líng qī-

　　　　　8　1　6　0。
　　　　　bā yāo liù líng.

营业员： 　还　要　拨　地区号。
yíngyèyuán：Hái yào bō dìqū　hào.

和子： 　东京　的地区号　是多少?
Hézǐ：　　Dōngjīng de dìqū　hào shì duōshao?

营业员： 　不拨０３，　拨００８１３。
yíngyèyuán：Bù bō líng sān, bō líng líng bā yāo sān.

　　　　　*　　　　*　　　　*　　　　*　　　　*

营业员： 　电话　打通　了　吗?
yíngyèyuán：Diànhuà dǎtōng le ma?

和子： 　谢谢！打　通　了。
Hézǐ：　　Xièxie! Dǎ tōng le.

注释　Note

"这几种怎么样?"　What about these few kinds?

这里的"几"不是提问，是表示概数。是用来表示十以下的一个不确定的数目。例如"我有
十几张邮票"、"教室里有几十个学生"等。

"几" here is not interrogative, but an approximation denoting an indefinite number under 10, e.g. "我有十几张邮票", "教室里有几十个学生", and so on.

三、替换与扩展　Substitution and Extension

1. 这是新出的纪念邮票。

| 买 | 照相机， | 买 | 电脑 |
| 做 | 衣服， | 来 | 老师 |

2. 请你帮我挑挑邮票。

| 我 | 交钱， | | 我 | 找玛丽 |
| 他 | 问电话号码， | | 我 | 介绍工作 |

*　　*　　*　　*　　*

1. 我 去 邮局 寄 信。
   Wǒ qù yóujú jì xìn.

2. 他 给 我 照 一 张 相。
   Tā gěi wǒ zhào yì zhāng xiàng.

3. 我 给 东京 的 朋友 打 电话。我 说 汉语，他 不 懂，
   Wǒ gěi Dōngjīng de péngyou dǎ diànhuà. Wǒ shuō Hànyǔ, tā bù dǒng,

   说 日语，他 懂 了。
   shuō Rìyǔ, tā dǒng le.

四、生词　New Words

1	新	（形）	xīn	new
2	出	（动）	chū	to issue, to publish
3	纪念	（名、动）	jìniàn	commemoration; to commemorate
4	好看	（形）	hǎokàn	good-looking, nice
5	帮	（动）	bāng	to help
6	挑	（动）	tiāo	to choose
7	样	（量、名）	yàng	kind, type
8	套	（量）	tào	set
9	打	（动）	dǎ	to make (a call)
10	国际	（名）	guójì	international
11	地区号		dìqūhào	area code
12	地区	（名）	dìqū	area
13	通	（动）	tōng	to be through

85

14	卡	（名）	kǎ	card
15	拨	（动）	bō	dial (a telephone number)
16	照相机	（名）	zhàoxiàngjī	camera
17	照相		zhàoxiàng	to take a photo
18	寄	（动）	jì	to mail, to post
19	交	（动）	jiāo	to pay

专名　Proper Name

东京　　　　　　　　Dōngjīng　　　　　　　Tokyo

五、语法　Grammar

1．"是"字句(2)　The "是" sentence (2)

名词、代词、形容词等后面加助词"的"组成"的"字结构,具有名词的性质和作用,可独立使用。这种"的"字结构常出现在"是"字句里。例如：

The "的" construction, which consists of a noun, a pronoun or an adjective and the particle "的", has the same characteristics and functions as a noun. It may be used independently. The "的" construction often occurs in the "是" sentence, e.g.

(1) 这个本子是我的。　　　　(2) 那套邮票是新的。

(3) 这件毛衣不是玛丽的。

2．结果补语　The complement of result

1) 说明动作结果的补语叫结果补语。结果补语常由动词或形容词充任。例如"打通"、"写对"等。

The complement which tells the result of an action is known as the complement of result. As a rule, it is a verb or an adjective that acts as the complement of result, e.g. "打通","写对", and so on.

2) 动词"到"作结果补语,表示人或运行的器物通过动作达到某个地点或动作持续到某时间,也可以表示动作进行到某种程度。例如：

When the verb "到" is used as a complement of result, it shows that a person or a transportation vehicle has reached a certain place in the manner indicated by the preceding verb, or that the action expressed by the preceding verb (has) lasted up to a certain point of time or reached to a certain degree, e.g.

(1) 他回到北京了。　　　　(2) 我们学到第十五课了。

(3) 昨天晚上工作到十点。

3) 带结果补语的句子的否定式是在动词前加"没(有)"。例如：

The negative form of a sentence with a complement of result is realized by putting "没(有)" before the main verb, e.g.

(4) 我没买到那本书。　　　　(5) 大卫没找到玛丽。

86

六、练习　Exercises

1. 熟读下列词组,每组选择一个造句　Read until fluent the following phrases and make a sentence with one from each group:

新 { 书 / 本子 / 衣服 }　　帮 { 你找找 / 他拿东西 / 妈妈做饭 }　　交 { 钱 / 练习(本子) / 朋友 }

2. 仿照例句改写句子(用上适当的量词)　Rewrite the sentences by following the model (Try to use some appropriate measure words):

例:这是一件新毛衣。　→这件毛衣是新的。

(1) 这是妹妹的邮票。

(2) 那是一本新书。

(3) 这是第十二课的生词。

(4) 这是一个日本电影故事。

3. 完成对话　Complete the conversations:

(1) A:你找什么?

B:＿＿＿＿＿＿＿＿＿＿＿。

A:你的书是新的吗?

B:＿＿＿＿＿＿＿＿＿＿＿。

(3) A:这个照相机是谁的?

B:＿＿＿＿＿＿＿＿＿＿＿。

A:＿＿＿＿＿＿＿＿＿＿＿?

B:对。你看,很新。

(2) A:＿＿＿＿＿＿＿＿＿＿＿?

B:我没有。你有纪念邮票吗?

A:有。

B:＿＿＿＿＿＿＿＿＿＿＿?

A:对,是新出的。

4. 听述　Listen and retell:

这个照相机是大卫新买的。昨天北京大学的两个中国学生来玩儿,我们一起照相了。北京大学的朋友说,星期日请我们去玩儿。北京大学很大,也很好看。我们去的时候,要先给他们打电话。

5. 语音练习　Phonetic drills:

(1) 读下列词语:第三声＋第二声　Read the following words:3rd tone＋2nd tone

yǔyán　　　(语言)　　　yǐqián　　　(以前)

yǒu míng　(有名)　　　qǐ chuáng　(起床)

lǚxíng　　(旅行)　　　Měiguó　　　(美国)

hěn cháng　(很长)　　　jǔxíng　　　(举行)

jiǎnchá　　(检查)　　　zǎochén　　(早晨)

(2) 常用音节练习　Drill on frequently used syllables

zhong { yì zhǒng (一种) / fēn zhōng (分钟) / zhòngyào (重要) }　　zi { Hànzì (汉字) / zhuōzi (桌子) / zìjǐ (自己) }

复习（三）　Review（Ⅲ）

一、会话　Conversation

〔听见敲门，去开门 to open the door〕

李：谁啊？

王：小李，你好！

卫：我们来看你了。

李：是你们啊！快请进！请坐，请喝茶（chá　tea）。

王、卫：谢谢！

李：你们怎么找到这儿的？

王：小马带我们来的。

卫：小马的奶奶家离这儿很近。他去奶奶家，我们就和他一起来了。

李：你们走累了吧？

王：不累。我们下车以后（yǐhòu　after）很快就找到了这个楼。

卫：你家离你工作的地方很远吧？

李：不远，坐18路汽车就可以到那儿。你们学习忙吧？

王：很忙。每天（měi tiān　every day）都有课，作业（zuòyè　homework）也很多。

卫：今天怎么你一个人在家？你爸爸、妈妈呢？

李：我爸爸、妈妈的一个朋友要去美国，今天他们去看那个朋友了。

王：啊（à　ah），十一点半了，我们去饭店吃饭吧。

李：到饭店去吃饭要等很长时间，也很贵，就在我家吃吧。我还要请你们尝尝我的拿手（náshǒu　to be good at）菜呢？

王、卫：太麻烦（máfan　troublesome）你了。

二、语法　Grammar

能愿动词小结　Summary of modal verbs

1．想

表示主观上的意愿，侧重"打算"、"希望"。例如：

"想" expresses the will of a person, emphasizing one's intention or desire, e.g.

你想去商店吗？　　　——我不想去商店，我想在家看电视。

2．要

能愿动词"要"的主要意思和用法有：

The main meanings and uses of the modal verb "要" are as follows:

1)表示主观意志上的要求。否定式是"不想"。例如:

to express the wish of a person. Its negative form is "不想", e.g.

(1) 我要买件毛衣。　　　　　　　(2) 你要看这本书吗?

　　　　　　　　　　　　　　　　——我不想看,我要看那本杂志。

2)表示客观事实上的需要。否定式常用"不用"。例如:

to express practical necessity. Its negative form is usually "不用", e.g.

要换车吗?　　　　——要换车(不用换车)。

3. 会

1)表示通过学习掌握一种技能。例如:

to show that one masters a skill through learning, e.g.

(1)他会说汉语。　　　　　　　　(2)我不会做菜。

2)表示可能性。例如:

to express possibility, e.g.

现在十点了,他不会来了吧?　　——别着急(bié zháojí　don't worry),他会来的。

4. 能

1)表示具有某种能力。例如:

to express capability, e.g.

大卫能用汉语谈话(tánhuà　to talk, to speak)。

2)也可表示客观上的允许。例如:

also to express objective permission, e.g.

你明天上午能来吗?　　——不能来,明天我有事。

5. 可以

表示客观或情理上的许可。例如:

to express objective or rational permission, e.g.

(1)我们可以走了吗?　　——可以。

(2)我们可以在这儿玩儿吗?　　——不行(xíng　O.K.),这儿要上课。

三、练习　Exercises

1. 用动词"给"和括号内的词语造双宾语句　Make sentences with two objects, using the verb "给" and the words in the parentheses:

(本子　词典　钱　纪念邮票　苹果)

2. 回答问题　Answer the following questions:

(1)这本书生词多吗?

(2)你的词典是新的吗?那本书是谁的?

(3)你会说汉语吗?你会不会写汉字?

3. 用下面所给的句子,进行会话练习　Practise conversations with the following sentences:

(1) 买东西

你要买什么?　　　　　　　　　　请问,有……吗?

89

要多少?　　　　　　　　　　一(斤)多少钱?

还要别的吗?　　　　　　　　多少钱一(斤)?

请先交钱。　　　　　　　　在这儿交钱吗?

找你……钱。　　　　　　　　在哪儿交钱?

请数一数。　　　　　　　　给你钱。

(2) 坐车

这路车到……吗?　　　　　　我去……。

到……还有几站?　　　　　　在……上的。

一张票多少钱?　　　　　　在……下车。

买……张票。

在哪儿换车?

换几路车?

(3) 换钱

这儿能换钱吗?　　　　　　你带的什么钱?

……能换多少人民币?　　　　换多少?

请写一下钱数和名字。

4. 语音练习　Phonetic drills:

(1) 声调练习:第四声 + 第三声　Drill on tones:4th tone + 3rd tone

Hànyǔ　　　(汉语)　*huì jiǎng (speak)*

huì jiǎng Hànyǔ　　(会讲汉语)

Dàdǎo huì jiǎng Hànyǔ　　(大岛会讲汉语)

(2) 朗读会话　Read aloud the conversation

A: Nǐ lěng ma?　*are you cold*

B: Yǒudiǎnr lěng.　*a little cold*

A: Gěi nǐ zhè jiàn máoyī.　*I will give you this kot*

B: Wǒ shìshi.　*yes*

A: Bú dà yě bù xiǎo.　*not too big not to small*

B: Xièxie.　*Thank you*

四、阅读短文　Reading Passage

我跟大卫说好(shuōhǎo　to arrange)星期天一起去友谊商店。

星期天那天,我很早就起床了。我家离友谊商店不太远。八点半坐车去,九点就到了。星期天,买东西的人很多。我在友谊商店前边等大卫。等到九点半,大卫还没有来,我就先进去(jìnqu　to enter)了。

友谊商店不太大,东西也不太多。我想买毛衣,不知道在哪儿买。我问售货员,售货员说在二层。我就上楼了。

这儿的毛衣很好看,也很贵。有一件毛衣我穿不长也不短。我去交钱的时候,大卫来了。他说:"坐车的人太多了,我来晚了,真对不起(duìbuqǐ　to beg your pardon)"。我说:"没什么。"我们就一起去买别的东西了。

90

相约(一)

xiāngyuē

MAKING

AN APPOINTMENT (1)

你看过京剧吗?

Have you ever seen a Beijing opera?

一、句子　Sentences

101	你 看过 京剧 吗? Nǐ kànguo jīngjù ma?	Have you ever seen a Beijing opera?
102	我 没 看过 京剧。 Wǒ méi kànguo jīngjù.	I haven't seen a Beijing opera.
103	你 知道 哪儿 演 京剧 吗? Nǐ zhīdao nǎr yǎn jīngjù ma?	Do you know where Beijing opera is put on?
104	你 买到 票 以后 告诉 我。 Nǐ mǎidào piào yǐhòu gàosu wǒ.	After you have bought the tickets, please let me know.
105	我 还 没 吃过 北京 烤鸭 呢! Wǒ hái méi chīguo Běijīng kǎoyā ne!	I haven't had any Beijing roast duck yet.
106	我们 应该 去 尝 一尝。 Wǒmen yīnggāi qù cháng yi cháng.	We should go and have a taste of it.
107	不 行。 Bù xíng.	No, I can't. (It is not possible.)
108	有 朋友 来 看 我。 Yǒu péngyou lái kàn wǒ.	A friend of mine will come to see me.

二、会话　Conversation

玛丽: 你 看过 京剧 吗?
Mǎlì: Nǐ kànguo jīngjù ma?

大卫: 没 看过。
Dàwèi: Méi kànguo.

玛丽: 听说 很 有意思。
Mǎlì: Tīngshuō hěn yǒuyìsi.

大卫: 我 很 想 看, 你 呢?
Dàwèi: Wǒ hěn xiǎng kàn, nǐ ne?

玛丽：　我 也 很 想　看。你 知道 哪儿 演 吗？
Mǎlì：　Wǒ yě hěn xiǎng kàn. Nǐ zhīdao nǎr yǎn ma?

大卫：　人民　剧场　常　演。
Dàwèi：　Rénmín Jùchǎng cháng yǎn.

玛丽：　那 我们　星期六 去 看，好 不 好？
Mǎlì：　Nà wǒmen xīngqīliù qù kàn, hǎo bu hǎo?

大卫：　当然　好。明天　我 去 买 票。
Dàwèi：　Dāngrán hǎo. Míngtiān wǒ qù mǎi piào.

玛丽：　买到　票 以后 告诉 我。
Mǎlì：　Mǎidào piào yǐhòu gàosu wǒ.

大卫：　好。
Dàwèi：　hǎo.

　　　*　　　*　　　*　　　*　　　*

和子：　听说，　烤鸭 是 北京　的 名菜。
Hézǐ：　Tīngshuō, kǎoyā shì Běijīng de míngcài.

玛丽：　我 还没 吃过 呢！
Mǎlì：　Wǒ hái méi chīguo ne!

和子：　我们　应该 去 尝　一 尝。
Hézǐ：　Wǒmen yīnggāi qù cháng yi cháng.

玛丽：　二十八 号 晚上　我 没 事，你 呢？
Mǎlì：　Èrshíbā hào wǎnshang wǒ méi shì, nǐ ne?

和子：　不 行，有 朋友　来 看 我。
Hézǐ：　Bù xíng, yǒu péngyou lái kàn wǒ.

玛丽：　三十 号 晚上　怎么样？
Mǎlì：　Sānshí hào wǎnshang zěnmeyàng?

和子：　可以。
Hézǐ：　Kěyǐ.

三、替换与扩展　Substitution and Extension

1. 你看过京剧吗？

去　长城，	喝　那种茶
吃　那种菜，	喝　这种酒
问　价钱	

2. <u>买到票</u>以后告诉我。

| 收 信， | 买 词典 |
| 见 玛丽， | 买 咖啡 |

3. 我们应该去尝一尝<u>烤鸭</u>。

| 看 京剧 | 问 老师 |
| 听 音乐， | 找 他们 |

*   *   *   *   *

1. 玛丽，快 来，有 人 找 你。
    Mǎlì, kuài lái, yǒu rén zhǎo nǐ.

2. A：你 看 杂技 吗？
    Nǐ kàn zájì ma?

   B：不 看。昨天 的 练习 我 还 没 做 呢。
    Bú kàn. Zuótiān de liànxí wǒ hái méi zuò ne.

四、生词 New Words

1	过	（助）	guo	(aspect particle)
2	京剧	（名）	jīngjù	Beijing opera
3	演	（动）	yǎn	to put on, to perform
4	以后	（名）	yǐhòu	later, afterwards
5	告诉	（动）	gàosu	to tell, to inform
6	烤鸭	（名）	kǎoyā	roast duck
7	应该	（能愿）	yīnggāi	ought to, should
8	行	（动、形）	xíng	it's OK
9	有意思		yǒuyìsi	interesting
10	当然	（副、形）	dāngrán	of course, certainly
11	名菜		míngcài	famous dish
12	事	（名）	shì	event
13	茶	（名）	chá	tea
14	菜	（名）	cài	dish
15	酒	（名）	jiǔ	wine
16	价钱	（名）	jiàqian	price
17	收	（动）	shōu	to receive
18	词典	（名）	cídiǎn	dictionary
19	咖啡	（名）	kāfēi	coffee
20	杂技	（名）	zájì	acrobatics

专名　Proper Name

人民剧场	Rénmín Jùchǎng	People's Theatre

五、语法　Grammar

1. 动态助词"过"　The aspect particle "过"

1) 动态助词"过"在动词后,说明某种动作曾在过去发生。常用来强调有过这种经历。例如:

The aspect particle "过" is put after a verb to denote that an action has occurred. This particle is usually used to highlight that experience, e.g.

　　(1) 我去过长城。　　　　(2) 我学过汉语。　　　　(3) 我没吃过烤鸭。

2) 它的正反疑问句是"……过……没有"。例如:

Its affirmative-negative question is in the form of "……过……没有", e.g.

　　(4) 你去过美国没有?　　　　　　(5) 你看过那个电影没有?

3) 在连动句里要表示过去的经历,"过"一般放在第二个动词之后。例如:

To express a past experience with the sentence with verbal constructions in series, one normally puts "过" after the second verb, e.g.

　　(6) 我去那个饭店吃过饭。

2. 无主句　The sentence without a subject

绝大部分句子都由主语、谓语两部分组成。也有一些句子只有谓语没有主语,这种句子叫无主句。例如:

Most sentences are made up of two parts, the subject and the predicate. But there are a number of sentences that lack the subject. Such a sentence is called the sentence without a subject, e.g.

　　(1) 有人找你。　　　　　　(2) 有人请你看电影。

3. "还没(有)……呢"　The expression "还没(有)……呢"

表示一个动作现在还未发生或尚未完成。例如:

It denotes that an action has not taken place or completed up to now, e.g.

　　(1) 他还没(有)来呢。　　　　(2) 这件事我还不知道呢。

　　(3) 我还没吃过烤鸭呢。

六、练习　Exercises

1. 用"了"或"过"完成句子　Complete the following sentences with "了" or "过":

(1) 听说中国的杂技很有意思,我还＿＿＿＿＿＿＿＿＿＿。

(2) 昨天我＿＿＿＿＿＿＿＿＿＿。这个电影很好。

(3) 他不在,他去＿＿＿＿＿＿＿＿＿＿。

(4) 你看＿＿＿＿＿＿＿＿＿＿吗?听说很好。

(5) 你＿＿＿＿＿＿＿＿＿＿?这种酒不太好喝。

94

2．用"了"或"过"回答问题　Answer the following questions with "了" or "过"：

(1) 你来过中国吗？来中国以后去过什么地方？

(2) 来中国以后你打过电话吗？

(3) 昨天晚上你做什么了？你看电视了吗？

(4) 你常听录音吗？昨天听录音了没有？

3．把下列句子改成否定句　Change the following sentences into the negative forms：

(1) 我找到那个本子了。

(2) 我看过京剧。

(3) 他学过这个汉字。

(4) 我吃过这种菜。

(5) 玛丽去过那个书店。

4．听述　Listen and retell：

以前(yǐqián　before)我没看过中国的杂技,昨天晚上我看了。中国杂技很有意思,以后我还想看。

我也没吃过中国菜。小王说他会做中国菜,星期六请我吃。

5．语音练习　Phonetic drills：

(1) 读下列词语：第三声＋第三声　Read the following words：3rd tone + 3rd tone

yǒuhǎo	（友好）	wǎndiǎn	（晚点） late
yǔfǎ	（语法）	liǎojiě	（了解） comment
zhǎnlǎn	（展览） exhibition	hěn duǎn	（很短）
hǎishuǐ	（海水） sea water	gǔdiǎn	（古典） classic
guǎngchǎng	（广场）	yǒngyuǎn	（永远） forever

(2) 常用音节练习　Drill on frequently used syllables

guo
guòqù （过去）
guójì （国际）
chīguo （吃过）
shuǐguǒ （水果）

shang
shāngdiàn （商店）
Shànghǎi （上海）
chē shang （车上） on board
xīnshǎng （欣赏） appreciate

95

<table>
<tr>
<td>

相约(二)
xiāngyuē
MAKING
AN APPOINTMENT (2)

</td>
</tr>
</table>

去动物园
Going to the zoo

一、句子　Sentences

109　这 两 天 天气 很 好。
　　　Zhè liǎng tiān tiānqì hěn hǎo.
The weather has been fine in the last two days.

110　我们 出去 玩儿 玩儿 吧。
　　　Wǒmen chūqu wánr wanr ba.
Let's go for an outing.

111　去 哪儿 玩儿 好 呢?
　　　Qù nǎr wánr hǎo ne?
Where shall we go for an outing?

112　去 北海公园 看看 花儿,
　　　Qù Běihǎi Gōngyuán kànkan huār,
Let's go to the Beihai Park to look at the flowers and go boating.

　　　划划 船。
　　　huáhua chuán.

113　今天 天气 多 好 啊!
　　　Jīntiān tiānqì duō hǎo a!
What a fine day today!

114　去年 他 在 这儿 学过 汉语。
　　　Qùnián tā zài zhèr xuéguo Hànyǔ.
He studied Chinese here last year.

115　他 上午 到 还是 下午 到?
　　　Tā shàngwǔ dào háishi xiàwǔ dào?
When will he arrive, in the morning or in the afternoon?

116　我 跟 你 一起 去。
　　　Wǒ gēn nǐ yìqǐ qù.
I'll go with you.

二、会话　Conversation

张：　这 两 天 天气 很 好。我们 出去 玩儿 玩儿 吧。
Zhāng：Zhè liǎng tiān tiānqì hěn hǎo. Wǒmen chūqu wánr wanr ba.

和子：　去 哪儿 玩儿 好 呢?
Hézǐ：　Qù nǎr wánr hǎo ne?

张：　去 北海 公园, 看看 花, 划划 船, 多 好 啊!
Zhāng：Qù Běihǎi Gōngyuán, kànkan huār, huáhua chuán, duō hǎo a!

和子：　　上　星期 我 去过 了，去 别的 地方 吧。
Hézǐ：　　Shàng xīngqī wǒ qùguo le,　qù biéde dìfang ba.

张：　　　去 动物园　怎么样？
Zhāng：　Qù dòngwùyuán zěnmeyàng?

和子：　　行，还 可以 看看　熊猫　呢。
Hézǐ：　　Xíng, hái kěyǐ　kànkan xióngmāo ne.

张：　　　什么　时候 去？
Zhāng：　Shénme shíhou qù?

和子：　　星期天　吧。
Hézǐ：　　Xīngqītiān ba.

　　　　　　*　　　　　*　　　　　*　　　　　*　　　　　*

和子：　　你 认识 西川　一郎 吗？
Hézǐ：　　Nǐ　rènshi Xīchuān Yīláng ma?

刘京：　　当然　认识。去年 他 在 这儿 学过　汉语。
Liú Jīng：Dāngrán rènshi. Qùnián tā zài zhèr　xuéguo Hànyǔ.

和子：　　你 知道 吗？明天　他 来 北京。
Hézǐ：　　Nǐ zhīdao ma? Míngtiān tā lái Běijīng.

刘京：　　不 知道。他 上午　到 还是 下午 到？
Liú Jīng：Bù zhīdao. Tā shàngwǔ dào háishi xiàwǔ dào?

和子：　　下午 两　点，我 去 机场 接 他。
Hé zǐ：　Xiàwǔ liǎng diǎn, wǒ qù jīchǎng jiē tā.

刘京：　　明天　下午 没 有 课，我 跟 你 一起 去。
Liú Jīng：Míngtiān xiàwǔ méi yǒu kè, wǒ gēn nǐ yìqǐ　qù.

和子：　　好 的。
Hézǐ：　　Hǎo de.

刘京：　　怎么 去？
Liú Jīng：Zěnme qù?

和子：　　坐 车 去，一点 我 去 叫 你。
Hézǐ：　　Zuò chē qù, yì diǎn wǒ qù jiào nǐ.

注释　Note

"这两天天气很好。" The weather has been fine in the last two days.

"这两天"是表示"最近"的意思。"两"在这里表示概数。

"这两天" means "recently". "两" here is only an approximate number.

97

三、替换与扩展 Substitution and Extension

1. 这<u>两天</u><u>天气</u>很<u>好</u>。

> 我没事　他很忙
> 小王身体不好
> 他们有考试
> 坐地铁的人很多

2. 看看花,划划船,多<u>好</u>啊!

> 有意思　高兴

3. 他<u>上午</u>到还是<u>下午</u>到?

> 今天　明天,下星期　这个星期
> 早上八点　　晚上八点

＊　　　＊　　　＊　　　＊　　　＊

1. 十月 一号、二号 不上　课,我们 可以 出去 玩儿 玩儿。
   Shíyuè yī hào、èr hào bú shàng kè, wǒmen kěyǐ chūqu wánr wanr.

2. 去 动物园　哪条 路 近?
   Qù dòngwùyuán nǎ tiáo lù jìn?

   —— 这 条 路 最 近。
   Zhè tiáo lù zuì jìn.

四、生词 New Words

1	天气	(名)	tiānqì	weather
2	出	(动)	chū	to go out
3	花	(名)	huār	flower
4	划	(动)	huá	to row
5	船	(名)	chuán	boat
6	啊	(助)	a	(modal particle)
7	去年	(名)	qùnián	last year
8	学	(动)	xué	to study
9	还是	(连)	háishi	or
10	接	(动)	jiē	to meet
11	跟	(介)	gēn	and, with
12	上	(名)	shàng	on, above, over; last
13	动物园	(名)	dòngwùyuán	zoo

98

14	熊猫	（名）	xióngmāo	panda
15	机场	（名）	jīchǎng	airport
16	考试	（动、名）	kǎoshì	to give or take an examination; examination
17	地铁	（名）	dìtiě	subway
18	下	（名）	xià	under, below; next
19	骑	（动）	qí	to ride
20	自行车	（名）	zìxíngchē	bicycle
21	条	（量）	tiáo	(measure word)
22	最	（副）	zuì	most

专名　Proper Names

1	北海公园	Běihǎi Gōngyuán	the Beihai Park
2	西川一郎	Xīchuān Yīláng	Ichirô Saikawa（a person's name）

五、语法　Grammar

1．选择疑问句　The alternative question

用连词"还是"连接两种可能的答案,由回答的人选择其一,这种疑问句叫选择疑问句。例如:

A question with two possible answers joined by the conjunction "还是" for the replier to choose from is called the alternative question, e.g.

(1) 你上午去还是下午去?　　　(2) 你喝咖啡还是喝茶?

(3) 你一个人去还是跟朋友一起去?

2．表示动作方式的连动句　The sentence with verbal constructions in series showing the manner of an action

这种连动句中前一个动词或动词短语表示动作的方式。如"用汉语介绍"、"骑自行车去"等等。

In a sentence with verbal constructions in series, the first verb or verb phrase shows the manner of an action, e.g. "用汉语介绍", "骑自行车去", and so on.

3．趋向补语(1)　The directional complement (1)

一些动词后边常用"来"、"去"作补语,表示动作的趋向,这种补语叫趋向补语。动作如果向着说话人的就用"来",与之相反的就用"去"。例如:

"来" or "去" is often used after a number of verbs as a complement to show the direction of an action and is known as a directional complement. If the action is in the direction towards the speaker, "来" is used; however, if the opposite is the case, "去" is used, e.g.

(1) 上课了,快进来吧。(说话人在里边)

（2）他不在家，出去了。（说话人在家里）

（3）玛丽，快下来！（说话人在楼下，玛丽在楼上。）

六、练习　Exercises

1. 给下面的词配上适当宾语并造句　Match the following words with proper objects and make sentences with each of them：

坐＿＿＿＿　划＿＿＿＿　骑＿＿＿＿　演＿＿＿＿

拿＿＿＿＿　换＿＿＿＿　穿＿＿＿＿　打＿＿＿＿

2. 根据所给的内容用"还是"提问　Raise questions with "还是" on the basis of the given content：

例：六点半起床　　七点起床　　→你六点半起床还是七点起床？

（1）去北海公园　　　去动物园

（2）看电影　　　　　看杂技

（3）坐汽车去　　　　骑自行车去

（4）你去机场　　　　他去机场

（5）今年回国　　　　明年回国

3. 仿照下面的例子会话　Make conversations by following the model：

例：A：你去哪儿？

B：我去北京大学。

A：你去北京大学做什么？

B：我去北京大学看朋友。

（1）去北京饭店　　　吃饭

（2）去邮局　　　　　打国际电话

（3）去人民剧场　　　看京剧

4. 听述　Listen and retell：

小张告诉我，离我们学院不远有一个果园（guǒyuán orchard）。那个果园有很多水果（shuǐguǒ fruit），可以看，可以吃，也可以买。我们应该去看看。

我们想星期日去。我们骑自行车去。

5. 语音练习　Phonetic drills：

（1）读下列词语：第三声＋第四声　Read the following words：3rd tone + 4th tone

gǎnxiè	（感谢）	kǎoshì	（考试）
yǒuyì	（友谊）	wǎnfàn	（晚饭）
qǐng zuò	（请坐）	zěnyàng	（怎样）
mǎlù	（马路）	fǎngwèn	（访问）
mǎidào	（买到）	yǒu shì	（有事）

（2）常用音节练习　Drill on frequently used syllables

ge ｛ liǎng ge （两个）　chàng gē （唱歌）　gǎigé （改革）

ren ｛ rénmín （人民）　rěnràng （忍让）　rènzhēn （认真）

100

迎接(一)
yíngjiē
WELCOME (1)

路上辛苦了

Did you have a good trip?

一、句子　Sentences

117　从 东京 来的飞机 到
　　　Cóng Dōngjīng lái de fēijī dào

　　了吗？
　　le ma?

Has the plane from Tokyo arrived?

118　飞机 晚 点 了。
　　　Fēijī wǎn diǎn le.

The plane is behind schedule.

119　飞机 快 要 起飞 了。
　　　Fēijī kuài yào qǐfēi le.

The plane is about to take off.

120　飞机 大概 三 点 半 能 到。
　　　Fēijī dàgài sān diǎn bàn néng dào.

The plane may arrive around 3:30.

121　我们 先 去 喝点儿 水，
　　　Wǒmen xiān qù hē diǎnr shuǐ,

　　一会儿 再 来 这儿 吧。
　　yíhuìr zài lái zhèr ba.

Let's have a drink first and come back here later.

122　路上 辛苦 了。
　　　Lù shang xīnkǔ le.

Did you have a good trip?

123　你 怎么 知道 我 要 来？
　　　Nǐ zěnme zhīdao wǒ yào lái?

How did you know I would come?

124　是 他 告诉 我 的。
　　　Shì tā gàosu wǒ de.

He told me about that.

二、会话　Conversation

和子：　从 东京 来的飞机 到 了 吗？
Hézǐ：　Cóng Dōngjīng lái de fēijī dào le ma?

服务员：还 没 到。
fúwùyuán：Hái méi dào.

和子： 为什么？
Hézǐ: Wèishénme?

服务员： 晚点 了。飞机 现在 在 上海。
fúwùyuán: Wǎndiǎn le. Fēijī xiànzài zài Shànghǎi.

和子： 起飞 了 吗？
Hézǐ: Qǐfēi le ma?

服务员： 快 要 起飞 了。
fúwùyuán: Kuài yào qǐfēi le.

和子： 什么 时候 能 到？
Hézǐ: Shénme shíhou néng dào?

服务员： 大概 三 点 半 能 到。
fúwùyuán: Dàgài sān diǎn bàn néng dào.

和子： 刘京，我们 先 去 喝点儿 水，一会儿 再 来 这儿 吧。
Hézǐ: Liú Jīng, wǒmen xiān qù hē diǎnr shuǐ, yíhuìr zài lái zhèr ba.

          *   *   *   *   *

和子： 你看，西川 来 了。
Hézǐ: Nǐ kàn, Xīchuān lái le.

刘京： 你好！路上 辛苦 了。
Liú Jīng: Nǐ hǎo! Lù shang xīnkǔ le.

西川： 你们 好！刘 京，你 怎么 知道 我 要 来？
Xīchuān: Nǐmen hǎo! Liú Jīng, nǐ zěnme zhīdao wǒ yào lái?

刘 京： 是 她 告诉 我 的。
Liú Jīng: Shì tā gàosu wǒ de.

西川： 感谢 你们 来 接 我。
Xīchuān: Gǎnxiè nǐmen lái jiē wǒ.

和子： 我们 出去 吧！
Hézǐ: Wǒmen chūqu ba!

西川： 等 一 等，还有 贸易 公司 的 人 接 我 呢。
Xīchuān: Děng yi děng, hái yǒu màoyì gōngsī de rén jiē wǒ ne.

刘京： 好，我们 在 这儿 等 你。
Liú Jīng: Hǎo, wǒmen zài zhèr děng nǐ.

三、替换与扩展 Substitution and Extension

1. 快要<u>起飞</u>了。

上课 考试 开车 毕业

2. 我们先去喝点儿水,一会儿再来这儿吧。

换	钱		买东西
吃	东西		照相
喝	啤酒		看电影

3. 是她告诉我的。

刘京	小王
玛丽	大卫

*   *   *   *   *

1. A: 他 怎么 来 的?
       Tā zěnme lái de?

   B: 他 (是) 坐 出租 汽车 来 的。
       Tā (shì) zuò chūzū qìchē lái de.

2. 火车 要 开 了,快 上去 吧。
       Huǒchē yào kāi le, kuài shàngqu ba.

四、生词 New Words

1	从	(介)	cóng	from
2	飞机	(名)	fēijī	airplane
3	晚点		wǎn diǎn	late, behind schedule
4	要……了		yào……le	to be about to, to be going to
5	起飞	(动)	qǐfēi	to take off
6	大概	(副)	dàgài	around, about
7	先	(副)	xiān	first
8	水	(名)	shuǐ	water
9	辛苦	(形)	xīnkǔ	tiring
10	服务员	(名)	fúwùyuán	assistant, attendant
11	为什么	(代)	wèishénme	why
12	一会儿	(名)	yíhuìr	in a minute
13	感谢	(动)	gǎnxiè	to thank
14	贸易	(名)	màoyì	trade
15	公司	(名)	gōngsī	company
16	开	(动)	kāi	to drive
17	毕业		bì yè	to graduate
18	啤酒	(名)	píjiǔ	beer
19	出租汽车	(名)	chūzū qìchē	taxi

20	火车	（名）	huǒchē	train

五、语法 Grammar

1.“要……了” The expression “要……了”

1)“要……了”句式表示一个动作或情况很快就要发生。副词“要”表示将要,放在动词或形容词前,句尾加语气助词“了”。在“要”前还可加上“就”或“快”,表示时间紧迫。例如:

The construction “要……了” indicates that an action or a state of affairs is about to happen. The adverb “要”, which means that something is going to happen in the immediate future, is put before a verb or an adjective, while the modal particle “了” is placed at the end of the sentence. One may put “就” or “快” before “要” to stress urgency, e.g.

(1) 火车要开了。　　　　　　　　(2) 快要到北京了。

(3) 他就要来了。

2)“就要……了”前边可以加时间状语,“快要……了”不行。例如:“他明天就要走了”,不能说“他明天快要走了”。

One may put an adverbial of time before “就要……了”, but not before “快要……了”, e.g. “他明天就要走了” is correct, but “他明天快要走了” is not.

2.“是……的” The expression “是……的”

1)“是……的”句用来强调说明已经发生的动作的时间、地点、方式等。“是”放在被强调说明的部分之前,有时可以省略。“的”放在句尾。

The sentence with the “是……的” construction is used to stress when, where or how the action occurred in the past. “是” may be put before the stressed part or sometimes omitted, with “的” at the end of the sentence.

(1) 他是昨天来的。　　　　　　　　(2) 你(是)哪儿上的?

(3) 我(是)一个人来的。

2)“是……的”句有时也可强调动作的施事。例如:

The sentence with the “是……的” construction may be used sometimes to highlight the agent of an action, e.g.

(4) 是她告诉我的。

六、练习 Exercises

1. 用“要……了”或“快要……了”、“就要……了”改写句子 Rewite the following sentences with “要……了”,“快要……了” or “就要……了”:

　　例:现在是十月,你应该买毛衣了。

　　　　→天气(快)要冷了,你应该买毛衣了。

(1) 八点上课,现在七点五十了,我们快走吧。

(2) 你再等等,他很快就来。

(3) 西川明天回国,我们去看看他吧。

(4) 饭很快就做好,你们在这儿吃饭吧。

104

2. 用"大概"、"应该"完成对话 Complete the dialogues with "大概" or "应该":

(1) A:你们一天学多少生词？　　　(2) A:这种啤酒多少钱一瓶？

　　B:_____。　　　　　B:_____。

　　A:学过的词你们会念吗？　　　　A:现在商店还有没有？

　　B:_____。　　　　　B:_____。

3. 按照实际情况回答问题 Answer the questions according to actual situations:

(1) 你从哪儿来中国？你是怎么来的？

(2) 你为什么来中国？

4. 听述 Listen and retell:

　　我从法国来，我是坐飞机来的。我在北京语言文化大学学习汉语。在法国我没学过汉语，我不会说汉语，也不会写汉字。现在我会说一点儿了，我很高兴。我应该感谢我们的老师。

5. 语音练习 Phonetic drills:

(1) 读下列词语：第三声＋轻声 Read aloud the following words：3rd tone＋neutral tone

zěnme	（怎么）	wǎnshang	（晚上）
xǐhuan	（喜欢）	jiǎozi	（饺子）
zǎoshang	（早上）	sǎngzi	（嗓子）
jiějie	（姐姐）	nǎinai	（奶奶）
shǒu shang	（手上）	běnzi	（本子）

(2) 常用音节练习 Drill on frequently used syllables

he	hē jiǔ	（喝酒）	wei	wèishénme	（为什么）
	hépíng	（和平）		wěidà	（伟大）
	zhùhè	（祝贺）		wēixiǎn	（危险）
	suíhé	（随和）		zhōuwéi	（周围）

<table>
<tr><td>迎接(二)
yíngjiē
WELCOME (2)</td></tr>
</table>

欢迎你
You are welcome.

一、句子　Sentences

125　别 客气。
Bié kèqi.

Not at all.

126　一点儿 也 不 累。
Yìdiǎnr　yě bú lèi.

Not tired at all.

127　您 第一 次 来 中国　吗?
Nín dì-yī　cì lái Zhōngguó ma?

Is this your first visit to China?

128　这 是 我们　经理　给 您 的 信。
Zhè shì wǒmen jīnglǐ　gěi nín de xìn.

Here is a letter for you from our manager.

129　他 问　您 好。
Tā wèn nín hǎo.

He sent his regards to you.

130　我们　在 北京　饭店　请　您 吃
Wǒmen zài Běijīng Fàndiàn qǐng nín chī
晚饭。
wǎnfàn.

We invite you to dinner at Beijing Hotel this evening.

131　下午 我 去 朋友　那儿。
Xiàwǔ wǒ qù péngyou　nàr.

I'll call at my friend's this afternoon.

132　我 从　朋友　那儿 去 饭店。
Wǒ cóng péngyou　nàr　qù fàndiàn.

I'll go to the hotel from where my friend lives.

二、会话　Conversation

王：　　您 好! 西川　先生。　我 是 王　大年，公司 的 翻译。
Wáng:　Nín hǎo! Xīchuān xiānsheng. Wǒ shì Wáng Dànián, gōngsī de fānyì.

西川：　谢谢　您 来 接 我。
Xīchuān: Xièxie nín lái jiē wǒ.

王：　　别 客气，路 上　辛苦 了。
Wáng:　Bié kèqi, lù shang xīnkǔ le.

106

西川：　一点儿 也 不累，很 顺利。
Xīchuān：　Yìdiǎnr　yě　bú　lèi, hěn　shùnlì.

王：　汽车 在 外边，我们 送 您 去 饭店。
Wáng：　Qìchē zài wàibian, wǒmen sòng nín qù fàndiàn.

西川：　我 还 有 两 个 朋友。
Xīchuān：　Wǒ hái yǒu liǎng ge péngyou.

王：　那 一起 走 吧。
Wáng：　Nà yìqǐ　zǒu ba.

西川：　谢谢！
Xīchuān：　Xièxie!

　　　　*　　　　*　　　　*　　　　*　　　　*

经理：　欢迎 您！西川 先生。
jīnglǐ：　Huānyíng nín! Xīchuān xiānsheng.

西川：　谢谢！
Xīchuān：　Xièxie!

经理：　您 第一 次 来 中国 吗？
jīnglǐ：　Nín dì-yī　cì　lái Zhōngguó ma?

西川：　不，我 以前 来过。这 是 我们 经理 给 您 的 信。
Xīchuān：　Bù, wǒ yǐqián láiguo. Zhè shì wǒmen jīnglǐ gěi nín de xìn.

经理：　麻烦 您 了。
jīnglǐ：　Máfan nín le.

西川：　他 问 您 好。
Xīchuān：　Tā wèn nín hǎo.

经理：　谢谢。今天 晚上 我们 在 北京 饭店 请 您 吃 晚饭。
jīnglǐ：　Xièxie. Jīntiān wǎnshang wǒmen zài Běijīng Fàndiàn qǐng nín chī wǎnfàn.

西川：　您 太 客气 了，真 不好意思。
Xīchuān：　Nín tài kèqi　le, zhēn　bùhǎoyìsi.

经理：　您 有 时间 吗？
jīnglǐ：　Nín yǒu shíjiān ma?

西川：　下午 我 去 朋友 那儿。晚上 我 没 事。
Xīchuān：　Xiàwǔ wǒ qù péngyou nàr.　Wǎnshang wǒ méi shì.

经理：　我们 去 接 您。
jīnglǐ：　Wǒmen qù jiē nín.

西川：　不用 了，我 可以 打的，我 从 朋友 那儿 去。
Xīchuān：　Búyòng le, wǒ kěyǐ dǎdī, wǒ cóng péngyou nàr　qù.

107

三、替换与扩展 Substitution and Extension

1. <u>一点儿</u>也<u>不累</u>。

| 一点儿 | 不热, | 一分钟 | 没休息 |
| 一样东西 | 没买, | 一点儿 | 不慢 |

2. 这是<u>我们经理</u>给您的<u>信</u>。

我姐姐	给我	笔
他哥哥	送你	花
我朋友	给我	纪念邮票

3. 您第一次<u>来中国</u>吗？

| 吃烤鸭 | 去长城 |
| 看京剧 | 来我们学校 |

*　　*　　*　　*　　*

1. 这 次 我 来 北京 很 顺利。
   Zhè cì wǒ lái Běijīng hěn shùnlì.

2. 我 寄给 你 的 信 收到 了 吗？
   Wǒ jìgěi nǐ de xìn shōudào le ma?

3. 我 来 中国 的 时候 一 句 汉语 也 不 会 说。
   Wǒ lái Zhōngguó de shíhou yí jù Hànyǔ yě bú huì shuō.

四、生词 New Words

1	别	（副）	bié	do not..., not to
2	客气	（形）	kèqi	polite
3	第	（头）	dì	(used to form ordinal numbers)
4	次	（量）	cì	occurence, time
5	经理	（名）	jīnglǐ	manager
6	先生	（名）	xiānsheng	mister
7	翻译	（名、动）	fānyì	translation; to translate
8	顺利	（形）	shùnlì	successful
9	外边	（名）	wàibian	outside
10	送	（动）	sòng	to send
11	以前	（名）	yǐqián	before
12	麻烦	（动、形）	máfan	troublesome; to bother
13	真	（副、形）	zhēn	really , real

108

14	不好意思		bùhǎoyìsi	embarrassed
15	不用		búyòng	don't bother
16	打的		dǎ dī	go by taxi；take a taxi
17	热	（形）	rè	hot, warm
18	分钟	（名）	fēnzhōng	minute
19	慢	（形）	màn	slow
20	笔	（名）	bǐ	pen
21	句	（量）	jù	sentence

五、语法　Grammar

1.“从”、“在”的宾语与“这儿”、“那儿”　The objects of “从” and “在” with “这儿” and “那儿”

　　“从”、“在”的宾语如果是一个指人的名词或代词,必须在它后边加“这儿”或“那儿”,才能表示处所。例如:

If the object of “从” or “在” is a noun or pronoun indicating a person, it is necessary to add “这儿” or “那儿” after it to indicate place, e.g.

　　(1) 他从我这儿去书店。　　　(2) 我从张大夫那儿来。

　　(3) 我妹妹在玛丽那儿玩儿。　　(4) 我的笔在他那儿。

2.介词“从”、“离”　The prepositions “从” and “离”

　　“从”、“离”除与处所词语组合表示地点外,还可以与表示时间的词语组合,表示时间。例如:

“从” or “离” combines not only with locational words to indicate place, but also with time words to indicate time, e.g.

　　(1)上午我们从八点开始上课。　　(2)从八点到十二点我们上汉语课。

　　(3)现在离十月还有十天。　　　　(4)我们离毕业还有两个月。

3.动词、动词短语、主谓短语等作定语　A verb, verb phrase or subject-predicate phrase as an attributive

　　动词、动词短语、主谓短语、介词短语作定语时,必须加“的”。例如:

A verb, verb phrase, subject-object phrase or prepositional phrase, if used as an attributive, must take “的”, e.g.

　　(1) 来的人很多。　　　　　　(2) 学习汉语的学生不少。

　　(3) 这是经理给您的信。　　　(4) 从东京来的飞机下午到。

六、练习　Exercises

1.用下列动词造句　Make sentences with the following verbs:
　　　接　　送　　给　　收　　换

2.用“一……也……”改写句子　Rewrite the following sentences with “一……也”:

例：我没休息。（天）　　　→我一天也没休息。

(1) 今天我没喝啤酒。（瓶）

(2) 我没去过动物园。（次）

(3) 在北京他没骑过自行车。（次）

(4) 今天我没带钱。（分）

(5) 他不认识汉字。（个）

3．**按照实际情况回答问题　Answer the questions according to actual situations：**

(1) 你来过中国吗？现在是第几次来？

(2) 这本书有多少课？这是第几课？

(3) 你一天上几节(jié　period)课？现在是第几节课？

(4) 你们宿舍楼有几层？你住在几层？

4．**会话练习　Conversational practice：**

(1) 去机场接朋友

提示：问候路上怎么样；告诉他现在去哪儿；这几天做什么等。

To meet a friend at the airport

Suggested points：Ask about the trip；Tell him where to go now and what to do in the next few days.

(2) 去火车站接朋友，火车晚点了

提示：问为什么还没到，什么时候能到等。

On arriving at the station to meet a friend, one finds that the train is late.

Suggested points：Ask why it is late and when it will arrive.

5．**听述　Listen and retell：**

上星期五我去大同(Dàtóng　Datong)了，我是坐火车去的，今天早上回来的。我第一次去大同，我很喜欢这个地方。

从北京到大同很近，坐火车去大概要七个小时(xiǎoshí　hour)。现在去，天气不冷也不热，下星期你也去吧。

6．**语音练习　Phonetic drills：**

(1) 读下列词语：第四声＋第一声　Read aloud the following words：4th tone＋1st tone

qìchē	（汽车）	lùyīn	（录音）
dàyī	（大衣）	chàng gē	（唱歌）
diàndēng	（电灯）	dàjiā	（大家）
hùxiāng	（互相）	hòutiān	（后天）

(2) 常用音节练习　Drill on frequently used syllables

ye	yēzi	（椰子）	qian	qiānwàn	（千万）
	yéye	（爷爷）		qiánbiān	（前边）
	shùyè	（树叶）		qiǎnxiǎn	（浅显）
	yuányě	（原野）		dàoqiàn	（道歉）

110

招待
zhāodài
RECEPTION

为我们的友谊干杯!
Let's have a toast to our friendship!

一、句子　Sentences

133　请　这儿　坐。
　　　Qǐng　zhèr　zuò.
Please take a seat here.

134　我　过　得　很　愉快。
　　　Wǒ guò de hěn yúkuài.
I really had a good time.

135　您　喜欢　喝　什么　酒?
　　　Nín xǐhuan hē shénme jiǔ?
What would you like to drink?

136　为　我们　的　友谊　干杯!
　　　Wèi wǒmen de yǒuyì gān bēi!
Let's have a toast to our friend-ship.

137　这　个　鱼　做　得　真　好　吃。
　　　Zhè ge yú zuò de zhēn hǎo chī.
The fish is very delicious.

138　你们　别　客气,　像　在　家　一样。
　　　Nǐmen bié kèqi,　xiàng zài jiā yíyàng.
Please make yourself at home.

139　我　做　菜　做　得　不　好。
　　　Wǒ zuò cài zuò de bù hǎo.
I am not good at cooking.

140　你们　慢　吃。
　　　Nǐmen màn chī.
Take your time (eating).

二、会话　Conversation

翻译:　西川　先生,　　请　这儿　坐。
fānyì:　Xīchuān xiānsheng, qǐng zhèr　zuò.

西川:　谢谢!
Xīchuān:　Xièxie!

经理:　这　两　天　过　得　怎么样?
jīnglǐ:　Zhè liǎng tiān guò de zěnmeyàng?

西川:　过　得　很　愉快。
Xīchuān:　Guò de hěn yúkuài.

翻译： 您 喜欢 喝什么 酒?
fānyì: Nín xǐhuan hē shénme jiǔ?

西川： 啤酒 吧。
Xīchuān: Píjiǔ ba.

经理： 您 尝尝 　 这 个菜 怎么样?
jīnglǐ: Nín chángchang zhè ge cài zěnmeyàng?

西川： 很 好吃。
Xīchuān: Hěn hǎochī.

经理： 吃 啊，别 客气。
jīnglǐ: Chī a, bié kèqi.

西川： 不 客气。
Xīchuān: Bú kèqi.

经理： 来，为 我们 的友谊干 杯!
jīnglǐ: Lái, wèi wǒmen de yǒuyì gān bēi!

翻译： 干 杯!
fānyì: Gān bēi!

西川： 干 杯!
Xīchuān: Gān bēi!

　　　　*　　　　*　　　　*　　　　*　　　　*

刘京： 我们 先 喝酒吧。
Liú Jīng: Wǒmen xiān hē jiǔ ba.

西川： 这 个鱼 做 得真 好吃。
Xīchuān: Zhè ge yú zuò de zhēn hǎochī.

刘母： 你们 别客气，像 在家一样。
Liúmǔ: Nǐmen bié kèqi, xiàng zài jiā yíyàng.

西川： 我们 不客气。
Xīchuān: Wǒmen bú kèqi.

刘母： 吃 饺子 吧。
Liúmǔ: Chī jiǎozi ba.

和子： 我 最喜欢 吃饺子 了。
Hézǐ: Wǒ zuì xǐhuan chī jiǎozi le.

刘京： 听 说 你很会做 日本菜。
Liú Jīng: Tīng shuō nǐ hěn huì zuò Rìběn cài.

和子： 哪儿 啊，我做 得不 好。
Hézǐ: Nǎr a, wǒ zuò de bù hǎo.

112

刘京： 你 怎么 不吃 了？
Liú Jīng： Nǐ zěnme bù chī le?

和子： 吃饱 了。你们 慢 吃。
Hézǐ： Chībǎo le. Nǐmen màn chī.

注释　Notes

① **"为我们的友谊干杯！"** Let's have a toast to our friendship!

介词"为"用来说明动作的目的，必须放在动词前边。

The preposition "为" should be put before a verb to indicate the purpose of an action.

② **"哪儿啊"**

这里的"哪儿"表示否定的意思。常用来回答别人的夸奖。表示自己没有对方说得那么好。

"哪儿" is a polite denial here. When used as a reply, it usually denotes that one is not worthy of the praise.

③ **"你们慢吃"** Take your time

这是客套话。自己吃饱而别人还未吃完，就说"慢吃"。

As a polite expression, it is used when one has finished eating while others have not.

三、替换与扩展　Substitution and Extension

1. 我过得很愉快。

我们	生活	好，	他	说	快
张先生	休息	不错，	大卫	睡	晚

2. 为我们的友谊干杯！

×中人民的友谊
您的健康

3. 这个鱼做得真好吃。

衣服(件)	洗	干净
照片(张)	照	好
汽车(辆)	开	快

*　　　*　　　*　　　*　　　*

1. 他 汉语 说 得 真 好，像 中国 人 一样。
   Tā Hànyǔ shuō de zhēn hǎo, xiàng Zhōngguó rén yíyàng.

2. 你 说 得 太 快，我 没 听懂， 请 你 说 得 慢 一点儿。
   Nǐ shuō de tài kuài, wǒ méi tīngdǒng, qǐng nǐ shuō de màn yìdiǎnr.

四、生词 New Words

1	过	（动）	guò	to spend, to pass
2	得	（助）	de	(structural particle)
3	愉快	（形）	yúkuài	enjoyable, happy
4	喜欢	（动）	xǐhuan	to like, to enjoy
5	为……干杯		wèi……gānbēi	to have a toast to
6	友谊	（名）	yǒuyì	friendship
7	鱼	（名）	yú	fish
8	好吃	（形）	hǎochī	delicious
9	像	（动）	xiàng	to resemble
10	一样	（形）	yíyàng	same, similar
11	饺子	（名）	jiǎozi	dumpling
12	饱	（形）	bǎo	to eat one's fill, to be full
13	生活	（动、名）	shēnghuó	to live, to lead a life; life
14	不错	（形）	búcuò	not bad
15	睡	（动）	shuì	to sleep
16	晚	（形）	wǎn	late
17	人民	（名）	rénmín	people
18	健康	（形）	jiànkāng	healthy, in good heath
19	洗	（动）	xǐ	to wash
20	干净	（形）	gānjìng	clean
21	照片	（名）	zhàopiàn	photo
22	照	（动）	zhào	to take a photo
23	辆	（量）	liàng	(a measure word for vehicles)

五、语法 Grammar

1. 程度补语 The complement of degree

1) 说明动作或事物性质所达到的程度的补语，叫程度补语。简单的程度补语，一般由形容词充任。动词和程度补语之间要用结构助词"得"来连接。

A complement that denotes the extent to which an action or a state reaches is called the complement of degree. A simple complement of degree is usually made up of an adjective. The verb and its complement are connected by the structural particle "得".

(1) 我们休息得很好。 (2) 玛丽、大卫他们玩儿得很愉快。

2) 程度补语的否定式是在程度补语的前边加否定副词"不"。注意:"不"不能放在动词的前边。例如:

Its negative form is realized by putting the negative adverb "不" in front of the complement. Take care not to put "不" before the verb, e.g.

(3) 他来得不早。 (4) 他生活得不太好。

3) 带程度补语的正反疑问句是并列程度补语的肯定形式和否定形式。例如:

An affirmative-negative question with a complement of degree is realized by juxtaposing the affirmative and negative forms of the complement of degree, e.g.

(5) 你休息得好不好? (6) 这个鱼做得好吃不好吃?

2. 程度补语与宾语 The complement of degree and the object

带宾语的动词后边如再有程度补语时,必须在宾语之后,"得"和程度补语之前,重复动词。例如:

If a complement of degree follows a verb-object construction, the same verb should be repeated after the object and followed by "得" and the complement of degree, e.g.

(1) 他说汉语说得很好。 (2) 她做饭做得很不错。

(3) 我写汉字写得不太好。

六、练习 Exercises

1. **熟读下列短语并选五个造句 Read until fluent the following phrases and choose five of them to make sentences:**

起得很早	走得很快	玩儿得很高兴
生活得很愉快	穿得很多	演得好极了
休息得不太好	来得不晚	写得不太慢

2. **完成对话(注意用上带"得"的程度补语) Complete the dialogues(Be sure to use complements of degree with "得"):**

(1)A:你喜欢吃鱼吗? 这鱼做_____? (2)A:今天的京剧演_____?

　　B:_____很好吃。 　　B:_____很有意思。

(3)A:昨天晚上你几点睡的?

　　B:十二点。

　　A:_____。你早上起得也很晚吧?

　　B:不,_____。

3. **用"在"、"给"、"得"、"像……一样"、"跟……一起"填空 Fill in the blanks with "在","给","得","像……一样" or "跟……一起":**

王兰与和子都____语言文化大学学习,她们是好朋友,____姐姐、妹妹____。上星期我____她们____去北海公园玩儿,我____她们____照相,照得很多,都照____很好。那天我们玩儿____很愉快。

115

4．谈谈你的一天（用上带"得"的程度补语） Talk about a day in your life（Use complements of degree with "得"）：

提示：(1)你什么时候起床？什么时候去教室？什么时候睡觉？早还是晚？

(2)在这儿学汉语，你学得怎么样？生活得愉快不愉快？

Suggested points：(1)When do you get up? When do you go to the classroom? When do you go to bed? Do you go to bed early or late?

(2)How are you getting on with your study of Chinese? Do you enjoy your life here?

5．听述 Listen and retell：

昨天我和几个小朋友(xiǎopéngyou little friend)去划船了。孩子们很喜欢划船，他们划得很好。我坐在船上高兴极了，也像孩子一样玩儿。这一天过得真有意思。

6．语音练习 Phonetic drills：

(1)读下列词语：第四声＋第二声 Read the following phrases：4th tone＋2nd tone

bù lái	（不来）	liànxí	（练习）
qùnián	（去年）	fùxí	（复习）
rìchéng	（日程）	wèntí	（问题）
xìngmíng	（姓名）	gàobié	（告别）
sòngxíng	（送行）	kètáng	（课堂）

(2)常用音节练习 Drill on frequently used syllables

gong
- gōngrén （工人）
- gǒnggù （巩固）
- yígòng （一共）

jiu
- jiūjìng （究竟）
- hǎojiǔ （好久）
- chéngjiù （成就）

116

复习 (四)　Review (Ⅳ)

一、会话　Conversation

〔约翰(Yuēhàn　John)的中国朋友今天从北京来,约翰到机场去接他。〕

约翰：　啊,小王,路上辛苦了!

王：　　不太累。谢谢你来接我。

约翰：　别客气。我收到你的信,知道你要来旧金山(Jiùjīnshān　San Francisco),我高兴极了。

王：　　我很高兴能见到(jiàndào to see)老(lǎo old)朋友。刘小华(Liú Xiǎohuá Liu Xiaohua)、珍妮(Zhēnní　Janet)他们都好吗?

约翰：　都很好。他们很忙,今天没时间来接你。

王：　　我们都是老朋友了,不用客气。

约翰：　为了欢迎你来,星期六我们请你在中国饭店吃饭。

王：　　谢谢,给你们添(tiān to give)麻烦了。

　　　　*　　　　*　　　　*　　　　*　　　　*

〔在中国饭店〕

珍妮：　小王怎么还没来?

刘：　　还没到时间。

珍妮：　他第一次来旧金山,能找到这儿吗?

约翰：　这个饭店很有名,能找到。

刘：　　啊,你们看,小王来了!

约翰：　小王,快来! 这儿坐。

珍妮：　三年没见(jiàn to meet),你跟以前一样。

王：　　是吗?

珍妮：　这是菜单(càidān menu),小王,你想吃什么?

约翰：　我知道,他喜欢吃糖醋鱼(tángcùyú sweet and sour fish)还有……

王：　　你们太客气了,我真不好意思。

刘：　　我们先喝酒吧。

约翰：
　　　　来,为我们的友谊干杯!
珍妮：

刘：
　　　　干杯!
王：

二、语法　Grammar

（一）根据谓语的主要成分的不同,可把句子分为四种类型。Sentences may be divided into four types according to the main elements of their predicates.

1．名词谓语句　The sentence with a nominal predicate

由名词或名词结构、数量词等直接作谓语的句子叫名词谓语句。例如:

A sentence is called a sentence with a nominal predicate if a noun (noun phrase) or a compound consisting of a numeral and a measure word serves as the predicate of the sentence, e.g.

    （1）今天星期六。   （2）他今年二十岁。

    （3）现在两点钟。   （4）这本书十八块五。

2．动词谓语句　The sentence with a verbal predicate

谓语的主要成分是动词的句子叫动词谓语句。例如:

A sentence is called a sentence with a verbal predicate if the verb is the main element of the predicate, e.g.

    （1）我写汉字。   （2）他想学习汉语。

    （3）他来中国旅行。   （4）玛丽和大卫去看电影。

3．形容词谓语句　The sentence with an adjectival predicate

用来对人或事物的状态加以描写,有时也说明事物的变化。例如:

A sentence of this type describes the state which a person or thing is in, and sometimes the change of a thing, e.g.

    （1）张老师很忙。   （2）这本汉语书很便宜。   （3）天气热了。

4．主谓谓语句　The sentence with a subject-predicate construction as its predicate

主谓谓语句中的谓语本身也是一个主谓短语,主要是说明或者描写主语的。例如:

In a sentence of this type, the predicate itself is a subject-predicate phrase, mainly explaining or describing the subject, e.g.

    （1）我爸爸身体很好。   （2）他工作很忙。   （3）今天天气很不错。

（二）提问的六种方法　Six types of interrogative sentences

1．用"吗"的疑问句　The question with "吗"

这是最常用的提问方法,对可能的回答不作预先估计。例如:

This is the most frequently used way of asking a question, to which the answer is rather unpredictable, e.g.

    （1）你是学生吗?   （2）你喜欢看中国电影吗?   （3）你有纪念邮票吗?

2．正反疑问句　The affirmative-negative question

并列肯定形式和否定形式提问。例如:

This is an interrogative sentence made by juxaposing the affirmative and the negative forms of the main element of the predicate, e.g.

    （1）你认识不认识他?   （2）你们学校大不大?

    （3）你有没有弟弟?   （4）明天你去不去长城?

118

3．用疑问代词的疑问句　The question with an interrogative pronoun

用"谁"、"什么"、"哪"、"哪儿"、"怎么样"、"多少"、"几"等疑问代词提问。例如：

An interrogative pronoun such as "谁"，"什么"，"哪"，"哪儿"，"怎么样"，"多少" or "几" is used to raise a question, e.g.

(1) 谁是你们的老师？　　(2) 哪本书是你的？

(3) 你身体怎么样？　　(4) 今天星期几？

4．用"还是"的选择疑问句　The alternative question with "还是"

当提问人估计到有两种答案的时候,就用"还是"构成选择疑问句来提问。例如：

When one predicts that there will be two possible answers to the question he is going to ask, he will use the alternative question with "还是", e.g.

(1) 你上午去还是下午去？(2) 他是美国人还是法国人？

(3) 你去看电影还是去看京剧？

5．用"呢"的省略式疑问句　The elliptical question with "呢"

(1) 我很好。你呢？　　(2) 大卫看电视。玛丽呢？

6．用"……,好吗？"提问　The question with "……,好吗？"

这种句子常常是提出建议,征求对方意见。例如：

A sentence of this type is usually used to put forward a suggestion or ask the opinion of the hearer, e.g.

我们明天去,好吗？

三、练习　Exercises

1．回答问题　Answer the questions:

(1) 用带简单趋向补语的句子回答问题　Answer each of the following questions, using a sentence with a simple directional complement

①你带来词典了吗？

②你妈妈寄来信了吗？

③昨天下午你出去了吗？

④他买来橘子了吗？

(2) 按照实际情况回答问题　Answer the following questions according to actual circumstances

①你从哪儿来中国？你是怎么来的？

②你在哪儿上课？你骑自行车去上课吗？

③你常常看电影还是常常看电视？

④你们学校中国学生多还是外国留学生多？

⑤你去过长城吗？你玩儿得高兴不高兴？你照相了吗？照得怎么样？

2．会话(用下列表示感谢、迎接、招待的句子)　Conversations（Use the following sentences spoken at a time when you express gratitude to, give a welcome to, or give an entertainment to somebody）：

感谢 Gratitude　　　　　　迎接 Welcome

谢谢!　　　　　　　　　欢迎您!

感谢你……   路上辛苦了。

麻烦你了!   路上顺利吗?

                  什么时候到的?

招待 Reception

你喜欢什么酒?   很好吃。

别客气,多吃点儿。 不吃(喝)了。

为……干杯!   吃饱了。

3.语音练习 Phonetic drills:

(1)声调练习:第四声+第四声 Drill on tones:4th tone + 4th tone

shàng kè   (上课)

zài jiàoshì shàng kè   (在教室上课)

xiànzài zài jiàoshì shàng kè   (现在在教室上课)

bì yè   (毕业)

xià yuè bì yè   (下月毕业)

dàgài xià yuè bì yè   (大概下月毕业)

(2)朗读会话 Read aloud the conversation

A:Wǒ zuì xǐhuan xióngmāo.

B:Wǒ yě xǐhuan xióngmāo.

A:Wǒmen qù dòngwùyuán ba.

B:Hǎo jí le. Xiàwǔ jiù qù.

四、阅读短文 Reading Passage

阿里(Ālǐ):

你好!听说你要去北京语言文化大学学习了,我很高兴。我给你介绍一下儿那个学校。

语言文化大学很大,有很多留学生,也有中国学生。留学生学习汉语;中国学生学习外语(wàiyǔ foreign language)。

学校里有很多楼。你可以住在留学生宿舍。留学生食堂就在宿舍楼旁边。他们做的饭菜还不错。

六楼一层有个小邮局,那儿可以寄信、买邮票,也可以寄东西。

离学校不远有个商店,那儿东西很多,也很便宜。我在语言文化大学的时候,常去那儿买东西。

你知道吗?娜依(Nāyī name of a person)就在北京大学学习。北大离语言文化大学很近。你有时间可以去那儿找她。

娜依的哥哥毕业了。上个月从英国回来。现在还没找到工作呢。他问你好。

好,不多写了。等你回信。

祝(zhù to wish)你愉快!

你的朋友 沙非(Shāfēi Sophie)

1998 年 5 月 3 日

120

邀请
yāoqǐng
INVITATION

请你参加
Will you join us?

一、句子 Sentences

141 喂，北京 大学 吗？
Wèi, Běijīng Dàxué ma?

Hello! Is that Beijing University?

142 我 是 北大。你要 哪儿？
Wǒ shì Běi-Dà. Nǐ yào nǎr?

This is Beijing University.
What extension do you want?

143 请 转 239 分机。
Qǐng zhuǎn èrsānjiǔ fēnjī.

Extension 239, please.

144 请 她给我 回个 电话。
Qǐng tā gěi wǒ huí ge diànhuà.

Please tell her to call us up.

145 我 一定 转告 她。
Wǒ yídìng zhuǎngào tā.

I'll certainly tell her about it.

146 请 420 房间 的 玛丽 接
Qǐng sì'èrlíng fángjiān de Mǎlì jiē

电话。
diànhuà.

I want to speak to Mary living in Room No. 420.

147 现在 你 做 什么 呢？
Xiànzài nǐ zuò shénme ne?

What are you doing there right now?

148 现在 我 休息 呢。
Xiànzài wǒ xiūxi ne.

I am having a rest.

二、会话 Conversation

玛丽： 喂！北京 大学 吗？
Mǎlì: Wèi! Běijīng Dàxué ma?

北大： 对，我 是 北大。你要 哪儿？
Běi-Dà: Duì, wǒ shì Běi-Dà. Nǐ yào nǎr?

玛丽： 请 转 239 分机。
Mǎlì: Qǐng zhuǎn èrsānjiǔ fēnjī.

玛丽：　　　中文系　吗？
Mǎlì：　　　Zhōngwénxì ma?

中文系：　　对。您找　谁？
Zhōngwénxì：Duì. Nín zhǎo shuí?

玛丽：　　　李红　老师　在　吗？
Mǎlì：　　　Lǐ Hóng lǎoshī zài ma?

中文系：　　不在。您找　她有　什么　事？
Zhōngwénxì：Bú zài. Nín zhǎo tā yǒu shénme shì?

玛丽：　　　她回来以后，请　她给我回个电话。
Mǎlì：　　　Tā huílái yǐhòu, qǐng tā gěi wǒ huí ge diànhuà.

中文系：　　您是——
Zhōngwénxì：Nín shì——

玛丽：　　　我是语言文化　大学　留学生　玛丽。
Mǎlì：　　　Wǒ shì Yǔyán Wénhuà Dàxué liúxuéshēng Mǎlì.

中文系：　　好，我一定转告　她。
Zhōngwénxì：Hǎo, wǒ yídìng zhuǎngào tā.

玛丽：　　　谢谢！
Mǎlì：　　　Xièxie!

*   *   *   *

李红：　　　留学生　楼吗？请 420　房间　的玛丽接电话。
Lǐ Hóng：　　Liúxuéshēng lóu ma? Qǐng sì'èrlíng fángjiān de Mǎlì jiē diànhuà.

服务员：　　420　玛丽，电话！
fúwùyuán：　Sì'èrlíng Mǎlì, diànhuà!

玛丽：　　　喂，我是玛丽。您是——
Mǎlì：　　　Wèi, wǒ shì Mǎlì. Nín shì——

李红：　　　我是李红，刚才　你给我打电话　了吗？
Lǐ Hóng：　　Wǒ shì Lǐ Hóng, gāngcái nǐ gěi wǒ dǎ diànhuà le ma?

玛丽：　　　是啊。你去哪儿了？
Mǎlì：　　　Shì a. Nǐ qù nǎr le?

李红：　　　去上　课了。
Lǐ Hóng：　　Qù shàng kè le.

玛丽：　　　你现在　做什么　呢？
Mǎlì：　　　Nǐ xiànzài zuò shénme ne?

李红：	没 有 事，休息 呢。
Lǐ Hóng：	Méi yǒu shì, xiūxi ne.

玛丽：	明天 晚上 我们 有 个 圣诞 节晚会，你 来
Mǎlì：	Míngtiān wǎnshang wǒmen yǒu ge Shèngdàn Jié wǎnhuì, nǐ lái
	参加 好 吗？
	cānjiā hǎo ma?

李红：	好，我 一定 去。
Lǐ Hóng：	Hǎo, wǒ yídìng qù.

注释　Notes

① "我是北大。" This is Beijing University.

电话用语。表示接电话的人所在的单位。

It is a telephone expression denoting the unit where the person who answers the phone works.

② "420 玛丽，电话！" Mary of Room 420 is wanted on the phone!

电话用语。420 是玛丽的房间号，"玛丽，电话！"也可说"玛丽，你的电话"。呼叫接电话人时用。

It is a telephone expression. 420 is Mary's room number. "玛丽，电话！", used to call a person to answer the phone, can be replaced by "玛丽，你的电话".

三、替换与扩展　Substitution and Extension

1. 我一定转告她。

告诉	通知	叫	帮助

2. 现在你做什么呢？休息呢？

学习	看报	跳舞
做练习	听录音	

3. 明天晚上我们有个圣诞节晚会。

星期天	新年晚会
星期六晚上	舞会
新年的时候	音乐会

＊　　　＊　　　＊　　　＊　　　＊

1. 里边 正在 开新年 晚会，他们 在 唱 歌呢，快 进去 吧。
   Lǐbiān zhèngzài kāi xīnnián wǎnhuì, tāmen zài chàng gē ne, kuài jìnqu ba.

2. 明天 上午 去参观，八点 在 留学生 楼 前边 上
   Míngtiān shàngwǔ qù cānguān, bā diǎn zài liúxuéshēng lóu qiánbiān shàng

车。请 通知 一下儿。

chē. Qǐng tōngzhī yíxiàr.

四、生词 New Words

1	喂	(叹)	wèi	hello
2	转	(动)	zhuǎn	to pass to
3	分机	(名)	fēnjī	extension
4	一定	(副)	yídìng	certainly
5	转告	(动)	zhuǎngào	to pass on, to tell
6	中文	(名)	Zhōngwén	Chinese
7	系	(名)	xì	department
8	刚才	(名)	gāngcái	just now
9	晚会	(名)	wǎnhuì	evening party
10	参加	(动)	cānjiā	to participate
11	通知	(动、名)	tōngzhī	to inform; notice
12	帮助	(动、名)	bāngzhù	to help; help
13	报	(名)	bào	newspaper
14	跳舞		tiào wǔ	dance
15	新年	(名)	xīnnián	New Year
16	舞会	(名)	wǔhuì	dance party
17	里边	(名)	lǐbiān	inside
18	正在	(副)	zhèngzài	in the midst of
19	开	(动)	kāi	to have (a meeting)
20	唱	(动)	chàng	to sing
21	歌	(名)	gē	song
22	参观	(动)	cānguān	to visit

专名 Proper Names

1	李红	Lǐ Hóng	Li Hong (name of a person)
2	圣诞节	Shèngdàn Jié	Christmas Day

五、语法 Grammar

1. 介词"给" The preposition "给"

介词"给"可以用来引出动作、行为的接受对象。例如：

124

The preposition "给" may be used to introduce the recipient of an action, e.g.

(1) 昨天我给你打电话了。　　　　(2) 他给我做过衣服。

2．动作的进行　The continuous action

1) 一个动作可以处在进行、持续、完成等不同的阶段。要表示动作正在进行,可在动词前加副词"正在"、"正"、"在",或在句尾加语气助词"呢"。有时"正在"、"正"、"在"也可以和"呢"同时使用。例如:

An action may undergo different stages. It may be in progress or may have completed. One can add an adverb ("正在", "正" or "在") before the verb or the modal particle "呢" at the end of the sentence to show that the action is going on. Occasionally, "正在", "正" or "在" can be used with "呢" in the same sentence, e.g.

(1) 学生正在上课(呢)。　　　　　(2) 他来的时候,我正看报(呢)。

(3) 他在听音乐(呢)。　　　　　　(4) 他写信呢。

2) 一个进行的动作可以是现在,也可以是过去或将来。例如:

An activity may be in progress at present or at a point of time in the future. It may have been in progress at a point of time in the past as well, e.g.

(1) 你做什么呢?

　　——休息呢。(现在　present)

(2) 昨天我给你打电话的时候,你做什么呢?

　　——我做练习呢。(过去　past)

(3) 明天上午你去找他,他一定在上课。(将来　future)

六、练习　Exercises

1．用"正在……呢"完成句子并用上括号里的词语　Complete the following sentences with "正在……呢" and the words in the parentheses:

(1) 今天有舞会,他们＿＿＿＿＿＿＿。(跳舞)

(2) 你看,玛丽＿＿＿＿＿＿＿＿＿。(打电话)

(3) 今天天气不错,王兰和她的朋友＿＿＿＿＿＿＿。(照相)

(4) 和子＿＿＿＿＿＿＿＿＿＿。(洗衣服)

2．仿照例子,造"正在……呢"的句子　Make sentences with "正在……呢" by following the model:

例:去他家　看书　　→昨天我去他家的时候,他正在看书呢。

(1) 去邮局　寄信　　　(2) 去他宿舍　睡觉　　　(3) 去看他　喝咖啡

(4) 到动物园　看熊猫　(5) 到车站　等汽车　　　(6) 到银行　换钱

3．完成对话　Complete the conversation:

A:＿＿＿＿＿＿＿＿＿?

B:我要 389 号。

A:你找谁?

B:＿＿＿＿＿＿＿＿。

A:我就是。你是谁啊?

B：_____。你好吗?

A：很好。

B：今天晚上我们去看电影,好吗?

A：_____。什么时候去?

B：_____。

4．练习打电话　Make telephone calls：

(1) A 邀请 B 去听音乐会

提示：时间、地点(dìdiǎn)；音乐会怎么样? 怎么去?

A invites B to a concert

Suggested points：time, place；How is the concert? How to go there?

(2) A 邀请 B 去饭店吃饭

提示：时间,地点；怎么去? 吃什么?

A invites B to a restaurant

Suggested points：time, place；How to go there? What to eat.

5．听述　Listen and retell：

汉斯(Hànsī　Hans)来了,今天我们公司请他参加欢迎会。

下午两点钟,翻译小王打电话通知他,告诉他五点半在房间等我们,我们开车去接他。

欢迎会开得很好,大家(dàjiā　all)为友谊干杯,为健康干杯,像一家人一样。

6．语音练习　Phonetic drills：

(1) 常用音节练习　Drill on frequently used syllables

jian
{
kànjiàn　　(看见)
shíjiān　　(时间)
jiànkāng　(健康)
}

xiang
{
xiāngzi　　(箱子)
xiǎngxiàng　(想像)
zhàoxiàng　(照相)
}

(2) 朗读会话　Read aloud the conversation

A：Wèi, nǐ yào nǎr?

B：Wǒ yào jiǔ lóu.

A：Nǐ zhǎo shuí?

B：Qǐng jiào Dàwèi jiē diànhuà.

A：Qǐng děng yíxiàr.

B：Máfan nǐ le, xièxie!

126

婉拒 wǎnjù DECLINATION

我不能去
I can't go.

一、句子　Sentences

149　我 买了 两 张 票。
　　　Wǒ mǎile liǎng zhāng piào.

I have bought two tickets.

150　真 不巧，我 不能 去。
　　　Zhēn bù qiǎo, wǒ bù néng qù.

Unfortunately I can't go.

151　今天 你不能 去，那就 以后
　　　Jīntiān nǐ bù néng qù, nà jiù yǐhòu

再说 吧。
zàishuō ba.

If you can't go today, we'd better put the matter aside for the moment.

152　我 很想 去，可是我 有
　　　Wǒ hěn xiǎng qù, kěshì wǒ yǒu

个 约会。
ge yuēhuì.

I'd like to go, but I have a date.

153　你 是跟 女 朋友 约会 吗?
　　　Nǐ shì gēn nǚ péngyou yuēhuì ma?

Will you have a date with your girlfriend?

154　有 个 同学 来看我，我要
　　　Yǒu ge tóngxué lái kàn wǒ, wǒ yào

等 他。
děng tā.

A classmate of mine is coming to see me, so I have to wait for him.

155　我们 好几 年 没 见 面 了。
　　　Wǒmen hǎo jǐ nián méi jiàn miàn le.

We haven't seen each other for a number of years.

156　这 星期我 没 空儿。
　　　Zhè xīngqī wǒ méi kòngr.

I am fully occupied this week.

二、会话　Conversation

张　丽英：我 买了 两 张　票。请 你 看 话剧。
Zhāng Lìyīng：Wǒ mǎile liǎng zhāng piào. Qǐng nǐ kàn huàjù.

玛丽：　是 吗？什么　时候 的？
Mǎlì：　Shì ma? Shénme shíhou de?

丽英：　今天　晚上　　七点　一刻 的。
Lìyīng：　Jīntiān wǎnshang qī diǎn yí kè de.

玛丽：　哎呀！真　不 巧，我 不能　去。明天　　就 考试 了，
Mǎlì：　Āiyā! Zhēn bù qiǎo, wǒ bù néng qù. Míngtiān jiù kǎoshì le,

　　　晚上　　要 复习。
　　　wǎnshang yào fùxí.

丽英：　那 就 以后 再说　吧。
Lìyīng：　Nà jiù yǐhòu zàishuō ba.

　　　　＊　　　　＊　　　　＊　　　　＊　　　　＊

王　兰：明天　有 个 画展，　你 能　去 吗？
Wáng Lán：Míngtiān yǒu ge huàzhǎn, nǐ néng qù ma?

大卫：　我 很 想　去，可是 明天　　有 个 约会。
Dàwèi：　Wǒ hěn xiǎng qù, kěshì míngtiān yǒu ge yuēhuì.

王　兰：怎么？是 跟 女 朋友　约会 吗？
Wáng Lán：Zěnme? Shì gēn nǚ péngyou yuēhuì ma?

大卫：　不是，有 个 同学　来 看 我，我 要 等　他。
Dàwèi：　Bú shì, yǒu ge tóngxué lái kàn wǒ, wǒ yào děng tā.

王　兰：他 也 在 北京 学习　吗？
Wáng Lán：Tā yě zài Běijīng xuéxí ma?

大卫：　不，刚　从　法国 来。我们　好 几 年 没 见 面 了。
Dàwèi：　Bù, gāng cóng Fǎguó lái. Wǒmen hǎo jǐ nián méi jiàn miàn le.

王　兰：你 应该　陪 他 玩儿 玩儿。
Wáng Lán：Nǐ yīnggāi péi tā wánr wanr.

大卫：　这 星期 我 没 空儿，下 星期 我们　再 去 看 画展，
Dàwèi：　Zhè xīngqī wǒ méi kòngr, xià xīngqī wǒmen zài qù kàn huàzhǎn,

　　　可以 吗？
　　　kěyǐ ma?

128

王　兰：　我 再 问问， 以后 告诉 你。
Wáng Lán：　Wǒ zài wènwen, yǐhòu gàosu nǐ.

大卫：　　好。
Dàwèi：　　Hǎo.

注释　Notes

① **"是吗？"** Really?

表示对某事原来不知道,听说后觉得有点儿意外。有时还表示不太相信。

The expression is used to show that one is surprised at hearing something he is not aware of, or is sometimes skeptical about it.

② **"怎么？是跟女朋友约会吗？"** Why? Will you have a date with your girlfriend?

"怎么？"是用来询问原因的。"是"用来强调后边内容的真实性。

"怎么" is used to inquire about the reason. "是" stresses the truthfulness of the following content.

③ **"再说"**

"再说"表示把某件事留待以后再办理或考虑。

"再说" expresses that something can be put off for later consideration or treatment.

三、替换与扩展　Substitution and Extension

1. 我<u>买</u>了两<u>张票</u>。

翻译 句子(个)，	寄 信(封)
参加 会(个)，	要 出租汽车(辆)

2. 我们好<u>几年</u>没见面了。

几天	几个月
长时间	几个星期

3. 你应该<u>陪他玩儿玩儿</u>。

帮助 复习，	带 参观
帮	说

*　　　*　　　*　　　*　　　*

1. 我 正 要 去 找 你, 你 就 来 了, 太 巧 了。
   Wǒ zhèng yào qù zhǎo nǐ, nǐ jiù lái le, tài qiǎo le.

2. A：那 个 很 高 的 人 是 谁？
   Nà ge hěn gāo de rén shì shuí?

   B：他 是 小 李 的 男 朋友。
   Tā shì Xiǎo Lǐ de nán péngyou.

四、生词 New Words

1	巧	（形）	qiǎo	fortunately
2	再说		zài shuō	put off until some time later
3	可是	（连）	kěshì	however, but
4	约会	（名）	yuēhuì	date, appointment
5	女	（名）	nǚ	woman, female
6	同学	（名）	tóngxué	classmate
7	空儿	（名）	kòngr	free time
8	好	（副）	hǎo	very well, alright
9	见面		jiàn miàn	to meet, to see
10	话剧	（名）	huàjù	stage play
11	哎呀	（叹）	āiyā	ah
12	复习	（动）	fùxí	to review
13	画展	（名）	huàzhǎn	exhibition of paintings
14	刚	（副）	gāng	just now
15	陪	（动）	péi	to accompany
16	句子	（名）	jùzi	sentence
17	封	（量）	fēng	(a measure word for something enveloped)
18	会	（名）	huì	meeting
19	正	（副）	zhèng	just, right
20	高	（形）	gāo	tall
21	男	（名）	nán	man, male

五、语法 Grammar

1. 时段词语作状语 Words or phrases of duration as adverbial adjuncts

时段词语作状语表示在此段时间内完成了什么动作或出现了什么情况。例如：

A word or phrase of duration indicates a period of time in which some action was completed or something occurred, when it is used as an adverbial adjunct, e.g.

(1) 他两天看了一本书。　　　(2) 我们好几年没见面了。

2．动态助词"了" The aspect particle "了"

1）在动词之后表示动作所处阶段的助词叫动态助词。动态助词"了"在动词后边表示动作的完成。有宾语时,宾语常带数量词或其他定语。例如:

A particle is called an aspect particle when it is used to indicate the stage which an action has reached. The particle "了" usually indicates the completion of the action denoted by a verb when it comes after that verb. When "了" is followed by an object, that object is often preceded by a numeral-measure compound or some other attributive, e.g.

(1) 我昨天看了一个电影。　　　(2) 玛丽买了一辆自行车。

(3) 我收到了他寄给我的东西。

2）动作完成的否定是在动词前加"没(有)",动词后不再用"了"。例如:

To show that an action has failed to occur, one add "没有" before the verb and omits "了" at the same time, e.g.

(4) 他没来。　　　　　　　　　(5) 我没(有)看电影。

六、练习　Exercises

1．用"可是"完成句子　Complete the sentences with "可是":

(1)他六十岁了,＿＿＿＿＿＿＿。

(2)今天我去小王家找他,＿＿＿＿＿＿＿。

(3)他学汉语的时间不长,＿＿＿＿＿＿＿。

(4)这种苹果不贵,＿＿＿＿＿＿＿。

(5)我请小王去看电影,＿＿＿＿＿＿＿。

2．仿照例子用动态助词"了"造句　Make sentences with the aspect particle "了" by following the model:

例:买　词典　→昨天我买了一本词典。

(1) 喝　啤酒　　　(2) 照　照片　　　(3) 复习　两课生词

(4) 翻译　几个句子　(5) 开　会　　　(6) 买　纪念邮票

3．完成对话　Complete the conversations:

(1) A:今天晚上有舞会,＿＿＿＿＿＿?

B:大概不行。

A:＿＿＿＿＿＿＿?

B:学习太忙,没有时间。

A:你知道王兰能去吗?

B:＿＿＿＿＿＿＿。

A:真不巧。

(2) A:圣诞节晚会你唱个歌吧。

B:＿＿＿＿＿＿＿。

A:别客气。

B:不是客气,我＿＿＿＿＿＿＿。

A:我听你唱过。

B:那是英文歌。

131

4．会话　Conversations：

(1)你请朋友星期日去长城,他说星期日有约会,不能去。

(2)你请朋友跟你跳舞,他说他不会跳舞。

5．用所给的词语填空并复述　Fill in the blanks with the given expressions and retell：

演　太巧了　陪　顺利

昨天晚上王兰_____玛丽去看京剧。她们从学校前边坐331路汽车去。_____,她们刚
走到汽车站,车就来了。车上人不多,路上她们很_____。

京剧_____得很好,很有意思。

6．语音练习　Phonetic drills：

(1)常用音节练习　Drill on the frequently used syllables

zhu { zhùyì　　（注意）　　lai { chūlai　　（出来）
　　　zhūròu　　（猪肉）　　　　láiguo　　（来过）
　　　zhǔrén　　（主人）　　　　hòulái　　（后来）

(2)朗读会话　Read aloud the conversation

A：Nín hē píjiǔ ma?

B：Hē, lái yì bēi ba.

A：Hē bu hē pútaojiǔ?

B：Bù hē le.

A：Zhè shì Zhōngguó yǒumíng de jiǔ, hē yìdiǎnr ba.

B：Hǎo, shǎo hē yìdiǎnr.

A：Lái, gān bēi!

<table>
<tr><td>道歉
dào qiàn
APOLOGY</td></tr>
</table>

对不起

I am sorry.

一、句子　Sentences

157　对 不 起，让 你 久 等 了。
　　　Duì bu qǐ, ràng nǐ jiǔ děng le.

I am sorry to have kept
you waiting for so long.

158　你 怎么 八 点 半 才 来？
　　　Nǐ zěnme bā diǎn bàn cái lái?

Why didn't you come until
half past eight?

159　真 抱歉， 我 来 晚 了。
　　　Zhēn bàoqiàn, wǒ lái wǎn le.

I am sorry I am late.

160　半 路 上 我 的 自行车 坏 了。
　　　Bàn lù shang wǒ de Zìxíngchē huài le.

My bike broke down on my
way here.

161　自行车 修好 了 吗？
　　　Zìxíngchē xiūhǎo le ma?

Have you fixed your bike?

162　我 怎么 能 不 来 呢？
　　　Wǒ zěnme néng bù lái ne?

How could I fail to come?

163　我们 快 进 电影院 去 吧。
　　　Wǒmen kuài jìn diànyǐngyuàn qù ba.

Let's go into the cinema
right now.

164　星期日 我 买到 一 本 新 小说。
　　　Xīngqīrì wǒ mǎidào yì běn xīn xiǎoshuō.

I bought a new novel last
Sunday.

二、会话　Conversation

大卫：　对不起， 让 你 久 等 了。
Dàwèi：　Duì bu qǐ, ràng nǐ jiǔ děng le.

玛丽：　我们 约好 八 点，你 怎么 八 点 半 才 来？
Mǎlì：　Wǒmen yuēhǎo bā diǎn, nǐ zěnme bā diǎn bàn cái lái?

大卫：真 抱歉，我 来晚 了。半路 上 我的 自行车 坏了。
Dàwèi: Zhēn bàoqiàn, wǒ láiwǎn le. Bàn lù shang wǒ de Zìxíngchē huài le.

玛丽：修好 了 吗？
Mǎlì: Xiūhǎo le ma?

大卫：修好 了。
Dàwèi: Xiūhǎo le.

玛丽：我 想 你 可能 不来 了。
Mǎlì: Wǒ xiǎng nǐ kěnéng bù lái le.

大卫：说好 的，我 怎么 能 不来 呢？
Dàwèi: Shuōhǎo de, wǒ zěnme néng bù lái ne?

玛丽：我们 快 进电影院 去吧。
Mǎlì: Wǒmen kuài jìn diànyǐngyuàn qù ba.

大卫：好。
Dàwèi: Hǎo.

*　　*　　*　　*　　*

玛丽：刘京，还你词典，用 的 时间 太 长 了，请 原谅！
Mǎlì: Liú Jīng, huán nǐ cídiǎn, yòng de shíjiān tài cháng le, qǐng yuánliàng!

刘京：没 关系，你 用 吧。
Liú Jīng: Méi guānxi, nǐ yòng ba.

玛丽：谢谢，不用 了。星期日 我 买到 一本 新 小说。
Mǎlì: Xièxie, bú yòng le. Xīngqīrì wǒ mǎidào yì běn xīn xiǎoshuō.

刘京：英文 的还是 中文 的？
Liú Jīng: Yīngwén de háishi Zhōngwén de?

玛丽：英文 的。很 有意思。
Mǎlì: Yīngwén de. Hěn yǒuyìsi.

刘京：我 能 看懂 吗？
Liú Jīng: Wǒ néng kàndǒng ma?

玛丽：你 英文 学 得不错，我 想 能 看懂。
Mǎlì: Nǐ Yīngwén xué de búcuò, wǒ xiǎng néng kàndǒng.

刘京：那 借我 看看，行 吗？
Liú Jīng: Nà jiè wǒ kànkan, xíng ma?

玛丽： 当然　可以。
Mǎlì：　Dāngrán kěyǐ.

三、替换与扩展　Substitution and Extension

1. 我们快<u>进电影院</u>去吧。

进电梯	进食堂	回学校
上楼	回家	下楼

2. 借我<u>看看</u>这<u>本</u> <u>小说</u>,行吗?

骑	辆	自行车
用	个	照相机
用	支	笔

＊　　　＊　　　＊　　　＊　　　＊

1. 那 个 收录机 我 弄 坏 了。
   Nà ge shōulùjī　wǒ nòng huài le.

2. A：对 不 起,弄 脏 你 的 本子 了。
   Duì bu qǐ,　nòng zāng nǐ de běnzi le.

   B：没 什么。
   Méi shénme.

四、生词　New Words

1	对不起		duì bu qǐ	I'm sorry
2	让	(动、介)	ràng	to let
3	久	(形)	jiǔ	long
4	才	(副)	cái	just
5	抱歉	(形)	bàoqiàn	sorry
6	坏	(形)	huài	bad, broken
7	修	(动)	xiū	to fix, to repair
8	电影院	(名)	diànyǐngyuàn	cinema
9	小说	(名)	xiǎoshuō	novel
10	约	(动)	yuē	to arrange
11	可能	(能愿、形、名)	kěnéng	may, can; possible; possibility

135

12	还	（动）	huán	to return
13	用	（动）	yòng	to use
14	原谅	（动）	yuánliàng	to apologize
15	没关系		méi guānxi	it doesn't matter
16	英文	（名）	Yīngwén	English
17	借	（动）	jiè	to borrow
18	电梯	（名）	diàntī	lift
19	支	（量）	zhī	(a measure word for long, thin, inflexible objects)
20	收录机	（名）	shōulùjī	tape-recorder
21	弄	（动）	nòng	to play with, to ruin
22	脏	（形）	zāng	dirty

五、语法　Grammar

1. 形容词"好"作结果补语　The adjective "好" as a complement of result

1）表示动作完成或达到完善的地步。例如：

It indicates the completion or accomplishment of an action, e.g.

　　(1) 饭已经(yǐjing　already)做好了。　　　　(2) 我一定要学好中文。

2）"好"作结果补语，有时也表示"定"的意思。例如：

"好" as a complement of result occasionally means "定", e.g.

　　(3) 我们说好了八点去。　　　　　　　　(4) 时间约好了。

2. 副词"就"、"才"　The adverbs "就" and "才"

　　副词"就"、"才"有时可以表示时间的早、晚、快、慢等。"就"一般表示事情发生得早、快或进行得顺利；"才"相反，一般表示事情发生得晚、慢或进行得不顺利。例如：

The adverbs "就" and "才" are sometimes used to express such concepts as "early", "late", "quick" and "slow"."就" normally indicates that an action has been completed earlier and sooner than expected or without a hitch, while the opposite is true of "才", e.g.

　　(1) 八点上课,他七点半就来了。　　　　(2) 八点上课,他八点十分才来。

　　(3) 昨天我去北京饭店,八点坐车,八点半就到了。

　　(4) 今天我去北京饭店,八点坐车,九点才到。

3. 趋向补语(2)　The directional complement (2)

　　1）如果动词后有趋向补语又有表示处所的宾语时,处所宾语一定要放在动词和补语之间。例如：

If the verb is followed by both a directional complement and a locational object, the object should be put between the verb and the complement, e.g.

　　(1) 你快下楼来吧。　　　　　　　　(2) 上课了,老师进教室来了。

136

（3）他到上海去了。　　　　　　　　　　（4）他回宿舍去了。

2）如果一般宾语(不表示处所)可放在动词和补语之间,也可放在补语之后。一般来说动作未实现的在"来(去)"之前,已实现的在"来(去)"之后。

An ordinary object (not indicating a place) may be put between the verb and the complement, or after the complement. As a rule, if the action is not accomplished, the object is put before "来(去)";if the action is finished, however, the object is put after "来(去)", e.g.

（5）我想带照相机去。　　　　　　　　　（6）他没买苹果来。

（7）我带去了一个照相机。　　　　　　　（8）他买来了一斤苹果。

六、练习　Exercises

1. 给下面的对话填上适当的结果补语并朗读　Supply the missing complements of result for the following dialogue and then read aloud the dialogue:

A：小王,你的自行车修____了吗?

B：还没修____呢。你要用吗?

A：是。我想借一辆自行车,还没借____。

B：小刘有一辆,你去问问他。

A：问过了,他的自行车也弄____了。

B：真不巧。

2. 用动词加"来"或"去"填空　Fill in the blanks with appropriate verbs that can take "来"或
"去":

（1）王：小刘,你快____吧,我在楼下等你。

　　　刘：现在我就____。

（2）A：八点了,你怎么还不____?

　　　B：今天星期天,我想晚一点儿____。

（3）A：小王在吗?

　　　B：他不在。他____家____了。

　　　A：他什么时候____家____的?

　　　B：不知道。

（4）A：外边太冷,我们____里边____吧。

　　　B：刚____,一会儿再____吧。

3. 完成对话　Complete the following dialogues:

（1）A：_____,我来晚了。　　　　（2）A：请借我用一下儿你的词典。

　　　B：上课十分钟了,为什么来晚了?　　　B：_____。

　　　A：_____。　　　　　　　　A：他什么时候能还你?

　　　B：以后早点儿起床。请坐!　　　　　B：_____,我去问问他。

　　　A：_____。　　　　　　　　A：不用了,我去借小王的吧。

　　　　　　　　　　　　　　　　　　　　B：_____。

137

4．会话　Conversational practice：

提示 1：你借了同学的自行车,还车的时候你说你骑坏了自行车,表示道歉。

Suggested point 1：You have borrowed a bicycle from one of your classmates. You make an apology to him (or her) for having broken it down at the time when you return it to him (or her).

提示 2：你的朋友要借你的照相机用用,你说别人借去了。

Suggested point 2：Your friend wants to borrow your camera. You tell him (or her) that you have lent it to somebody.

5．听述　Listen and retell：

我和小王约好今天晚上去北京饭店跳舞。下午我们两个人先去友谊商店买东西。从友谊商店出来以后,我去看一个朋友,小王去王府井。我在朋友家吃晚饭,六点半我才从朋友家出来。到北京饭店的时候,七点多了,小王正在门口(ménkǒu　gate)等我。我说:"来得太晚了,真抱歉,请原谅。"他说:"没关系。"我们就一起进北京饭店去了。

6．语音练习　Phonetic drills：

(1) 常用音节练习　Drill on the frequently used syllables

sheng
- xuésheng　　　　（学生）
- liúxuéshēng　　　（留学生）
- Shèngdàn Jié （圣诞节）

dong
- dōngtiān（冬天）
- huódòng（活动）
- dǒng shì（懂事）

(2) 朗读会话　Read aloud the conversation

A：Māma, xiànzài wǒ chūqu kàn péngyou.

B：Shénme shíhou huílai?

A：Dàgài wǎnshang shí diǎn duō.

B：Tài wǎn le.

A：Wǒmen yǒu diǎnr shì, nín bié děng wǒ, nín xiān shuì.

B：Hǎo ba, bié tài wǎn le.

遗憾
yíhàn
REGRET

我觉得很遗憾
It is a great pity.

一、句子　Sentences

165 真 糟糕，在 长城 照 的
Zhēn zāogāo, zài Chángchéng zhào de

照片 都 没 照上。
zhàopiàn dōu méi zhàoshàng.

It's too bad. The photos we had taken on the Great Wall failed to come out.

166 为什么 没 照上 呢?
Wèishénme méi zhàoshàng ne?

Why did the photos fail?

167 是 不 是 你 的 照相机 坏 了?
Shì bu shì nǐ de zhàoxiàngjī huài le?

Is there anything wrong with your camera?

168 哎呀，太 可惜 了。
Āiyā, tài kěxī le.

Damn, what a great pity.

169 我 觉得 很 遗憾。
Wǒ juéde hěn yíhàn.

I am really sorry about it.

170 公司 有急事，让 他 马上 回国。
Gōngsī yǒu jí shì, ràng tā mǎshàng huí guó.

Tell him to return from abroad immediately, because there is something urgent at the company.

171 他 让 我 告诉 你，多 给 他 写 信。
Tā ràng wǒ gàosu nǐ, duō gěi tā xiě xìn.

He asked me to tell you that he hoped to get more letters from you.

172 真 遗憾，我 没 见到 他。
Zhēn yíhàn, wǒ méi jiàndào tā.

What a pity that I didn't see him.

二、会话　Conversation

王 兰：　在 长城 照 的照片 洗了吗?
Wáng Lán：　Zài Chángchéng zhào de zhàopiàn xǐ le ma?

和子： 洗了。真 糟糕， 都 没 照上。
Hézǐ： Xǐ le. Zhēn zāogāo, dōu méi zhàoshàng.

王 兰： 那天 天气不错，为什么 没 照上 呢？是不是你
Wáng Lán： Nà tiān tiānqì búcuò, wèishénme méi zhàoshàng ne? Shì bu shì nǐ

的照相机 坏了？
de zhàoxiàngjī huài le?

和子： 不是，胶卷 没 上好。
Hézǐ： Bú shì, jiāojuǎnr méi shànghǎo.

王 兰： 真 的吗？我 看看 那个 胶卷。
Wáng Lán： Zhēn de ma? Wǒ kànkan nà ge jiāojuǎnr.

和子： 你看， 都 是 白 的。
Hézǐ： Nǐ kàn, dōu shì bái de.

王 兰： 哎呀，太 可惜 了。
Wáng Lán： Āiyā, tài kěxī le.

和子： 我也 觉得 很 遗憾。
Hézǐ： Wǒ yě juéde hěn yíhàn.

*　　　　*　　　　*　　　　*　　　　*

刘京： 昨天 西川 回国 了。
Liú Jīng： Zuótiān Xīchuān huí guó le.

和子： 我 怎么 不 知道？
Hézǐ： Wǒ zěnme bù zhīdao?

刘京： 公司 有急事，让 他 马上 回国。
Liú Jīng： Gōngsī yǒu jí shì, ràng tā mǎshàng huí guó.

和子： 真 不 巧，我还想 让 他带东西 呢。
Hézǐ： Zhēn bù qiǎo, wǒ hái xiǎng ràng tā dài dōngxi ne.

刘 京： 昨天 我和他都 给你 打 电话 了。你不在。
Liú Jīng： Zuótiān wǒ hé tā dōu gěi nǐ dǎ diànhuà le. Nǐ bú zài.

和子： 我在 张 老师 那儿。
Hézǐ： Wǒ zài Zhāng lǎoshī nàr.

刘 京： 他让 我告诉你，多 给他 写信。
Liú Jīng： Tā ràng wǒ gàosu nǐ, duō gěi tā xiě xìn.

和子：　　　真　遗憾，我　没　见到　他。
Hézǐ：　　　Zhēn yíhàn, wǒ méi jiàndào tā.

三、替换与扩展　Substitution and Extension

1. 我觉得很遗憾。

漂亮　可惜　难　容易

2. 公司让他马上回国。

大夫　检查身体
老师　回答问题
玛丽　查词典

3. 他让我告诉你, 多给他写信。

马上去开会　常给他去信
去跳迪斯科　后天去见他

　　　　　　　*　　　*　　　*　　　*　　　*

1. 他　的　钱　丢了, 是不是?
　　Tā de qián diū le,　shì bu shì?

2. A: 李大夫　是　不　是　让　女　同学　去　检查　身体?
　　　Lǐ dàifu shì bu shì ràng nǚ tóngxué qù jiǎnchá shēntǐ?

　　B: 不, 她让　大家　都　去　检查。
　　　Bù, tā ràng dàjiā dōu qù jiǎnchá.

3. 我家的花　都　开了, 有红　的、黄　的、白的, 漂亮　极了。
　　Wǒ jiā de huār dōu kāi le,　yǒu hóng de、huáng de、bái de, piàoliang jí le.

四、生词　New Words

1	糟糕	(形)	zāogāo	bad, terrible
2	可惜	(形)	kěxī	pity
3	觉得	(动)	juéde	to feel, to think
4	遗憾	(形)	yíhàn	sorry
5	急	(形)	jí	urgent
6	马上	(副)	mǎshàng	at once, immediately
7	见	(动)	jiàn	to see

141

8	胶卷	（名）	jiāojuǎnr	film, a reel of film
9	白	（形）	bái	white
10	漂亮	（形）	piàoliang	colourful, pretty
11	难	（形）	nán	difficult, hard
12	容易	（形）	róngyì	easy
13	检查	（动）	jiǎnchá	to inspect, to examine
14	回答	（动）	huídá	to reply
15	问题	（名）	wèntí	problem, question
16	查	（动）	chá	to check
17	迪斯科	（名）	dísikē	disco
18	后天	（名）	hòutiān	the day after tomorrow
19	丢	（动）	diū	to lose, to miss
20	大家	（代）	dàjiā	everybody
21	红	（形）	hóng	red
22	黄	（形）	huáng	yellow

五、语法　Grammar

1. 用动词"让"的兼语句　The pivotal sentence with the verb "让"

跟用"请"的兼语句句式一样,动词"让"构成的兼语句也有要求别人做某事的意思。只是用"请"的兼语句用于比较客气的场合。例如:

Like a pivotal sentence with the verb "请", a pivotal sentence with the verb "让" also has the meaning of asking somebody to do something. The only difference is that the former is used in a more polite situation, e.g.

(1) 他让我带东西。　　　　　(2) 公司让他回国。

(3) 我让他给我照张相。　　　　(4) 他让我告诉你,明天去他家。

2. "是不是"构成的正反疑问句　The affirmative-negative question with "是不是":

对某一事实或情况已有估计,为了进一步证实,就用"是不是"构成的疑问句提问。"是不是"可以在谓语前,也可在句首或句尾。例如:

The affirmative-negative question with "是不是" is used to confirm what the speaker already believes. "是不是" can be placed before the predicate or at the beginning of the sentence or at the end, e.g.

(1) 是不是你的照相机坏了?　　　(2) 西川先生是不是回国了?

(3) 这个电影都看过了,是不是?

3. "上"作结果补语　"上" as a complement of result

"上"作结果补语的意义很多。本课出现的结果补语"上"指的是通过动作使某物(或形象)

142

存留在某处。例如：

"上", when used as a complement of result, has a variety of meanings. In this lesson, it means to keep a thing (or an image) in a place through an action, e.g.

(1) 那个楼照上了吗？　(2) 在宿舍旁边种(zhòng to plant)上很多花。

六、练习　Exercises

1. 熟读下列词组并选择造句　Read until fluent the following phrases and make sentences with some of them：

觉得 {
很可惜
很遗憾
不错
不好意思
很愉快
很冷
}

让 {
我还书
小王修自行车
我跟他见面
我们问问题
他们回答问题
}

2. 完成对话(用上表示遗憾的词语)　Complete the conversations (using words expressing regret)：

(1) A：听说今天食堂有饺子，_____。

　　B：是不是你们下课晚了？

　　A：_____。

(2) A：昨天晚上的杂技好极了，你怎么没去看？

　　B：_____，我的票_____。

　　A：听说这个星期六还演呢。

　　B：那我一定去看。

3. 按照实际情况回答问题　Answer the questions according to actual circumstances：

(1) 你汉语说得怎么样？

(2) 第二十三课的练习你觉得难不难？

(3) 来中国以后你看过京剧、话剧、杂技吗？演得怎么样？

(4) 昨天的课你复习没复习？

4. 把下面对话中 B 的话改成"是不是"的问句　Change the B part of the conversation into questions with "是不是"：

　　(1) A：今天我去找小王，他不在。

　　　　B：大概他回家了。

　　(2) A：不知道为什么飞机晚点了。

　　　　B：我想可能是天气不好。

5. 听述　Listen and retell：

　　昨天是星期日，张老师的爱人让张老师洗衣服，张老师的爱人做饭。

　　张老师很少洗衣服，他觉得红的、白的、黄的衣服一起洗没关系，他就一起洗了。他爱人新买的一条黄裙子(qúnzi　skirt)和他的一件白衬衫(chènshān　shirt)都洗坏了。他正看的时候,他爱人问:"衣服洗得怎么样了?"他不知道说什么。他爱人看了说:"哎呀! 真糟糕!"

6. 语音练习　Phonetic drills

(1) 常用音节练习　Drill on the frequently used syllables

zai
- xiànzài　（现在）
- zàijiàn　（再见）
- zāizhòng　（栽种）

ni
- nǐhǎo　（你好）
- níróng　（呢绒）
- nílóng　（尼龙）

(2) 朗读会话　Read aloud the conversation

A：Nǐ de xīn zìxíngchē zhēn piàoliang.

B：Kěshì huài le.

A：Zhēn kěxī, néng xiūhǎo ma?

B：Bù zhīdao.

A：Xiūxiu ba, kàn zěnmeyàng.

B：Hǎo.

<table>
<tr><td>称赞
chēngzàn
PRAISE</td></tr>
</table>

这张画儿真美!

This picture is very beautiful!

一、句子　Sentences

173　你 的 房间 布置 得 好 极 了。　Your room is beautifully decorated.
　　　Nǐ de fángjiān bùzhì de hǎo jí le.

174　这 张 画儿 真 美!　This picture is really beautiful!
　　　Zhè zhāng huàr zhēn měi!

175　你的 房间 又 干净 又 漂亮。　Your room is clean and beautiful.
　　　Nǐ de fángjiān yòu gānjìng yòu piàoliang.

176　今天 没 有 人 来。　Nobody will come today.
　　　Jīntiān méi yǒu rén lái.

177　你 的 衣服 更 漂亮!　Your dress is even prettier!
　　　Nǐ de yīfu gèng piàoliang!

178　这 件 衣服 不是 买 的, 是 我　This dress was not bought but
　　　Zhè jiàn yīfu bú shì mǎi de, shì wǒ　made by my mother.

　　　妈妈 做 的。
　　　māma zuò de.

179　你 妈妈 的 手 真 巧。　Your mother is really skillful with
　　　Nǐ māma de shǒu zhēn qiǎo.　her hands.

180　要是 你 喜欢, 就 给 你 女朋友　If you like the dress, why won't
　　　Yàoshi nǐ xǐhuan, jiù gěi nǐ nǚpéngyou　you have one made for your girl-

　　　做 一 件。　friend.
　　　zuò yí jiàn.

二、会话　Conversation

王　兰：　你的 房间 布置 得 好 极 了。
Wáng Lán：　Nǐ de fángjiān bùzhì de hǎo jí le.

玛丽: 哪儿 啊,马马虎虎。
Mǎlì: Nǎr a, mǎmahūhū.

王兰: 桌子 放 在 这儿,写字看书 都很 好。
Wáng Lán: Zhuōzi fàng zài zhèr, xiě zì kàn shū dōu hěn hǎo.

玛丽: 你看, 衣柜放 在 床 旁边, 怎么样?
Mǎlì: Nǐ kàn, yīguì fàng zài chuáng pángbiān, zěnmeyàng?

王兰: 很 好。拿东西 很 方便。 这 张 画儿 真 美!
Wáng Lán: Hěn hǎo. Ná dōngxi hěn fāngbiàn. Zhè zhāng huàr zhēn měi!

玛丽: 是 吗? 刚 买 的。
Mǎlì: Shì ma? Gāng mǎi de.

王兰: 你的 房间 又 干净 又 漂亮。 今天 谁 来 啊?
Wáng Lán: Nǐ de fángjiān yòu gānjìng yòu piàoliang. Jīntiān shuí lái a?

玛丽: 没 有 人 来。新年 快 到 了。
Mǎlì: Méi yǒu rén lái. Xīnnián kuài dào le.

王兰: 啊! 明天 晚上 有 舞会。
Wáng Lán: À! Míngtiān wǎnshang yǒu wǔhuì.

玛丽: 真 的? 那 明天 晚上 我们 都 去 跳 舞 吧。
Mǎlì: Zhēn de? Nà míngtiān wǎnshang wǒmen dōu qù tiào wǔ ba.

* * * * *

王兰: 你今天 穿 得真 漂亮!
Wáng Lán: Nǐ jīntiān chuān de zhēn piàoliang!

玛丽: 是 吗? 过 新年 了嘛。你的 衣服 更 漂亮, 在
Mǎlì: Shì ma? Guò xīnnián le ma. Nǐ de yīfu gèng piàoliang, zài
哪儿 买 的。
nǎr mǎi de?

王兰: 不是 买 的,是 我 妈妈 做 的。
Wáng Lán: Bú shì mǎi de, shì wǒ māma zuò de.

玛丽: 你妈妈 的 手 真 巧, 衣服 的 样子 也 很 好。
Mǎlì: Nǐ māma de shǒu zhēn qiǎo, yīfu de yàngzi yě hěn hǎo.

王兰: 我也 觉得 不错。
Wáng Lán: Wǒ yě juéde búcuò.

146

刘 京：	我 很 喜欢 这个 颜色。
Liú Jīng：	Wǒ hěn xǐhuan zhè ge yánsè.
玛丽：	要是 你 喜欢，就给 你 女 朋友 做 一 件。
Mǎlì：	Yàoshi nǐ xǐhuan, jiù gěi nǐ nǚ péngyou zuò yí jiàn.
刘 京：	我 还 没 有 女 朋友 呢。
Liú Jīng：	Wǒ hái méi yǒu nǚ péngyou ne.

注释　Notes

① "过新年了嘛。"

语气助词"嘛"表示一种"道理显而易见"、"理应如此"的语气。

The modal particle "嘛" has the connotation of "for the obvious reason", "it goes without saying".

② "哪儿啊"

受到对方称赞时，常用"哪儿啊"回答，表示否定。这是一种客气的说法。"哪儿啊"有时也说成"哪里"。

"哪儿啊" is usually used in response to another's praise. It is also a polite expression of negation. Sometimes it is replaced by "哪里".

三、替换与扩展　Substitution and Extension

1. 你的<u>房间</u>又<u>干净</u>又<u>漂亮</u>。

英文书	容易	有意思
纪念邮票	多	好看
自行车	漂亮	好骑

2. <u>这件</u><u>衣服</u>不是<u>买</u>的,是<u>我妈妈</u><u>做</u>的。

个	菜	买	我自己	做
张	画儿	买	朋友	画
辆	自行车	买	我哥哥	借

3. 我很喜欢这<u>个</u> <u>颜色</u>。

个	孩子，	些	花
张	照片，	辆	汽车
支	铅笔		

*　　　*　　　*　　　*　　　*

1. 要是 明天 天气 好，我们 就 去 公园 看 花展。

　　Yàoshi míngtiān tiānqì hǎo, wǒmen jiù qù gōngyuán kàn huāzhǎn.

147

2. A：今天 他们 两 个怎么 穿 得 这么 漂亮？

　　Jīntiān tāmen liǎng ge zěnme chuān de zhème piàoliang?

　B：结 婚 嘛。

　　Jié hūn ma.

四、生词　New Words

1	布置	（动）	bùzhì	to decorate
2	画儿	（名）	huàr	painting, drawing
3	美	（形）	měi	beautiful, pretty
4	又	（副）	yòu	also
5	更	（副）	gèng	more, even more
6	手	（名）	shǒu	hand
7	要是	（连）	yàoshi	if
8	马虎	（形）	mǎhu	careless
9	桌子	（名）	zhuōzi	table
10	放	（动）	fàng	to put, to place
11	衣柜	（名）	yīguì	wardrobe
12	方便	（形）	fāngbiàn	convenient, easy
13	嘛	（助）	ma	(modal particle)
14	样子	（名）	yàngzi	shape, appearance
15	颜色	（名）	yánsè	colour
16	自己	（代）	zìjǐ	oneself
17	画	（动）	huà	to draw
18	些	（量）	xiē	some
19	铅笔	（名）	qiānbǐ	pencil
20	公园	（名）	gōngyuán	park
21	这么	（代）	zhème	like this, such

五、语法　Grammar

1. "又……又……"　The expression "又……又……"(both...and...)

表示两种情况或性质同时存在。例如：

This structure expresses the co-existence of two circumstances or characteristics, e.g.

148

（1）你的房间又干净又漂亮。　　　　（2）那儿的东西又便宜又好。

（3）他汉字写得又好又快。

2．"要是……就……"　The expression "要是……就……"(if...then...)

"要是"表示假设,后一分句常用副词"就"来承接上文,得出结论。例如：

"要是" introduces a supposition, and the adverb "就", which links the clause that follows it to the one that precedes it, is often used to elicit a conclusion, e.g.

（1）你要是有《英汉词典》就带来。

（2）要是明天不上课,我们就去北海公园。

（3）你要是有时间,就来我家玩儿。

六、练习　Exercises

1．回答问题（用上所给的词语）　Answer the questions（using the given words）：

（1）北海公园怎么样？（又……又……）

（2）这个星期天你去公园玩儿吗？（要是……就……）

（3）为什么你喜欢这件衣服？（喜欢　颜色）

（4）这本词典是你买的吗？（不是……,是……）

2．完成句子（用上"很"、"真"、"极了"、"更"、"太……了"）　Complete the sentences（using "很","真","极了","更" and "太……了"）：

（1）这个句子＿＿＿＿＿＿＿＿,大家都不懂,去问老师吧。

（2）她很会做中国饭,她做的饺子＿＿＿＿＿＿＿＿。

（3）今天天气＿＿＿＿＿＿＿＿,听说明天天气＿＿＿＿＿＿＿＿。我们应该出去玩儿玩儿。

（4）你这张照片＿＿＿＿＿＿＿＿,人很漂亮,那些花儿也很美。

（5）看书的时候,有不认识的生词没关系,查词典＿＿＿＿＿＿＿＿。

3．完成对话　Complete the conversations：

（1）A：你看,这件毛衣怎么样？　　（2）A：你的字写得真好！

　　　B：＿＿＿＿＿＿＿＿＿＿＿＿,贵吗？　　　B：＿＿＿＿＿＿＿＿＿,你写得好。

　　　A：六十五块。　　　　　　　　　　　A：＿＿＿＿＿＿＿＿＿,我刚学。

　　　B：＿＿＿＿＿＿＿＿＿＿,还有吗？

　　　A：怎么？你也想买吗？

　　　B：是啊,＿＿＿＿＿＿＿＿＿。

4．听述　Listen and retell：

　　玛丽的毛衣是新疆(Xīnjiāng　name of an autonomous region)生产(shēngchǎn　to produce)的,样子好看,颜色也漂亮。大卫说,新疆的水果(shuǐguǒ　fruit)和饭菜也好吃极了。玛丽听了很高兴。她约大卫今年七月去新疆。在新疆可以参观,可以吃很多好吃的东西。大卫说,你不能吃得太多,要是吃得太多,你回来以后,就不能穿这件毛衣了。

5．语音练习　Phonetic drills：

（1）常用音节练习　Drill on the frequently used syllables

xiao
- xiāoxi　　（消息）
- xiǎoháir　（小孩儿）
- xiào le　　（笑了）

ke
- kēxué　（科学）
- kèqi　　（客气）
- kěyǐ　　（可以）

(2) 朗读会话　Read aloud the conversation

A：Zhè xiē huār shì mǎi de ma?

B：Bú shì mǎi de, shì wǒ zuò de.

A：Nǐ de shǒu zhēn qiǎo.

B：Nǎr a, wǒ gāng xué.

A：Shì gēn Hézǐ xué de ma?

B：Bú shì, shì gēn yí ge Zhōngguó tóngxué xué de.

复习（五） Review(V)

一、会话 Conversation

A：刚才小林来找你，你不在。

B：我去朋友那儿了，刚回来。他有事吗？

A：他让我告诉你，下星期六他结婚，请你去吃喜糖(xǐtáng   wedding sweets)。

B：真的吗？那我一定去。我还没参加过中国人的婚礼(hūnlǐ   wedding ceremony)呢。

A：下星期六我来找你，我们一起去。

B：好的。

*　　　　*　　　　*　　　　*　　　　*

A：你怎么了？病(bìng   sick)了吗？

B：真遗憾，今天我不能去参加小林的婚礼了。

A：你就在宿舍休息吧，我一个人去了。再见！

B：再见！

*　　　　*　　　　*　　　　*　　　　*

A：可以进吗？

B：请进。

A：你看，谁来了？

B：啊，小林，对不起，那天我病了，没能去参加你们的婚礼。

林：没关系。贝丽(Bèilì)，你的病好了吗？今天我给你送喜糖来了。

B：好了。谢谢你！听说你爱人很漂亮。

A：她还会唱歌跳舞呢。那天唱得好听极了。那天他们还表演(biǎoyǎn   to perform)两个人吃一块糖。

林：贝丽，你别听她的。

B：那是接吻(jiēwěn   to kiss)吧？

A：是的，中国人不在别人面前(miànqián   in front of)接吻，这是结婚的时候，大家闹着玩儿(nàozhe wánr   to do something for fun)的。

二、语法 Grammar

语气助词"了"与动态助词"了" The modal particle "了" and the aspect particle "了"

1. 语气助词"了"在句尾，强调某事或某情况已经发生；动态助词"了"在动词后，强调这个动作已完成或肯定要完成。例如：

151

The modal particle "了" is put at the end of a sentence to emphasize that a thing or a situation has already occurred, whereas the aspect particle "了" is put after the verb to emphasize that the action is completed or is sure to be completed, e.g.

(1) 昨天你去哪儿了？   (2) 你买了什么东西？

——我去友谊商店了。   ——我买了一件毛衣。

（肯定这件事已发生   （"买"的动作已完成

The thing has already occurred)   The action is completed)

2．动词后有动态助词"了"，又有简单宾语时，宾语前一般要有数量词或其他定语，或者有比较复杂的状语，才能成句。例如：

If the verb is followed by the aspect particle "了" and a simple object, a numeral-measure compound or some other attributive or a more complicated adverbial is normally used before the object to make the sentence grammatical, e.g.

(1) 我买了一件毛衣。   (2) 他做了很好吃的菜。

(3) 他在教室里就做了练习。

3．不表示具体动作的动词"是"、"在"、"像"等和表示存在的"有"，一般不用动态助词"了"。

Stative verbs such as "是", "在" and "像" and the existential verb "有" do not take the aspect particle "了".

4．不表示具体动作的动词谓语句，一般的动词谓语句否定式和形容词谓语句等等，句尾都可带"了"，表示变化。例如：

The sentence with a stative verbal predicate, the negative form of the sentence with a verbal predicate and the sentence with an adjectival predicate may all end with "了" to express that things have changed, e.g.

(1) 现在是冬天(dōngtiān winter)了。天气冷了。

(2) 他现在不是学生，是老师了。   (3) 我不去玛丽那儿了。

三、练习 Exercises

1．按照实际情况回答问题 Answer the questions according to actual situations：

(1) 现在你正在做什么？昨天这个时候你在做什么？

(2) 到中国以后，你都去哪儿了？买了什么？

(3) 你说汉语说得怎么样？汉字会写不会写？

(4) 你有没有觉得遗憾的事？请说一说。

2．会话 Conversational practice：

(1) 称赞 （衣服 吃的 房间）Praise

    多好(漂亮 美 好看)啊!   哪儿啊!

    真好吃(干净……)!   马马虎虎!

    ……极了!   是吗?

    又……又……

(2) 道歉 （来晚了 弄坏了东西 弄脏了东西）Apology

    对不起   没关系

请原谅　　　　　　　　没什么

真抱歉

(3) 遗憾　（好的地方没去　喜欢的东西没买到）　Regret

太可惜了　　　　　　　真不巧　　　　　　　　真遗憾

3．完成对话　Complete the conversations：

(1) A：喂,玛丽吗? 今天我请你吃晚饭。

　　B：真的吗? _____?

　　A：北京饭店。_____。

　　B：不用接我,七点我自己去。

(2) A：昨天的话剧好极了,你怎么没去看啊?

　　B：_____。_____! 这个星期还演吗?

　　A：可能还演,你可以打电话问问。

4．语音练习　Phonetic drills：

(1) 声调练习：第二声＋第四声　Drill on tones: 2nd tone＋4th tone

yíhàn(遗憾)

bú yào yíhàn(不要遗憾)

yídìng bú yào yíhàn(一定不要遗憾)

(2) 朗读会话　Read aloud the conversation

A：Zhè jiàn máoyī zhēn piàoliang, wǒ hěn xǐhuan zhè ge yánsè.

B：Kěxī yǒudiǎnr duǎn.

A：Yǒu cháng diǎnr de ma?

B：Méi yǒu.

A：Zhēn yíhàn.

四、阅读短文　Reading Passage

　　我昨天晚上到北京。今天早上我对姐姐说,我出去玩儿玩儿。姐姐说:"你很累了,昨天晚上也没睡好觉,你今天在家休息,明天我带你去玩儿。"我在家觉得没意思,姐姐出去买东西的时候,我就一个人坐车出去了。

　　北京这个地方很大,我第一次来,也不认识路。汽车开到一个公园前边,我就下了车,去那个公园了。

　　公园的花儿开得漂亮极了。玩了一会儿我觉得累了,就坐在长椅(chángyǐ　bench)上休息。

　　"喂,要关门(guān mén　to close the door)了,请回吧!"一个在公园里工作的同志叫我。"哎呀,对不起! 刚才我睡着(shuìzháo　to fall asleep)了。"现在已经很晚了,我想姐姐一定在找我呢。得(děi　have to)快回家了。

<table>
<tr><td>祝贺
zhùhè
CONGRATULATION</td></tr>
</table>

祝贺你
Congratulations!

一、句子　Sentences

181　这次考试，成绩 还可以。
　　　Zhè cì kǎoshì, chéngjì hái kěyǐ.

The result of this examination is quite good.

182　他的成绩 全 班 第一。
　　　Tā de chéngjì quán bān dìyī.

He came out first in the exam for the whole class.

183　考 得 真 好， 祝贺 你!
　　　Kǎo de zhēn hǎo, zhùhè nǐ!

Congratulate you on the success in the exam.

184　祝 你 生日 快乐!
　　　Zhù nǐ shēngri kuàilè!

Happy birthday to you!

185　祝 你 身体 健康!
　　　Zhù nǐ shēntǐ jiànkāng!

I wish you good health.

186　我 猜 不 着。
　　　Wǒ cāi bu zháo.

I can't guess it.

187　你 打开 盒子 看看。
　　　Nǐ dǎkāi hézi kànkan.

Please open the box and have a look.

188　我 送 你 一 件 礼物， 请 收下。
　　　Wǒ sòng nǐ yí jiàn lǐwù, qǐng shōuxià.

I give you a gift. Please accept it.

二、会话　Conversation

刘 京：　这 次 考试 成绩 怎么样?
Liú Jīng:　Zhè cì kǎoshì chéngjì zěnmeyàng?

大卫：　还 可以。笔试 九十 分， 口试 八十五 分。
Dàwèi:　Hái kěyǐ. Bǐshì jiǔshí fēn, kǒushì bāshíwǔ fēn.

玛丽： 你 知道 吗？ 他 的 成绩 全 班 第一。
Mǎlì: Nǐ zhīdao ma? Tā de chéngjì quán bān dì-yī.

刘京： 考 得 真 好，祝贺 你！
Liú Jīng: Kǎo de zhēn hǎo, zhùhè nǐ!

大卫： 还 要 感谢 你们 的 帮助 呢。
Dàwèi: Hái yào gǎnxiè nǐmen de bāngzhù ne.

玛丽： 你 怎么 也 说 客气 话 了？ 你 还 常常 帮助 我 呢。
Mǎlì: Nǐ zěnme yě shuō kèqi huà le? Nǐ hái chángcháng bāngzhù wǒ ne.

*   *   *   *   *

玛丽： 王 兰，祝 你 生日 快乐！
Mǎlì: Wáng Lán, zhù nǐ shēngri kuàilè!

刘京： 我们 送 你 一个 生日 蛋糕。 祝 你 身体 健康！
Liú Jīng: Wǒmen sòng nǐ yí ge shēngri dàngāo. Zhù nǐ shēntǐ jiànkāng!

王 兰：谢谢！
Wáng Lán：Xièxie!

大卫： 这 是 我 给 你 的 花儿。
Dàwèi: Zhè shì wǒ gěi nǐ de huār.

王 兰：谢谢 大家！ 请 坐，请 坐。
Wáng Lán：Xièxie dàjiā! Qǐng zuò, qǐng zuò.

和子： 我 送 你 一 件 礼物，请 收下。
Hézǐ: Wǒ sòng nǐ yí jiàn lǐwù, qǐng shōuxià.

刘京： 你 猜猜 她 送 的 什么？
Liú Jīng: Nǐ cāicai tā sòng de shénme?

王 兰：猜 不 着。
Wáng Lán：Cāi bu zháo.

和子： 你 打开 盒子 看看。
Hézǐ: Nǐ dǎkāi hézi kànkan.

王 兰：啊，是 一 只 小 狗。
Wáng Lán：À, shì yì zhī xiǎo gǒu.

刘京： 这 个 小 东西 多 可爱 啊！
Liú Jīng: Zhè ge xiǎo dōngxi duō kě'ài a!

"这个小东西多可爱啊！"

"小东西"这里指的是玩具"小狗"。有时"小东西"也可指人或动物,并含有喜爱的感情。

"小东西" here refers to a toy puppy. Sometimes it may refer to a person or an animal with affection.

三、替换与扩展　Substitution and Extension

1. 祝你生日快乐!

生日愉快	身体健康
生活幸福	工作顺利

2. 你打开盒子看看。

衣柜	找,	窗户	看
收录机	听,	门	看

3. 这个小东西多可爱啊!

公园	美,	画儿	好看
鱼	好吃,	地方	好玩儿

*　　*　　*　　*　　*

下　个　月　玛丽　的　姐姐　结　婚。玛丽　写　信　祝贺　他们　　生活
Xià　ge　yuè　Mǎlì　de　jiějie　jié　hūn.　Mǎlì　xiě　xìn　zhùhè　tāmen　shēnghuó

幸福、新　婚　愉快。
xìngfú、xīn hūn yúkuài.

四、生词　New Words

1	成绩	（名）	chéngjì	result, achievement
2	全	（形、副）	quán	all, every
3	班	（名）	bān	class
4	考	（动）	kǎo	to give (or to take) an examination
5	祝贺	（动）	zhùhè	to congratulate
6	祝	（动）	zhù	to congratulate
7	快乐	（形）	kuàilè	happy
8	猜	（动）	cāi	to guess
9	着	（动）	zháo	hitting the mark
10	打开		dǎ kāi	to open
11	盒子	（名）	hézi	box

156

12	礼物	（名）	lǐwù	gift, present
13	笔试	（名）	bǐshì	written exam
14	分	（名）	fēn	credit points, marks
15	口试	（名）	kǒushì	oral exam
16	话	（名）	huà	speech
17	蛋糕	（名）	dàngāo	cake
18	只	（量）	zhī	(measure word)
19	狗	（名）	gǒu	dog
20	可爱	（形）	kě'ài	lovely
21	幸福	（形、名）	xìngfú	happy; happiness
22	窗户	（名）	chuānghu	window
23	门	（名）	mén	door, gate

五、语法　Grammar

1. "开"、"下"作结果补语　"开" and "下" as complements of result

1) 动词"开"作结果补语　The verb "开" as a complement of result

①表示通过动作使合拢、连接的东西分开。例如：

To cause something folded or fastened to become open through an activity, e.g.

(1) 她打开衣柜拿了一件衣服。　　(2)　请打开书,看第十五页(yè　page)。

②表示通过动作,使人或物离开某处。例如：

To get a person or a thing away from its original place, e.g.

(3) 车来了,快走开!　　　　　　(4) 快拿开桌子上的东西。

2) 动词"下"作结果补语　The verb "下" as a complement of result

①表示人或事物随动作从高处到低处。例如：

To indicate a downward movement, e.g.

(5) 你坐下吧。　　　　　　　　(6) 他放下书,就去吃饭了。

②使某人或某物固定在某处。例如：

To make somebody or something stay in place, e.g.

(7) 写下你的电话号码。　　　　(8) 请收下这个礼物吧。

2. 可能补语(1)　The potential complement (1)

在动词和结果补语之间加上结构助词"得",就构成了表示可能的可能补语。如"修得好"、"打得开",就是"能修好"、"能打开"的意思。

它的否定式是将中间的"得"换成"不"。如"修不好"、"打不开"等等。

A potential complement is usually formed by inserting the structural particle "得" between the verb and the complement of result, e.g. "修得好","打得开", which mean "能修好" and "能打开" respectively.

157

Its negative form is realized by the replacement of "得" with "不", e.g."修不好","打不开", and so on.

3.动词"着"作结果补语或可能补语 The verb "着" as a complement of result or a potential complement

1) 动词"着"作结果补语表示达到目的或有了结果。例如：

The verb "着", when used as a complement of result, indicates that the aim has been attained or the result brought about, e.g.

    (1) 那本词典我买着了。   (2) 我找着他了。

2)"着"作可能补语表示"能……到"的意思。例如：

When used as a potential complement, "着" means "能……到", e.g.

    (3) 那本词典你买得着吗？   (4) 我怎么猜得着那里边是什么呢？

六、练习 Exercises

1.熟读下列词语并选择造句 Read until fluent the following words/phrases and make sentences with some of them：

全班	生活幸福	买礼物	猜不着
全家	全家幸福	送礼物	找不着
全校	幸福的生活	生日礼物	买不着
全国	幸福的孩子	结婚礼物	吃不着

2.用"多……啊"完成句子 Complete the sentences with "多……啊"

(1) 这件衣服的颜色_____,孩子们穿最好看。

(2) 上课的时候,我去晚了,你知道我_____!

(3) 你没去过长城？ 那_____!

(4) 你爸爸、妈妈都很健康,你们全家_____!

(5) 你新买的自行车坏了,_____!

3.完成对话(用上祝愿、祝贺的话) Complete the conversations (using words expressing good wishes and congratulations)：

(1) A：听说你的两张画儿参加了画展,_____。

    B：谢谢！ 欢迎参观。

(2) A：明天要考试了。

    B：_____。

(3) A：我妈妈来了,我陪她去玩儿玩儿。

    B：_____！

4.会话 Conversational practice：

(1) 你朋友考试的成绩很好,你向他祝贺。

(2) 你的朋友结婚,你去祝贺他。

158

5. 听述　Listen and retell：

　　上星期英语系的同学用英语唱歌，演话剧。王兰、刘京都参加了。那些同学的英语说得真好，歌唱得更好。以后我们要是能用汉语演话剧就好了。

　　刘京他们班演的话剧是全系第一。王兰唱歌是第三，我们高兴极了，都去祝贺他们。

6. 语音练习　Phonetic drills：

　　（1）常用音节练习　Drill on the frequently used syllables

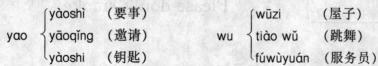

yao
- yàoshì　（要事）
- yāoqǐng　（邀请）
- yàoshi　（钥匙）

wu
- wūzi　（屋子）
- tiào wǔ　（跳舞）
- fúwùyuán　（服务员）

　　（2）朗读会话　Read aloud the conversation

　　A：Xīnnián hǎo!

　　B：Xīnnián hǎo! Zhù nǐ xīnnián kuàilè!

　　A：Zhù nǐmen quán jiā xìngfú!

　　B：Zhù nǐmen shēntǐ jiànkāng, shēnghuó yúkuài!

　　A：Xièxie!

159

劝告
quàngào
PERSUASION

你别抽烟了

Please don't smoke.

一、句子　Sentences

189 我 有点儿 咳嗽。
Wǒ yǒudiǎnr késou.

I have a cough.

190 你 别 抽 烟 了。
Nǐ bié chōu yān le.

Please don't smoke.

191 抽 烟 对 身体 不 好。
Chōu yān duì shēntǐ bù hǎo.

Smoking is not good for your health.

192 你 去 医院 看看 吧。
Nǐ qù yīyuàn kànkan ba.

You'd better go to a hospital.

193 你 骑车 骑 得 太 快 了。
Nǐ qí chē qí de tài kuài le.

You ride too fast.

194 骑 快 了 容易 出 事故。
Qí kuài le róngyì chū shìgù.

You may have an accident if you ride fast.

195 昨天 清华 大学 前边 出
Zuótiān Qīnghuá Dàxué qiánbiān chū

交通 事故了。
jiāotōng shìgù le.

There was a traffic accident in front of Qinghua University yesterday.

196 你 得 注意 安全 啊!
Nǐ děi zhùyì ānquán a!

You must be careful about your own safety.

二、会话　Conversation

王　兰： 哥哥, 你 怎么 了?
Wáng Lán： Gēge, Nǐ zěnme le?

160

王林： 没 什么， 有点儿 咳嗽。
Wáng Lín： Méi shénme, yǒudiǎnr késou.

王兰： 你别抽 烟 了。
Wáng Lán： Nǐ bié chōu yān le.

王林： 我 每天 抽 得不多。
Wáng Lín： Wǒ měitiān chōu de bù duō.

王 兰： 那 对 身体 也 不 好。
Wáng Lán： Nà duì shēntǐ yě bù hǎo.

王林： 我 想 不抽， 可是 觉得 不 舒服。
Wáng Lín： Wǒ xiǎng bù chōu, kěshì juéde bù shūfu.

王 兰： 时间 长 了就 习惯 了。
Wáng Lán： Shíjiān cháng le jiù xíguàn le.

王林： 好， 我 试试。今天 先 吃 点儿 药。
Wáng Lín： Hǎo, wǒ shìshi. Jīntiān xiān chī diǎnr yào.

王 兰： 你去 医院 看看 吧。
Wáng Lán： Nǐ qù yīyuàn kànkan ba.

*   *   *   *   *

王兰： 你骑车 骑 得太 快 了。这样 不 安全。
Wáng Lán： Nǐ qí chē qí de tài kuài le. Zhèyàng bù ānquán.

大卫： 我 有事， 得 快点儿 去。
Dàwèi： Wǒ yǒu shì, děi kuài diǎnr qù.

王 兰： 那 也 不 能 骑得 这么 快。
Wáng Lán： Nà yě bù néng qí de zhème kuài.

大卫： 没 关系。我 骑车 的 技术 好。
Dàwèi： Méi guānxi. Wǒ qí chē de jìshù hǎo.

王 兰： 骑 快 了容易 出 事故。昨天 清华 大学 前边 出
Wáng Lán： Qí kuài le róngyì chū shìgù. Zuótiān Qīnghuá Dàxué qiánbiān chū

交通 事故 了。
jiāotōng shìgù le.

大卫： 真 的 吗?
Dàwèi： Zhēn de ma?

王 兰： 你 得 注意 安全 啊!
Wáng Lán: Nǐ děi zhùyì ānquán a!

大卫： 好。我 以后 不 骑 快车 了。
Dàwèi: Hǎo. Wǒ yǐhòu bù qí kuài chē le.

三、替换与扩展 Substitution and Extension

1. 你别抽烟了。

去那儿 喝酒
骑快车 迟到

2. 你骑车骑得太快了。

写字 慢， 睡觉 晚
起床 早， 说汉语 快

3. 我以后不骑快车了。

抽很多烟 喝很多酒
开快车

*　　　*　　　*　　　*　　　*

1. 我 头 疼、咳嗽，可能 感冒 了。一会儿 我 去 医院 看 病。
   Wǒ tóu téng、késou, kěnéng gǎnmào le. Yíhuìr wǒ qù yīyuàn kàn bìng.

2. 每 个 人 都 要 注意 交通 安全。
   Měi ge rén dōu yào zhùyì jiāotōng ānquán.

3. 小孩子 不 要 在 马路 上 玩儿。
   Xiǎoháizi bú yào zài mǎlù shang wánr.

四、生词 New Words

1	有点儿	（副）	yǒudiǎnr	a little, slightly
2	咳嗽	（动）	késou	to cough
3	抽	（动）	chōu	to smoke
4	烟	（名）	yān	cigarette
5	医院	（名）	yīyuàn	hospital
6	事故	（名）	shìgù	accident
7	交通	（名）	jiāotōng	traffic

8	得	（能　愿）	děi	must, have to
9	注意	（动）	zhùyì	to be careful
10	安全	（形）	ānquán	safe
11	舒服	（形）	shūfu	comfortable
12	习惯	（动、名）	xíguàn	used to; habit
13	药	（名）	yào	medicine
14	这样	（代）	zhèyàng	in this way, like this
15	技术	（名）	jìshù	technique
16	迟到	（动）	chídào	to arrive late
17	头	（名）	tóu	head
18	疼	（形）	téng	painful, aching
19	感冒	（动、名）	gǎnmào	cold; to catch (a) cold
20	病	（名、动）	bìng	illness; to be sick
21	每	（代）	měi	every
22	马路	（名）	mǎlù	street, road

五、语法　Grammar

1. "有点儿"作状语　"有点儿" as an adverbial adjunct

"有点儿"在动词或形容词前作状语，表示程度轻微，并带有不如意的意思。例如：

When used as an adverbial adjunct before a verb or an adjective, "有点儿"denotes "a slight degree" and carries a touch of dissatisfaction, e.g.

(1) 这件事有点儿麻烦。　　(2) 今天有点儿热。

(3) 他有点儿不高兴。

2. 存现句 The sentence expressing existence, appearance or disappearance

表示人或事物在某处存在、出现或消失的动词谓语句叫做存现句。例如：

A sentence with a verbal predicate which describes the existence, appearance or disappearance of a person or thing is called the sentence expressing existence, appearance or disappearance, e.g.

(1) 桌子上有一本汉英词典。　　(2) 前边走来一个外国人。

(3) 上星期走了一个美国学生。

六、练习　Exercises

1. 用"有点儿"、"(一)点儿"填空　Fill in the blanks with "有点儿" or "(一)点儿"

(1) 这件衣服_____长，请换一件短_____的。

163

（2）刚来中国的时候,我生活_____不习惯,现在习惯_____了。

（3）现在这么忙,你应该注意_____身体。

（4）你病了,得去医院看看,吃_____药。

（5）他刚才喝了_____酒,头_____疼,现在已经好_____了。

2. 完成对话 Complete the conversations：

（1）A：我想骑车去北海公园。

B：路太远,_____。

A：_____,我不累。

B：路上车多人多,要_____。

A：谢谢。

（2）A：我们唱唱歌吧。

B：_____,现在十一点了,大家都要休息了。

A：好,_____。

3. 会话（用上表示劝告的话） Conversations（using persuasive remarks）：

（1）有个人在公共汽车上抽烟,售票员和抽烟人对话。

Between a conductor and a passenger who is smoking in the bus.

（2）有一个参观的人要照相,可是这里不允许照相。你告诉他并劝阻他不要照相。

A visitor wants to take photos. You tell him that taking photos is forbidden here.

（3）有一个人骑车,车后还带了一个人,这在中国是不行的。警察和骑车的人对话。

Between a policeman and a bike rider who takes a person at the back of his bike (which is not permitted in China).

4. 把下列句子改成存现句 Change the following sentences into sentences expressing existence, appearance or disappearance：

例:有两个人往这边走来了。   →前边来了两个人。

（1）有两个新同学到我们班来了。

（2）一支铅笔、一个本子放在桌子上。

（3）两个中国朋友到我们宿舍来了。

（4）一辆汽车从那边开来了。

5. 听述 Listen and retell：

昨天是小刘的生日,我们去他家给他祝贺。他妈妈做的菜很好吃。我们喝酒、吃饭、唱歌、跳舞,高兴极了。大家劝(quàn to persuade)大卫别喝酒。为什么？他是骑摩托车(mótuōchē motorbike)去的。他要是喝酒,就太不安全了。

6. 语音练习 Phonetic drills：

（1）常用音节练习 Drill on the frequently used syllables

yu ⎰ Hànyǔ   （汉语）
    ⎱ yùjiàn   （遇见）
      yì tiáo yú   （一条鱼）

jie ⎰ jiē diànhuà （接电话）
    ⎱ jié hūn   （结婚）
      jiějie   （姐姐）
      jiè shū   （借书）

164

(2) 朗读会话　Read aloud the conversation

A：Bié jìn qu le.

B：Wèishénme?

A：Tā yǒudiǎnr bù shūfu, shuìjiào le.

B：Nǐ zhīdao tā shì shénme bìng ma?

A：Gǎnmào.

B：Chī yào le ma?

A：Gāng chīguo.

第二十八课　Lesson　28

今天比昨天冷
It is colder today than it was yesterday.

一、句子　Sentences

197　今天 比 昨天 冷。
　　　Jīntiān bǐ zuótiān lěng.

It's colder today than it was yesterday.

198　这儿 比 东京 冷 多 了。
　　　Zhèr bǐ Dōngjīng lěng duō le.

It's much colder here than in Tokyo.

199　东京 的 气温 比 这儿 高 五六 度。
　　　Dōngjīng de qìwēn bǐ zhèr gāo wǔ-liù dù.

The temperature in Tokyo is 5 to 6 degrees higher than that in here.

200　有时候 下 雨。
　　　Yǒushíhou xià yǔ.

It rains sometimes.

201　天气 预报 说， 明天 有 大 风。
　　　Tiānqì yùbào shuō, míngtiān yǒu dà fēng.

The weather forecast says that there will be strong winds tomorrow.

202　明天 比 今天 还 冷 呢。
　　　Míngtiān bǐ jīntiān hái lěng ne.

It will be colder tomorrow than it is today.

203　那儿 的 天气 跟 这儿 一样 吗？
　　　Nàr de tiānqì gēn zhèr yíyàng ma?

Is the weather there the same as that here?

204　气温 在 零下 二十 多 度。
　　　Qìwēn zài língxià èrshí duō dù.

The temperature is over 20 degrees below zero.

二、会话　Conversation

刘京：　今天 天气 真 冷。
Liú Jīng：　Jīntiān tiānqì zhēn lěng.

和子：　是 啊。今天 比 昨天冷。
Hézǐ：　Shì a. Jīntiān bǐ zuótiān lěng.

刘 京： 这儿 的 天气，你 习惯 了吗？
Liú Jīng： Zhèr de tiānqì, nǐ xíguàn le ma?

和子： 还 不 太 习惯 呢。这儿 比 东京 冷 多了。
Hézǐ： Hái bú tài xíguàn ne. Zhèr bǐ Dōngjīng lěng duō le.

刘 京： 你们 那儿 冬天 不 太 冷 吗？
Liú Jīng： Nǐmen nàr dōngtiān bú tài lěng ma?

和子： 是 的。气温 比 这儿 高 五六 度。
Hézǐ： Shì de. Qìwēn bǐ zhèr gāo wǔ-liù dù.

刘 京： 东京 下 雪 吗？
Liú Jīng： Dōngjīng xià xuě ma?

和子： 很 少 下雪。有时候 下 雨。
Hézǐ： Hěn shǎo xià xuě. Yǒushíhou xià yǔ.

刘 京： 天气 预报 说，明天 有 大 风，比 今天 还 冷 呢。
Liú Jīng： Tiānqì yùbào shuō, míngtiān yǒu dà fēng, bǐ jīntiān hái lěng ne.

和子： 是 吗？
Hézǐ： Shì ma?

刘 京： 你 要 多 穿 衣服，别 感冒 了。
Liú Jīng： Nǐ yào duō chuān yīfu, bié gǎnmào le.

*   *   *   *   *

玛丽： 张 老师，北京 的 夏天 热 吗？
Mǎlì： Zhāng lǎoshī, Běijīng de xiàtiān rè ma?

张： 不太热，大概 三十二三 度。你们 那儿 跟 这儿 一样 吗？
Zhāng： Bú tài rè, dàgài sānshí'èr-sān dù. Nǐmen nàr gēn zhèr yíyàng ma?

玛丽： 不 一样，夏天 不 热，冬天 很 冷。
Mǎlì： Bù yíyàng, xiàtiān bú rè, dōngtiān hěn lěng.

张： 有 多冷？
Zhāng： Yǒu duō lěng?

玛丽： 零 下 二十 多 度。
Mǎlì： Líng xià èrshí duō dù.

张： 真 冷 啊！
Zhāng： Zhēn lěng a!

玛丽： 可是，我喜欢 冬天。
Mǎlì： Kěshì, wǒ xǐhuan dōngtiān.

张： 为什么？
Zhāng： Wèishénme?

玛丽： 可以滑冰、滑雪。
Mǎlì： Kěyǐ huá bīng、huá xuě.

三、替换与扩展 Substitution and Extension

1. <u>今天比昨天</u> <u>冷</u>。

这儿	那儿	暖和
这本书	那本书	旧
他	我	瘦

2. <u>这儿</u>比<u>东京</u><u>冷</u>多了。

这儿	那儿	凉快
这本书	那本书	难
这条路	那条路	远
这个歌	那个歌	好听

3. <u>明天</u>比<u>今天</u>还<u>冷</u>呢。

那儿的东西	这儿	贵
那个颜色	这个	好看
那个孩子	这个	胖

*　　　*　　　*　　　*　　　*

1. 欢迎 你秋天 来 北京。那 时候 天气 最 好，不冷 也 不 热。
Huānyíng nǐ qiūtiān lái Běijīng. Nà shíhou tiānqì zuì hǎo, bù lěng yě bú rè.

2. 北京 的 春天 常常 刮风，不 常 下雨。
Běijīng de chūntiān chángcháng guā fēng, bù cháng xià yǔ.

四、生词 New Words

1	比	（介、动）	bǐ	than; to compare
2	气温	（名）	qìwēn	temperature
3	高	（形）	gāo	high
4	度	（量）	dù	degree

168

5	有时候		yǒushíhou	sometimes
6	下	（动）	xià	to rain, to fall
7	雨	（名）	yǔ	rain
8	预报	（动）	yùbào	to forecast
9	风	（名）	fēng	wind
10	冬天	（名）	dōngtiān	winter
11	雪	（名）	xuě	snow
12	夏天	（名）	xiàtiān	summer
13	滑(冰)	（动）	huá(bīng)	to skate
14	冰	（名）	bīng	ice
15	暖和	（形）	nuǎnhuo	warm
16	旧	（形）	jiù	old
17	瘦	（形）	shòu	thin
18	凉快	（形）	liángkuai	cool
19	胖	（形）	pàng	fat
20	秋天	（名）	qiūtiān	autumn
21	春天	（名）	chūntiān	spring
22	刮	（动）	guā	to blow

五、语法　Grammar

1. 用"比"表示比较　The use of "比" for comparison

1) 介词"比"可以比较两个事物的性质、特点等。例如：

The preposition "比" may be used to compare the qualities, characteristics etc. of two things, e.g.

　　（1）他比我忙。　　　　　（2）他二十岁,我十九岁,他比我大。

　　（3）今天比昨天暖和。　　（4）他唱歌唱得比我好。

2) 用"比"的句子里不能再用"很"、"非常"、"太"等程度副词。比如不能说"他比我很大"、"今天比昨天非常暖和"等等。

Adverbs of degree such as "很", "非常" and "太" cannot be used in a sentence in which "比" is used for comparison. For example, it is not possible to say "他比我很大", "今天比昨天非常暖和" and so on.

2. 数量补语　The complement of quantity

1) 在用"比"表示比较的形容词谓语中,如果要表示两事物的具体差别,就在谓语后边加上数量词作补语。例如：

If one wants to show some specific differences between two things, he can add a numeral and a measure word at the end of the adjectival predicate in which "比" is used for comparison, e.g.

（1）他比我大两岁。　　　　（2）他家比我家多两口人。

2）如果要表示大略的差别程度,可以用"一点儿"、"一些",说明差别极小;用"得"和程度补语"多",说明差别很大。例如:

If one wants to give an approximation, he can use "一点儿" or "一些" to state slight differences and "得多" to denote big differences, e.g.

（3）他比我大一点儿(一些)。　　（4）这个教室比那个教室大得多。

（5）他跳舞跳得比我好得多。

3. 用相邻的两个数表示概数　The use of two neighbouring figures to indicate an approximate number

把两个相邻的数字连在一起,可表示概数。如"零下三四度"、"二三百人"、"五六十个房间"等。

Two neighbouring figures may be put together to indicate an approximate number, e.g. "零下三四度","二三百人","五六十个房间",etc.

六、练习　Exercises

1. 熟读下列词语并选择造句　Read until fluent the following words/phrases and make sentences with some of them:

上楼	上飞机	上课	下雨
下楼	下飞机	下课	下雪
上星期	桌子上		
下星期	本子上		

2. 用"比"改写句子　Rewrite the sentences with "比":

例:我有五本书,他有二十本书。　→他的书比我多。　或:我的书比他少。

（1）我二十四岁,他二十岁。

（2）昨天气温 27 度,今天 25 度。

（3）他的毛衣很好看,我的毛衣不好看。

（4）小王常常感冒,小刘很少有病。

3. 完成对话　Complete the conversation:

A：你怎么又感冒了?

B：这儿的春天_____。(比　冷)

A：_____?

B：二十多度。

A：_____。(比　暖和)

B：这儿早上和晚上冷,中午暖和,_____。

A：时间长了,你就习惯了。

4. 回答问题　Answer the questions:

（1）今天三十四度,昨天三十度,今天比昨天高几度?

170

(2) 小张家有五口人,小刘家只有三口人,小张家比小刘家多几口人?

(3) 小王二十三岁,小刘二十二岁,小王比小刘大多了还是大一点儿?

(4) 这个楼有四层,那个楼有十六层,那个楼比这个楼高多少层?

5．听述　Listen and retell：

　　人们都说春天好。春天是一年的开始(kāishǐ　to begin),要是有一个好的开始,这一年就会很顺利。一天也是一样,早上是一天的开始,要是从早上就注意怎么样生活、学习、工作,这一天就会过得很好。

　　让我们都爱(ài　to love)春天、爱时间吧,要是不注意,以后会觉得遗憾的。

6．语音练习　Phonetic drills：

(1) 常用音节练习　Drill on the frequently used syllables

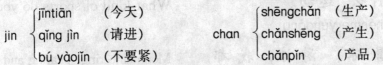

jin
- jīntiān　（今天）
- qǐng jìn　（请进）
- bú yàojǐn　（不要紧）

chan
- shēngchǎn　（生产）
- chǎnshēng　（产生）
- chǎnpǐn　（产品）

(2) 朗读会话　Read aloud the conversation

A：Jīnnián dōngtiān bù lěng.

B：Shì bǐ qùnián nuǎnhuo.

A：Dōngtiān tài nuǎnhuo bù hǎo.

B：Zěnme?

A：Róngyì shēng bìng.

爱好 àihào HOBBY	

我也喜欢游泳
I also like swimming.

一、句子　Sentences

205　你喜欢 什么 运动。
　　　Nǐ xǐhuan shénme yùndòng.

What kind of sports do you like?

206　爬山、滑冰、游泳，我都
　　　Pá shān、huá bīng、yóuyǒng, wǒ dōu

喜欢。
xǐhuan.

Mountaineering, skating and swimming are all my favourite sports.

207　你游泳 游 得好不 好?
　　　Nǐ yóuyǒng yóu de hǎo bu hǎo?

Do you swim well?

208　我 游 得不好， 没 有 你 游
　　　Wǒ yóu de bù hǎo, méi yǒu nǐ yóu

得 好。
de hǎo.

I can't swim very well. You swim much better than I do.

209　谁 跟 谁 比赛?
　　　Shuí gēn shuí bǐsài?

Which team plays against which team?

210　北京 队对 广东　队。
　　　Běijīng duì duì Guǎngdōng duì.

The Beijing Team plays against the Guangdong Team.

211　我 在 写 毛笔字，没 画 画儿。
　　　Wǒ zài xiě máobǐzì, méi huà huàr.

I am not drawing, but writing with a writing brush.

212　我 想　休息 一会儿。
　　　Wǒ xiǎng xiūxi yíhuìr.

I want to have a rest.

二、会话　Conversation

刘 京： 你喜欢 什么 运动?
Liú Jīng： Nǐ xǐhuan shénme yùndòng?

大卫：　爬山、滑冰、游泳，我都喜欢。你呢？
Dàwèi：　Pá shān、huá bīng、yóuyǒng, wǒ dōu xǐhuan. Nǐ ne?

刘京：　我常常打篮球、打排球，也喜欢游泳。
Liú Jīng：　Wǒ chángcháng dǎ lánqiú、dǎ páiqiú, yě xǐhuan yóuyǒng.

大卫：　你游得好不好？
Dàwèi：　Nǐ yóu de hǎo bu hǎo?

刘京：　我游得不好，没有你游得好。明天有排球比赛，
Liú Jīng：　Wǒ yóu de bù hǎo, méi yǒu nǐ yóu de hǎo. Míngtiān yǒu páiqiú bǐsài,

　　　你看吗？
　　　nǐ kàn ma?

大卫：　谁跟谁比赛？
Dàwèi：　Shuí gēn shuí bǐsài?

刘京：　北京队对广东队。
Liú Jīng：　Běijīng duì duì Guǎngdōng duì.

大卫：　那一定很有意思。我很想看，票一定很难买吧？
Dàwèi：　Nà yídìng hěn yǒuyìsi. Wǒ hěn xiǎng kàn, piào yídìng hěn nán mǎi ba?

刘京：　现在去买，可能买得着。
Liú Jīng：　Xiànzài qù mǎi, kěnéng mǎi de zháo.

　　　　＊　　　　＊　　　　＊　　　　＊　　　　＊

玛丽：　你在画画儿吗？
Mǎlì：　Nǐ zài huà huàr ma?

大卫：　在写毛笔字，没画画儿。
Dàwèi：　Zài xiě máobǐzì, méi huà huàr.

玛丽：　你写得真不错！
Mǎlì：　Nǐ xiě de zhēn búcuò!

大卫：　练了两个星期了。我没有和子写得好。
Dàwèi：　Liànle liǎng ge xīngqī le. Wǒ méiyǒu Hézǐ xiě de hǎo.

玛丽：　我也很喜欢写毛笔字，可是一点儿也不会。
Mǎlì：　Wǒ yě hěn xǐhuan xiě máobǐzì, kěshì yìdiǎnr yě bú huì.

大卫：　没关系，你想学，王老师可以教你。
Dàwèi：　Méi guānxi, nǐ xiǎng xué, Wáng lǎoshī kěyǐ jiāo nǐ.

173

玛丽：　那太好了。
Mǎlì:　Nà tài hǎo le.

大卫：　写累了,我想休息一会儿。
Dàwèi:　Xiě lèi le, wǒ xiǎng xiūxi yíhuìr.

玛丽：　走,出去散散步吧。
Mǎlì:　Zǒu, chūqu sànsan bù ba.

三、替换与扩展　Substitution and Extension

1. 你游泳游得好不好?

跑步　快,　打网球　好
洗衣服　干净

2. 票一定很难买吧?

毛笔字　写,　广东话　懂
日本饭　做,　汉语　学

3. 我想休息一会儿。

坐　睡　玩儿　躺

*　　　*　　　*　　　*　　　*

1. 放假的时候,他常去旅行。
   Fàng jià de shíhou, tā cháng qù lǚxíng.

2. 他每天早上打太极拳,晚饭后散步。
   Tā měitiān zǎoshang dǎ tàijíquán, wǎnfàn hòu sàn bù.

3. 糟糕,我的钥匙丢了。
   Zāogāo, wǒ de yàoshi diū le.

四、生词　New Words

1	运动	(名、动)	yùndòng	sports; to exercise
2	爬	(动)	pá	to climb
3	山	(名)	shān	mountain
4	游泳	(动)	yóuyǒng	to swim
5	游	(动)	yóu	to swim
6	比赛	(动、名)	bǐsài	to compete; match

174

7	队	（名）	duì	team
8	毛笔	（名）	máobǐ	writing brush
9	练	（动）	liàn	to practise
10	篮球	（名）	lánqiú	basketball
11	排球	（名）	páiqiú	volleyball
12	教	（动）	jiāo	to teach, to instruct
13	散步		sàn bù	to take a walk
14	跑步		pǎo bù	jogging
15	网球	（名）	wǎngqiú	tennis
16	躺	（动）	tǎng	to lie
17	放假		fàng jià	to be on vacation
18	旅行	（动）	lǚxíng	to travel
19	太极拳	（名）	tàijíquán	*taijiquan*
20	钥匙	（名）	yàoshi	key

专名　Proper Name

广东	Guǎngdōng	a province of China

五、语法　Grammar

1. 用"有"或"没有"表示比较　The use of "有" and "没有" for comparison

动词"有"或其否定式"没有"可用于比较,表示达到或未达到某种程度,这种比较常用于疑问句和否定式。例如:

"有" or its negative form "没有" can be used in a comparison to show the level attained or not yet attained. This kind of comparison is often used in an interrogative sentence and in the negative form, e.g.

(1) 你有他高吗? 　　　　 (2) 那棵(kē)树有五层楼那么高。

(3) 广州没有北京冷。　　　 (4) 我没有你游得好。

2. 时量补语(1)　The complement of duration (1)

时量补语用来说明一个动作或一种状态持续多长时间。例如:

A complement of duration is used to indicate the duration of an action or a state, e.g.

(1) 我练了两个星期了。　　 (2) 我们才休息了五分钟。

(3) 火车开走一刻钟了。　　 (4) 玛丽病了两天,没来上课。

3. 用"吧"的疑问句　The interrogative sentence with "吧"

如对某事有了一定的估计,但还不能肯定时,就用语气助词"吧"提问。例如:

If one has only a rough knowledge about something but is not yet sure about it, one uses the modal particle "吧" to raise a question, e.g.

(1) 你最近很忙吧?　　　　(2) 票一定很难买吧?

(3) 你很喜欢打球吧?

六、练习　Exercises

1. 给下面的词配上适当的动词,组成动宾短语,并选择造句　Match the following words with proper verbs to form verb-object constructions and then make sentences with some of them:

排球　　飞机　　事故　　礼物　　问题　　酒

汽车　　电话　　网球　　生词　　饭　　　歌

2. 把下面的句子改成正反疑问句　Change the following sentences into affirmative-negative questions:

例:你睡得好吗?　　→你睡得好不好?

(1) 每天你起得早吗?

(2) 太极拳你打得好吗?

(3) 昨天的杂技演得好吗?

(4) 你走得快吗?

3. 把下面用"比"的句子改成用"没有"的否定句　Change the following sentences with "比" into their negative forms with "没有":

(1) 他滑冰比我滑得好。

(2) 王兰爬山比张老师爬得快。

(3) 他的收录机比我的大。

(4) 他画画儿画得比我好。

4. 完成对话　Complete the conversations:

(1) A:＿＿＿＿＿＿＿＿＿?

　　B:我喜欢打篮球。＿＿＿＿＿＿＿＿＿?

　　A:我不喜欢打篮球。

　　B:＿＿＿＿＿＿＿＿＿?

　　A:我喜欢爬山。

(2) A:＿＿＿＿＿＿＿＿＿?

　　B:我不喜欢喝酒。

　　A:＿＿＿＿＿＿＿＿＿? 少喝一点儿没关系。

　　B:我开车,喝酒不安全。

(3) A:你喜欢吃什么饭菜? 喜欢不喜欢做饭?

　　B:＿＿＿＿＿＿＿＿＿＿＿。

(4) A:休息的时候你喜欢做什么?

　　B:＿＿＿＿＿＿＿＿＿＿＿。

(5) A：你喜欢喝什么？为什么？

   B：_____。

5．听述 Listen and retell：

   汉斯有很多爱好(àihào hobbies)，他喜欢运动。冬天滑冰，夏天游泳。到中国以后他还学会打太极拳了。他画的画儿也不错，他房间里的那张画儿就是他自己画的。可是他也有一个不好的爱好，那就是抽烟。现在他身体不太好，要是不抽烟，他的身体一定比现在好。

6．语音练习 Phonetic drills：

(1) 常用音节练习 Drill on the frequently used syllables

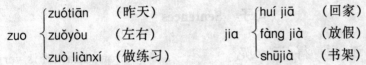

zuo $\begin{cases} \text{zuótiān} & （昨天） \\ \text{zuǒyòu} & （左右） \\ \text{zuò liànxí} & （做练习） \end{cases}$ jia $\begin{cases} \text{huí jiā} & （回家） \\ \text{fàng jià} & （放假） \\ \text{shūjià} & （书架） \end{cases}$

(2) 朗读会话 Read aloud the conversation

   A：Nǐ xǐhuan shénme?

   B：Wǒ xǐhuan dòngwù.

   A：Wǒ yě xǐhuan dòngwù.

   B：Shì ma? Nǐ xǐhuan shénme dòngwù?

   A：Wǒ xǐhuan xiǎo gǒu, nǐ ne?

   B：Wǒ xǐhuan xióngmāo.

语言 yǔyán LANGUAGE	

请你慢点儿说
Please speak slowly.

一、句子　Sentences

213　我 的 发音 还 差 得 远 呢。
　　　Wǒ de fāyīn hái chà de yuǎn ne.

My pronunciation is very poor.

214　你 学 汉语 学 了 多 长 时间 了?
　　　Nǐ xué Hànyǔ xué le duō cháng shíjiān le?

How long have you been learning Chinese?

215　你 能 看懂 中文 报 吗?
　　　Nǐ néng kàndǒng Zhōngwén bào ma?

Can you read Chinese newspapers?

216　听 和 说 比较 难, 看 比较 容易。
　　　Tīng hé shuō bǐjiào nán, kàn bǐjiào róngyì.

Comparatively speaking, listening and speaking are difficult, while reading is easy.

217　你 慢 点儿 说, 我 听 得 懂。
　　　Nǐ màn diǎnr shuō, wǒ tīng de dǒng.

If you speak slowly, I can understand what you say.

218　你 忙 什么 呢?
　　　Nǐ máng shénme ne?

What are you busy with?

219　我 父亲 来 了。我 要 陪 他 去 旅行。
　　　Wǒ fùqin lái le. wǒ yào péi tā qù lǚxíng.

My father has come. I am going to travel with him.

220　除了 广州、 上海 以外, 我们
　　　Chúle Guǎngzhōu、Shànghǎi yǐwài, wǒmen
　　　还 要 去 香港。
　　　hái yào qù Xiānggǎng.

We are going to visit Hong Kong as well as Guangzhou and Shanghai.

二、会话　Conversation

李红： 你 汉语 说 得 很 不错, 发音 很 清楚。
Lǐ Hóng： Nǐ Hànyǔ shuō de hěn búcuò, fāyīn hěn qīngchu.

大卫： 哪儿 啊，还差 得 远 呢。
Dàwèi： Nǎr a, hái chà de yuǎn ne.

李红： 你学汉语学了多长 时间了?
Lǐ Hóng： Nǐ xué Hànyǔ xuéle duō cháng shíjiān le?

大卫： 学了半 年 了。
Dàwèi： Xuéle bàn nián le.

李红： 你能 看懂 中文 报 吗?
Lǐ Hóng： Nǐ néng kàndǒng Zhōngwén bào ma?

大卫： 不 能。
Dàwèi： Bù néng.

李红： 你觉得汉语 难不难?
Lǐ Hóng： Nǐ juéde Hànyǔ nán bu nán?

大卫： 听 和说 比较 难，看比较 容易，可以查词典。
Dàwèi： Tīng hé shuō bǐjiào nán, kàn bǐjiào róngyì, kěyǐ chá cídiǎn.

李红： 我 说的话，你能 听懂 吗?
Lǐ Hóng： Wǒ shuō de huà, nǐ néng tīngdǒng ma?

大卫： 慢 点儿说，我听得懂。
Dàwèi： Màn diǎnr shuō, wǒ tīng de dǒng.

李红： 你应该 多跟 中国 人谈话。
Lǐ Hóng： Nǐ yīnggāi duō gēn Zhōngguó rén tán huà.

大卫： 对，这样 可以提高听和说 的能力。
Dàwèi： Duì, zhèyàng kěyǐ tígāo tīng hé shuō de nénglì.

*　　　*　　　*　　　*　　　*

王 兰： 你忙 什么 呢?
Wáng Lán： Nǐ máng shénme ne?

和子： 我 在收拾 东西呢，我父亲来了，我要陪他去旅行。
Hézǐ： Wǒ zài shōushi dōngxi ne, wǒ fùqin lái le, wǒ yào péi tā qù lǚxíng.

王 兰： 去哪儿 啊?
Wáng Lán： Qù nǎr a?

和子： 除了 广州、 上海 以外，还 要去香港。 我得
Hézǐ： Chúle Guǎngzhōu、Shànghǎi yǐwài, hái yào qù Xiānggǎng. Wǒ děi

给 他 当 导游。
gěi tā dāng dǎoyóu.

王 兰： 那你 父亲 一定 很 高兴。
Wáng Lán: Nà nǐ fùqin yídìng hěn gāoxìng.

和子： 麻烦 的是 广东话、 上海话 我都 听不懂。
Hézǐ: Máfan de shì Guǎngdōnghuà、Shànghǎihuà wǒ dōu tīng bu dǒng.

王 兰： 没 关系, 商店、 饭店 都 说 普通话。
Wáng Lán: Méi guānxi, shāngdiàn、fàndiàn dōu shuō pǔtōnghuà.

和子： 他们 能 听懂 我说 的话 吗?
Hézǐ: Tāmen néng tīngdǒng wǒ shuō de huà ma?

王 兰： 没 问题。
Wáng Lán: Méi wèntí.

和子： 那我 就 放心了。
Hézǐ: Nà wǒ jiù fàng xīn le.

三、替换与扩展　Substitution and Extension

1. 现在你能看懂 中文报吗?

下午	布置好	教室
明天	修好	电视
晚上	做完	翻译练习

2. 你学汉语学了多长时间了?
   学了半年了。

看录像	一个小时
翻译句子	一个半小时
听音乐	二十分钟
打电话	三分钟

3. 除了广州、上海以外, 我们还要去香港。

饺子	包子	吃菜
京剧	话剧	看录像
手表	电视	买冰箱

＊　　　＊　　　＊　　　＊　　　＊

1. 汉语 的 发音不太难, 语法 比较 容易。
   Hànyǔ de fāyīn bú tài nán, yǔfǎ bǐjiào róngyì.

180

2. 我 预习 了 一个 小时 生词, 现在 这 些 生词 都 记住 了。
  Wǒ yùxí le yí ge xiǎoshí shēngcí, xiànzài zhè xiē shēngcí dōu jìzhù le.

四、生词　New Words

1	发音	（名）	fāyīn	pronunciation
2	比较	（副、动）	bǐjiào	comparatively; to compare
3	父亲	（名）	fùqin	father
4	除了……以外		chúle……yǐwài	besides, in addition to, as well as
5	清楚	（形）	qīngchu	clear
6	谈	（动）	tán	to talk, to speak
7	提高	（动）	tígāo	to raise, to improve
8	能力	（名）	nénglì	ability
9	收拾	（动）	shōushi	to clean, to tidy up
10	当	（动）	dāng	to serve as
11	导游	（名）	dǎoyóu	tourist guide
12	普通话	（名）	pǔtōnghuà	common speech
13	放心		fàng xīn	to set one's mind at rest, feel relieved
14	完	（动）	wán	to finish, to end
15	包子	（名）	bāozi	steamed stuffed bun
16	录像	（名）	lù xiàng	video film
17	手表	（名）	shǒubiǎo	watch
18	冰箱	（名）	bīngxiāng	refrigerator
19	语法	（名）	yǔfǎ	grammar
20	预习	（动）	yùxí	to rehearse, to preview
21	小时	（名）	xiǎoshí	hour
22	记	（动）	jì	to learn by heart

专名　Proper Names

1	广州	Guǎngzhōu	Guangzhou (name of a city)
2	香港	Xiānggǎng	Hong Kong

五、语法　Grammar

1. 时量补语(2)　The complement of duration (2)

　　1）动词后有时量补语又有宾语时, 一般要重复动词, 时量补语在第二个动词之后。例如:

When a verb is followed by both a complement of duration and an object, the verb is usually repeated. Moreover, the complement of duration has to be placed after the second occurrence of the verb, e.g.

　　（1）他们开会开了半个小时。　　　　（2）他念生词念了一刻钟。

　　（3）他学英语学了两年了。

　　2）如果宾语不是人称代词, 时量补语也可在动词和宾语之间。时量补语和宾语之间也可以加"的"。例如:

If the object is not a personal pronoun, the complement of duration may be put between the verb and the object. "的" may also be inserted between the complement of duration and the object, e.g.

　　（4）他每天看半个小时电视。　　　　（5）他跳了半个多小时的舞。

　　（6）我和妹妹打了二十分钟的网球。

　　3）如宾语较复杂或为了强调宾语, 也常把宾语提前。例如:

The object may also be moved to the head of the sentence if it is rather complex or needs giving prominence, e.g.

　　　　（7）那件漂亮的毛衣他试了半天。　　　　（8）那本小说他看了两个星期。

2. "除了……以外"　The expression "除了……以外"(besides)

　　1）表示在什么之外, 还有别的。后边常有"还"、"也"等呼应。例如:

It means "there is something else" and is often followed by "还", "也", etc., e.g.

　　（1）和子和他父亲除了去上海以外, 还去广州、香港。

　　（2）除了小王以外, 小张、小李也会说英语。

　　2）表示所说的人或事不包括在内。例如:

It expresses the exclusion of the aforementioned person or thing, e.g.

　　（3）这件事除了老张以外, 我们都不知道。

　　（4）除了大卫以外, 我们都去过长城了。

六、练习　Exercises

1. 熟读下列词语并选择造句　Read until fluent the following words and make sentences with some of them:

听得不清楚	画得不好	说得不快	起得不早
听不清楚	画不好	说不快	起不早

2. 仿照例子改写句子　Rewrite the sentences by following the model:

　　例:我喜欢小狗,还喜欢熊猫。　　→除了小狗以外,我还喜欢熊猫。

　　（1）我每天都散步, 还打太极拳。

　　（2）明天的晚会我们唱歌, 还要跳舞。

　　（3）他有一个弟弟, 还有一个妹妹。

　　（4）我们学发音, 还学汉字。

3. 按照实际情况回答问题　Answer the questions according to actual situations:

　　（1）你什么时候来北京的? 来北京多长时间了?

182

（2）来中国以前你学过汉语吗？学了多长时间？

（3）每星期你们上几天课？

（4）你每天运动吗？做什么运动？运动多长时间？

（5）每天你几点睡觉？几点起床？大概睡多长时间？

4．完成对话　Complete the conversation：

A：昨天的电影你看了吗？

B：＿＿＿＿＿＿＿＿＿＿。

A：＿＿＿＿＿＿＿＿＿＿？

B：听不懂，说得太快。

A：我也是＿＿＿＿＿＿＿＿＿＿。（要是……能……）

B：我们还要多练习听和说。

5．听述　Listen and retell：

　　有一个小孩儿学认(rèn　to recognize)字。老师在他的本子上写"人"字，他学会了。第二天，老师见到他，在地上(dìshang　ground)写的"人"字很大，他不认识了。老师说："这不是'人'字吗？你怎么忘了？"他说："这个人比昨天那个人大多了，我不认识他。"

6．语音练习　Phonetic drills：

（1）常用音节练习　Drill on the frequently used syllables

xian $\begin{cases} \text{xiānsheng} & \text{（先生）} \\ \text{xiànzài} & \text{（现在）} \\ \text{wēixiǎn} & \text{（危险）} \end{cases}$　　quan $\begin{cases} \text{quán bān} & \text{（全班）} \\ \text{quàngào} & \text{（劝告）} \\ \text{tàijíquán} & \text{（太极拳）} \end{cases}$

（2）朗读会话　Read aloud the conversation

A：nā ná nǎ nà.

B：Nǐ liànxí fāyīn ne?

A：Shì a, wǒ juéde fāyīn yǒu diǎnr nán.

B：Nǐ fāyīn hěn qīngchu.

A：Hái chà de yuǎn ne.

B：Yàoshi nǐ měitiān liànxí, jiù néng xué de hěn hǎo.

复习（六） Review(Ⅵ)

一、会话 Conversation

〔阿里(Ālǐ Ali)、小王跟小李都很喜欢旅行,他们约好今天去天津(Tiānjīn Tianjin)玩儿。现在阿里和小王在火车站等小李。〕

阿里：小李怎么还不来?

小王：是不是他忘了?

阿里：不会的。昨天我给他打电话,说得很清楚,告诉他十点五十开车,今天我们在这儿等他。

小王：可能病了吧?

阿里：也可能有什么事,不能来了。

小王：火车马上开了,我们也不去了,回家吧。

阿里：去看看小李,问问他怎么回事(zěnme huí shì what's all this about)。

* * * * *

〔小李正在宿舍里睡觉,阿里和小王进来。〕

阿里：小李,醒醒(xǐngxing wake up)!

小王：我猜得不错吧,他真病了。

小李：谁病了? 我没病。

阿里：那你怎么不去火车站呀(ya a modal particle)?

小李：怎么没去呀,今天早上四点我就起床了,到火车站的时候才四点半。等了你们半天,你们也不来,我就回来了。我又累又困(kùn sleepy),就睡了。

小王：我们的票是十点五十的,你那么早去做什么?

小李：什么? 十点五十? 阿里电话里说四点五十。

小王：我知道了,阿里说"十"和"四"差不多(chà bu duō about the same)。

小李：啊! 我听错(cuò wrong)了。

阿里：真对不起,我发音不好,让你白跑一趟(bái pǎo yí tàng to make a fruitless trip)。

小李：没什么,我们都白跑了一趟。

二、语法 Grammar

(一) 几种表示比较的方法 Some ways of expressing comparison

1. 用副词"更"、"最"表示比较 By using the adverbs "更" and "最"

(1) 他汉语说得很好,他哥哥说得更好。　　(2) 这次考试他的成绩最好。

184

2．"有"表示比较　By using "有"

(1) 你弟弟有你这么高吗？　　　　　　　　(2) 这种苹果没有那种好吃。

(3) 我没有他唱得好。(我唱得没有他好。)(我唱歌唱得没有他好。)

3．"跟……一样"表示比较　By using "跟……一样"

(1) 今天的天气跟昨天一样。　　　　　　　(2) 我买的毛衣跟你的一样贵。

以上三种方法都能表示异同或差别,但不能表示具体的差别。

The three above-mentioned ways can all be used to show similarities and differences, but not specific differences.

4．用"比"表示比较　By using "比"

(1) 今天比昨天热。　　　　　　　　　　　(2) 我的自行车比他的新一点儿。

(3) 他买的词典比我买的便宜两块钱。

(4) 他打排球比我打得好得多。(他打排球打得比我好得多。)

用"比"来进行比较,不仅能指出有差别,而且还能表示出有多少差别。

"比" is used to indicate not only a difference between two persons or things, but also the extent to which they differ.

(二) 几种概数的表示方法　Some ways of expressing approximate numbers

1．"几"表示"十"以下的不确定的数目　By using "几" to express an indefinite number under "十"

(1) 衣柜里有几件衣服。

(2) 书架上有三十几本中文书和几本词典。

2．两个相邻的数连在一起　By placing two successive numbers together

(1) 二层北边有七八个房间。　　　　(2) 教室里有十五六张桌子。

(3) 他来过两三次。

3．"多"放在数目后,表示超过前边的数目。如"二十多"、"八十多"、"二百多"等等。By placing "多" after a number to express an excess of that number, e.g."二十多","八十多","二百多", and so on.

1)"多"表示整数时,用在量词或不带量词的名词之前。

When "多" expresses a whole number, it is used before a measure word or a noun without a measure word.

(1) 他带去五十多块钱。　　　　　(2) 最冷零下二十多度。

(3) 三十多年以前,他来过中国。

2) 表示整数后的零数时,用在量词或不带量词的名词之后。

When "多" denotes a fractional amount after a whole number, it is put after a measure word or a noun without a measure word.

(4) 他的小孩两岁多。　　　　　　(5) 这支笔九块多钱。

(6) 他回家一年多了。

三、练习　Exercises

1．按照实际情况回答问题　Answer the questions according to actual situations:

(1) 你有什么爱好？你最喜欢做什么？

(2) 你学过什么外语？你觉得难不难？

(3) 你在中国旅行过吗？除了普通话以外，哪儿的话容易懂？哪儿的话不容易懂？

(4) 你住的地方跟北京的天气一样不一样？北京的天气你习惯不习惯？

(5) 一年中你喜欢春天、夏天，还是喜欢秋天、冬天？为什么？

2. 会话　Conversations：

(1) 祝贺、祝愿(生日、结婚、节日、毕业)

Congratulation and wish（birthday, marriage, festival, graduation）

祝你……好(愉快、幸福)！	谢谢！
祝贺你(了)！	谢谢大家！
我们给你祝贺生日来了！	多谢朋友们！
祝你学习(工作)顺利！	谢谢！

(2) 劝告(别喝酒、别急、别不好意思)

Persuasion（don't drink, don't worry, don't be shy）

你开车，别喝酒。

他刚睡着，别说话。

别急，你的病会好的。

学汉语要多说，别不好意思。

(3) 爱好(运动、音乐、美术……)

Hobbies（sports, music, arts…）

你喜欢什么？

你喜欢做什么？

你最喜欢什么？

3. 完成对话　Complete the conversation：

A：你学了多长时间汉语了？

B：＿＿＿＿＿＿＿＿。

A：你觉得听和说哪个难？

B：＿＿＿＿＿＿＿＿。

A：写呢？

B：＿＿＿＿＿＿＿＿。

A：现在你能看懂中文报吗？

B：＿＿＿＿＿＿＿＿。

4. 语音练习　Phonetic drills：

(1) 声调练习：第三声＋第四声　Drill on tones：3rd tone＋4th tone

kǒushì　　（口试）

wǒ qù kǒushì　　（我去口试）

wǔ hào wǒ qù kǒushì　　（五号我去口试）

(2) 朗读会话　Read aloud the conversation

A：Nǐ zhīdao ma? Dōngběi huà lǐ "rén" de fāyīn shì "yín".

B：Ò, yǒuyìsi.

A：Tāmen bù shuō chī ròu.

B：Shuō chī "yòu", shì bu shì?

A：Nǐ xué de zhēn kuài.

B：Kěxī pǔtōnghuà wǒ xué de bú kuài.

A：Nà tài yíhàn le.

小张吃了晚饭回到宿舍,刚要打开收音机,就听见楼下有人叫他。他打开窗户往下看,是小刘叫他。

小刘给他一张电影票,让他星期日八点去看电影。说好谁先到电影院谁就在电影院门口(ménkǒu　at the gate)等。

星期天到了。小张先去看了一位朋友,下午去商店买了一些东西。七点四十到电影院。他没看见小刘,就在门口等。

差五分八点,电影就要开始了,可是小刘还没来。小张想,小刘可能有事不来了,就一个人进电影院去了。电影院的同志对小张说:"八点没有电影,是不是你弄错了(nòngcuò　to make a mistake)了?"小张一看电影票,那上边写的是上午八点。　　小张想:我太马虎了,要是看看票,或者(huòzhě　or, otherwise)问问小刘就好了。

<table>
<tr><td>旅游（一）
lǚyóu
TRAVELLING (1)</td></tr>
</table>

那儿的风景美极了！

The scenery is very beautiful there!

一、句子　Sentences

221　中国　的　名胜　古迹多得很。
Zhōngguó de míngshèng gǔjì duō de hěn.

There are a great many scenic spots and historical sites in China.

222　你说吧，我听你的。
Nǐ shuō ba, wǒ tīng nǐ de.

Please go ahead. I'll leave it to you to decide what we shall do (or where we shall go).

223　从　这儿到桂林坐火车　要
Cóng zhèr dào Guìlín zuò huǒchē yào

坐多长　时间？
zuò duō cháng shíjiān?

How long will it take to go from here to Guilin by train?

224　七点有电影，　现在去来
Qī diǎn yǒu diànyǐng, xiànzài qù lái

得及来不及？
de jí lái bu jí?

There'll be a film at 7 o'clock. Can we get there in time if we start right now?

225　我们　看电影　去。
Wǒmen kàn diànyǐng qù.

Let's go and see a film.

226　我想　买些礼物寄回家去。
Wǒ xiǎng mǎi xiē lǐwù jì huí jiā qù.

I want to buy some presents to mail back home.

227　上海　的东西比这儿多得多。
Shànghǎi de dōngxi bǐ zhèr duō de duō.

There are much more commodities in Shanghai than (in) here.

228　你不是要去豫园　游览吗？
Nǐ bú shì yào qù Yùyuán yóulǎn ma?

You want to visit the Yuyuan Park, don't you?

二、会话 Conversation

大卫：　快　放　假　了，你想　不想　去　旅行？
Dàwèi：　Kuài fàng jià le, nǐ xiǎng bu xiǎng　qù lǚxíng?

玛丽：　当然　想。
Mǎlì：　Dāngrán xiǎng.

大卫：　中国　的　名胜　古迹多　得　很，去　哪儿呢？
Dàwèi：　Zhōngguó de míngshèng gǔjì　duō de hěn,　qù nǎr　ne?

玛丽：　你说　吧，听你的。
Mǎlì：　Nǐ shuō ba, tīng nǐ de.

大卫：　先　去　桂林　吧，那儿的风景　美极了。
Dàwèi：　Xiān qù Guìlín ba, nàr　de fēngjǐng měi jí le.

玛丽：　从　这儿到桂林坐火车　要　坐多　长　时间？
Mǎlì：　Cóng　zhèr dào Guìlín zuò huǒchē yào zuò duō cháng shíjiān?

大卫：　大概　得二十　多个小时。我们　在　桂林　玩儿三四　天，
Dàwèi：　Dàgài děi èrshí duō ge xiǎoshí. Wǒmen zài Guìlín wánr sān-sì tiān,

　　　然后　去　上海。
　　　ránhòu qù Shànghǎi.

玛丽：　这个计划不错，就这么　办吧。七点有　电影，现在
Mǎlì：　Zhè ge jìhuà búcuò, jiù zhème bàn ba. Qī diǎn yǒu diànyǐng, xiànzài

　　　去来得及来不及？
　　　qù lái de jí lái bu jí?

大卫：　来得及。
Dàwèi：　Lái de jí.

玛丽：　我们　看　电影　去吧。
Mǎlì：　Wǒmen kàn diànyǐng qù ba.

大卫：　走吧。
Dàwèi：　Zǒu ba.

＊　　　　＊　　　　＊　　　　＊　　　　＊

和子： 去 上海 的 时候，我 想 买 些 礼物 寄 回 家 去。
Hézǐ: Qù Shànghǎi de shíhou, wǒ xiǎng mǎi xiē lǐwù jì huí jiā qù.

王 兰： 对，上海 的 东西 比 这儿 多 得 多。
Wáng Lán: Duì, Shànghǎi de dōngxi bǐ zhèr duō de duō.

和子： 上海 哪儿 最 热闹？
Hézǐ: Shànghǎi nǎr zuì rènao?

王 兰： 南京 路。那儿 有 各种 各样 的 商店， 买 东西
Wáng Lán: Nánjīng lù. Nàr yǒu gèzhǒng gèyàng de shāngdiàn, mǎi dōngxi

非常 方便。
fēicháng fāngbiàn.

和子： 听说 上海 的 小吃 也 很 有名。
Hézǐ: Tīngshuō Shànghǎi de xiǎochī yě hěn yǒumíng.

王 兰： 你 不 是 要 去 豫园 游览 吗？顺便 尝尝 那儿 的
Wáng Lán: Nǐ bú shì yào qù Yùyuán yóulǎn ma? Shùnbiàn chángchang nàr de

小吃。
xiǎochī.

和子： 上海 是 中国 最 大 的 城市。
Hézǐ: Shànghǎi shì Zhōngguó zuì dà de chéngshì.

王 兰： 对 了，你 还 可以 去 参观 一下儿 工业 展览馆。
Wáng Lán: Duì le, nǐ hái kěyǐ qù cānguān yíxiàr gōngyè zhǎnlǎnguǎn.

注释 Notes

① "你说吧, 听你的。"

这句话的意思是"你说你的意见吧,我按你的意见去做"。当无条件地同意对方的意见时, 就可以这样说。

This sentence means "Speak your mind, I shall do what ever you tell me to" and is used when you are prepared to agree to whatever your hearer is going to say.

② "对了"

在口语中,当说话人忽然想起应该做某事或要补充说明某事时,就说"对了"。

In everyday conversation, when a speaker suddenly thinks of something he should do or add, he says "对了" (Oh yes, . . .).

三、替换与扩展 Substitution and Extension

1. 我们<u>看电影</u>去。

开会　参观学校　上保险
游览名胜古迹　　看话剧

2. <u>坐火车</u>要<u>坐</u>多长时间?

坐船,	坐飞机
骑车,	办手续

3. 我想买<u>些礼物</u> <u>寄</u>回家去。

菜	送, 药 寄
水果	带

*   *   *   *   *

1. 王府井 是北京 最热闹的地方 之一。
   Wángfǔjǐng shì Běijīng zuì rènao de dìfang zhī yī.

2. A：我的圆珠笔 找不到了。
   Wǒ de yuánzhūbǐ zhǎo bu dào le.

   B：那不是你的圆珠笔 吗?
   Nà bú shì nǐ de yuánzhūbǐ ma?

   A：啊! 找到 了。
   À! Zhǎodào le.

四、生词 New Words

1	名胜古迹		míngshèng gǔjì	scenic spots and historical sites
2	来得及		lái de jí	to be able to do something in time
3	来不及		lái bu jí	too late to do..., to have no time to...
4	游览	（动）	yóulǎn	to go sight-seeing
5	风景	（名）	fēngjǐng	scenery
6	然后	（连）	ránhòu	then
7	计划	（名、动）	jìhuà	plan; to plan
8	办	（动）	bàn	to do, to make
9	热闹	（形）	rènao	bustling with excitement, lively
10	各	（代）	·gè	every, each
11	非常	（副）	fēicháng	very, most
12	小吃	（名）	xiǎochī	refreshments
13	有名	（形）	yǒumíng	famous, well-known
14	顺便	（副）	shùnbiàn	by the way, at one's convenience

15	城市	（名）	chéngshì	city
16	工业	（名）	gōngyè	industry
17	展览馆	（名）	zhǎnlǎnguǎn	exhibition hall
18	上保险		shàng bǎoxiǎn	to buy insurance, to insure
19	手续	（名）	shǒuxù	procedure
20	水果	（名）	shuǐguǒ	fruit
21	之一		zhī yī	one of...
22	圆珠笔	（名）	yuánzhūbǐ	ball-pen

专名　Proper Names

1	桂林	Guìlín	Guilin (name of a city)
2	南京路	Nánjīnglù	Nanjing Road
3	豫园	Yùyuán	the Yuyuan Park

五、语法　Grammar

1. 趋向补语(3)　The directional complement (3)

1）动词"上"、"下"、"进"、"出"、"回"、"过"、"起"等后面加上"来"或"去"以后,可作其他动词的补语,表示动作的方向,这种趋向补语叫复合趋向补语。例如:

When the verb "上", "下", "进", "出", "回", "过", or "起" takes "来" or "去" after it, it may serve as the complement of another verb to express the direction of the action. Such a directional complement is called the compound directional complement, e.g.

(1) 他从教室走出来了。　　　　(2) 他想买些东西寄回去。

2）复合趋向补语中的"来"、"去"所表示的方向与说话人(或所谈论的事物)之间的关系,表示处所的宾语的位置都与简单趋向补语相同。例如:

The direction of motion indicated by "来" or "去" in such a complement with relation to the speaker (or something in question) and the position of the object of locality are similar to those of a simple directional complement, e.g.

(3) 上课了,老师走进教室来了。　　(4) 那些照片都寄回国去了。

2. "不是……吗?"　The rhetoric question with "不是……吗?"

"不是……吗?"构成的反问句,用来表示肯定,并有强调的意思。例如:

The rhetoric question with "不……是吗" is used to express affirmation and achieve emphasis, e.g.

(1) 你不是要去旅行吗?（你要去旅行）

(2) 这个房间不是很干净吗?（这个房间很干净）

192

六、练习 Exercises

1.选择适当的动词组成动宾结构并造句 Choose proper verbs to form verb-object constructions and make sentences:

例:字　　　(a)写　　　　　　　那个孩子正在写字。
　　　　　　(b)画

(1) 名胜古迹(a)游览　　(2) 风景(a)参观　　(3) 手续 (a)作
　　　　　　(b)旅行　　　　　　(b)看　　　　　　(b)办

(4) 能力　　(a)提高　　(5) 电影(a)演　　(6)自行车(a)坐
　　　　　　(b)练好　　　　　　(b)开　　　　　　(b)骑

2.用动词及趋向补语完成句子 Complete the sentences with the verbs given in parentheses and directional complements:

(1) 注意,前边_____一辆汽车。(开)

(2) 和子,楼下有人找你,你快_____吧。(下)

(3) 下课了,我们的老师_____了。(走)

(4) 山上的风景很好,你们快_____吧。(爬)

3.仿照例子,把下面的句子改成疑问句 Change the following sentences into questions by following the model:

例:昨天我们跳舞跳了两个小时。　　→昨天你们跳舞跳了几个小时?
　　　　　　　　　　　　　　　　或:昨天你们跳舞跳了多长时间?

(1) 我来北京的时候,坐飞机坐了十二个小时。

(2) 昨天我爬山爬了三个小时。

(3) 今天早上我吃饭吃了一刻钟。

(4) 从这儿到北海,骑车要骑一个多小时。

(5) 昨天我们划船划了两个小时。

4.说话 Say what you can:

介绍一个你游览过的名胜古迹。

提示:风景怎么样? 有什么有名的东西? 你最喜欢什么? 游览了多长时间?

Talk about one of the scenic spots or historical sites you've visited.

Suggested points:What about the scenery? What is it famous for?

　　　　　　　　What do you like best? How long did you stay there?

5.听述 Listen and retell:

　　我喜欢旅行,旅行可以游览名胜古迹。旅行还是一种学习汉语的好方法(fāngfǎ method)。在学校,我习惯听老师说话,换一个人就不习惯。可是旅行的时候要跟各种各样的人说话,要问路、要参观、要买东西……,这是学习汉语的好机会(jīhuì opportunity)。放假的时候我就去旅行,提高我的听说能力。

6. 语音练习　*Phonetic drills*：

（1）常用音节练习　Drill on the frequently used syllables

shuo $\begin{cases} \text{shuō huà} & （说话）\\ \text{xiǎoshuō} & （小说）\\ \text{shuōmíng} & （说明）\end{cases}$　　　qu $\begin{cases} \text{qùnián} & （去年）\\ \text{chūqu} & （出去）\\ \text{qǔdé} & （取得）\end{cases}$

（2）朗读会话　Read aloud the conversation

A：Fàng jià yǐhòu nǐ jìhuà zuò shénme?

B：Wǒ xiǎng qù lǚxíng.

A：Nǐ qù nǎr?

B：Qù Dōngběi.

A：Xiànzài Dōngběi duō lěng a!

B：Lěng hǎo a, kěyǐ kàn bīngdēng.

<table>
<tr><td>旅游（二）
lǚyóu
TRAVELLING (2)</td></tr>
</table>

你的钱包忘在这儿了

You've left your purse (or wallet) here.

一、句子　Sentences

229　你看见 和子 了吗?
　　Nǐ kànjiàn Hézǐ　le ma?

Have you seen Wako?

230　你进大厅 去找 她吧。
　　Nǐ jìn dàtīng qù zhǎo tā ba.

You'd better go and look for her in the hall.

231　你买到 票 了没有?
　　Nǐ mǎidào piào le méiyǒu?

Haven't you got the ticket?

232　明天 的票 卖 完 了。
　　Míngtiān de piào mài wán le.

The tickets for tomorrow are all sold out.

233　您应该 早点儿 预订 飞机 票。
　　Nín yīnggāi zǎo diǎnr yùdìng fēijī piào.

You should book your airplane ticket as early as possible.

234　我有 急事,您 帮帮 忙 吧!
　　Wǒ yǒu jí shì, nín bāngbang máng ba!

I am sorry to bother you, but I have something urgent.

235　机票上 写着十四点零 五
　　Jīpiào shang xiězhe shísì diǎn líng wǔ

分起飞。
fēn qǐfēi.

The airplane ticket says that the plane leaves at 14:05.

236　小姐，你的 钱包 忘在 这儿 了。
　　Xiǎojie, nǐ de qiánbāo wàngzài zhèr le.

You've left your purse here, miss.

二、会话　Conversation

刘京:　　你看见 和子 了吗?
Liú Jīng:　　Nǐ kànjiàn Hézǐ　le ma?

195

玛丽：　　　　　没 看见。 你进 大厅 去 找 她 吧。
Mǎlì:　　　　　Méi kànjiàn.　Nǐ jìn dàtīng qù zhǎo tā ba.

　　*　　　　*　　　　*　　　　*　　　*

刘 京：　　　　和子, 买到　票 了 没 有?
Liú Jīng:　　　Hézǐ, mǎidào piào le méi yǒu?

和子：　　　　还 没 有 呢。
Hézǐ:　　　　　Hái méi yǒu ne.

刘 京：　　　　快 到 南边 六 号 窗口　去 买。
Liú Jīng:　　　Kuài dào nánbiān liù　hào chuāngkǒu qù mǎi.

和子：　　　　买 两　张　去 上海　的 票。
Hézǐ:　　　　　Mǎi liǎng zhāng qù Shànghǎi de piào.

售票员：　　　要 哪天 的?
shòupiàoyuán: Yào nǎ tiān de?

和子：　　　　明天　的 有 没 有?
Hézǐ:　　　　　Míngtiān de yǒu méi yǒu?

售票员：　　　卖完 了。有 后天 的, 要 哪 次 的?
shòupiàoyuán: Màiwán le.　Yǒu hòutiān de,　yào nǎ cì de?

和子：　　　　我 想 白天 到, 买 哪 次 好?
Hézǐ:　　　　　Wǒ xiǎng báitiān dào, mǎi nǎ cì hǎo?

售票员：　　　买 十三 次 吧。要 硬卧 还是 软卧?
shòupiàoyuán: Mǎi shísān cì ba. Yào yìngwò háishi ruǎnwò?

和子：　　　　硬卧。
Hézǐ:　　　　　Yìngwò.

　　*　　　　*　　　　*　　　　*　　　*

尼娜：　　　　到 北京 的 飞机 票 有 吗?
Nínà:　　　　　Dào Běijīng de　fēijī piào yǒu ma?

售票员：　　　三 天 以内 的 都 没有 了。你 应该 早 点儿 预订。
shòupiàoyuán: Sān tiān yǐnèi de dōu méiyǒu le.　Nǐ yīnggāi zǎo diǎnr yùdìng.

尼娜：　　　　劳驾, 我 有 急事, 帮帮　忙 吧!
Nínà:　　　　　Láojià, wǒ yǒu jí shì, bāngbang máng ba!

售票员： 啊,有一张 十五号 的。
shòupiàoyuán: À, yǒu yì zhāng shíwǔ hào de.

尼娜： 我要了。这是我的护照。请问, 从 这儿到
Nínà: Wǒ yào le. Zhè shì wǒ de hùzhào. Qǐngwèn, cóng zhèr dào

北京 要 多 长 时间?
Běijīng yào duō cháng shíjiān?

售票员： 一个多小时。
shòupiàoyuán: Yí ge duō xiǎoshí.

尼娜： 几点 起飞?
Nínà: Jǐ diǎn qǐfēi?

售票员： 您看, 机票上 写着十四点零 五 分 起飞。
shòupiàoyuán: Nín kàn, jīpiào shang xiězhe shísì diǎn líng wǔ fēn qǐfēi.

   *   *   *   *   *

售票员： 小姐, 您 的 钱包 忘在 这儿了。
shòupiàoyuán: Xiǎojie, nín de qiánbāo wàngzài zhèr le.

尼娜： 太 感谢 你 了。
Nínà: Tài gǎnxiè nǐ le.

三、替换与扩展 Substitution and Extension

1. 你买到票了没有？

> 找到 钱包, 拿到 护照
> 办完 手续, 做好 广告

2. 你的钱包忘在这儿了。

> 他 行李 放, 她 衣服 挂
> 王先生 汽车 停

3. 你进大厅去找她吧。

> 进图书馆, 回宿舍
> 到她家, 进礼堂

   *   *   *   *   *

1. A: 我 的 汉语 书 忘在 宿舍 里了,怎么办？
   Wǒ de Hànyǔ shū wàngzài sùshè li le, zěnme bàn?

B：现在 马上 回 宿舍 去拿，来得及。
　　Xiànzài mǎshàng huí sùshè qù ná, lái de jí.

2. 大家 讨论 一下儿，哪个 办法 好。
　　Dàjiā tǎolùn yíxiàr, nǎ ge bànfǎ hǎo.

四、生词　New Words

1	大厅	（名）	dàtīng	hall
2	卖	（动）	mài	to sell
3	预订	（动）	yùdìng	to book, to reserve
4	帮忙		bāng máng	to help
5	着	（助）	zhe	(aspect particle)
6	忘	（动）	wàng	to forget, to leave
7	钱包	（名）	qiánbāo	purse, wallet
8	南边	（名）	nánbiān	south
9	窗口	（名）	chuāngkǒu	window
10	白天	（名）	báitiān	daytime
11	硬卧	（名）	yìngwò	hard sleeper
12	软卧	（名）	ruǎnwò	soft sleeper
13	以内	（名）	yǐnèi	within, under
14	护照	（名）	hùzhào	passport
15	广告	（名）	guǎnggào	advertisement
16	行李	（名）	xíngli	luggage
17	挂	（动）	guà	to hang
18	停	（动）	tíng	to stop
19	图书馆	（名）	túshūguǎn	library
20	礼堂	（名）	lǐtáng	auditorium
21	讨论	（动）	tǎolùn	to discuss
22	办法	（名）	bànfǎ	measure

专名　Proper Name

尼娜	Nínà	Nina (name of a person)

198

五、语法　Grammar

1. 动作的持续　The duration of an action

1）动态助词"着"加在动词后边,表示动作、状态的持续。否定形式是"没(有)……着"。例如:

The aspect particle "着" is put after the verb to denote the duration of an action or a state. Its negative form is "没(有)……着", e.g.

(1) 窗户开着,门没开着。　　(2) 衣柜里挂着很多衣服。

(3) 书上边没写着你的名字。　(4) 他没拿着东西。

2）它的正反疑问句的形式是用"……着……没有"表示。例如:

In an affirmative-negative question, it takes the form of "……着……没有", e.g.

(5) 门开着没有?　　(6) 你带着护照没有?

2. "见"作结果补语　"见" as a complement of result

"见"常在"看"或"听"之后作结果补语。"看见"的意思是"看到";"听见"的意思是"听到"。

"见" is often used after "看" (to look) or "听" (to listen) as a complement of result. "看见" means "see", while "听见" means "hear".

六、练习　Exercises

1. 根据情况,用趋向补语和下边的词语造句　Make sentences with directional complements and the following words according to the given situations:

例:进　候机室　(说话人在外边)　——→刚才他进候机室去了。

(1) 上　　山　　(说话人在山下)

(2) 进　　教室　(说话人在教室)

(3) 进　　公园　(说话人在公园外)

(4) 下　　楼　　(说话人在楼下)

(5) 回　　家　　(说话人在外边)

2. 用动词加"着"填空　Fill in the blanks using verbs and "着":

(1) 衣服在衣柜里_____呢。

(2) 你找钱包? 不是在你手里_____吗?

(3) 我的自行车钥匙在桌子上_____,你去拿吧。

(4) 九楼前边_____很多自行车。

(5) 我的本子上_____我的名字呢,能找到。

(6) 参观的时候你_____他去,他不认识那儿。

3. 用"从……到……"回答问题　Answer the questions with "从……到……":

(1) 每星期你什么时候上课?

(2) 你每天从几点到几点上课? 从几点到几点做什么?

（3）从你们国家到北京远不远？

4．完成对话 Complete the conversation：

  A：可以预订火车票吗？

  B：_____。你去哪儿？

  A：_____。

  B：_____？

  A：我要一张四月十号的。

  B：_____？

  A：要软卧。

5．根据下面的火车时刻表买票 Buy tickets by referring to the following train time-table：

火车时刻表 Train time-table

车次	种类	起止点	开车时间 departures	到达时间 arrivals
Y 209	旅游	北京—秦皇岛	7：50	11：25
Y 223	旅游	北京—秦皇岛	12：54	17：51
K 41	特快	北京—西安	17：10	7：41（第二天）
125	直快	北京—西安	10：00	6：38（第二天）

（1）去天津(Tiānjīn)可以买当天(dàngtiān the same day)的票。

（2）去西安的卧铺票要提前三天预订。

6．听述 Listen and retell：

    张三和李四去火车站，进去以后，离开车只(zhǐ only)有五分钟了。他们快跑，张三跑得快，先上了火车。他看见李四还在车下边，急了，就要下车。服务员说："先生，不能下车，车就要开了，来不及了。"张三说："不行，要走的是他，我是送他来的。"

7．语音练习 Phonetic drills：

（1）常用音节练习 Drill on the frequently used syllables

chu
- chūlai （出来）
- dàochù （到处）
- chúqù （除去）

er
- érqiě （而且）
- érzi （儿子）
- ěrduo （耳朵）
- èryuè （二月）

（2）朗读会话 Read aloud the conversation

  A：Huǒchē shang yǒudiǎnr rè.

  B：Kāi chē yǐhòu jiù liángkuai le.

  A：Zhè xiē dōngxi fàngzài nǎr?

  B：Fàngzài shàngbiān de xínglijià shang.

  A：Zhēn gāo a.

  B：Wǒ bāng nǐ fàng.

  A：Máfan nǐ le.

  B：Bú kèqi.

<table>
<tr><td>

旅游(三)
lǚyóu
TRAVELLING (3)

</td></tr>
</table>

有空房间吗?

Are there any vacant rooms?

一、句子　**Sentences**

237　终于　到了桂林了。
　　　Zhōngyú dào le Guìlín le.
　　　We've got to Guilin at last.

238　哎呀,累死了!
　　　Āiyā,　lèisǐ le!
　　　Oh, my God! I am really worn out.

239　你只要　找个离市中心　近的
　　　Nǐ zhǐyào zhǎo ge lí shì zhōngxīn jìn de
　　　旅馆　就行。
　　　lǚguǎn jiù xíng.
　　　Any hotel would be okey if it is near the downtown area.

240　你们在前边　那个汽车站
　　　Nǐmen zài qiánbiān nà ge qìchēzhàn
　　　等我。
　　　děng wǒ.
　　　You'll wait for me at the bus stop ahead.

241　请问,　有空房间吗?
　　　Qǐngwèn, yǒu kòng fángjiān ma?
　　　Excuse me, but are there any vacant rooms here?

242　现在　没有空房间,都
　　　Xiànzài méi yǒu kòng fángjiān, dōu
　　　住满了。
　　　zhùmǎn le.
　　　All rooms are occupied.

243　那个包你放进衣柜里去吧?
　　　Nà ge bāo nǐ fàng jìn yīguì li qù ba?
　　　Will you please put that bag into the wardrobe?

244　那个包很大,放得进去放
　　　Nà ge bāo hěn dà, fàng de jìn qu fàng
　　　Can you put that big bag into it?

不 进 去？
bu jìn qu?

二、会话　Conversation

大卫：　终于　到了桂林了。
Dàwèi：　Zhōngyú dào le Guìlín le.

尼娜：　哎呀，累死了！
Nínà：　Āiyā, lèisǐ le!

玛丽：　大卫，你快去找　住的地方吧。
Mǎlì：　Dàwèi, Nǐ kuài qù zhǎo zhù de dìfang ba.

大卫：　找　什么样　的旅馆好呢？
Dàwèi：　Zhǎo shénmeyàng de lǚguǎn hǎo ne?

玛丽：　只要　找个离市　中心　近的就　行。
Mǎlì：　Zhǐyào zhǎo ge lí shì zhōngxīn jìn de jiù xíng.

大卫：　那你们慢慢　地走，在前边　那个汽车站　等　我。
Dàwèi：　Nà nǐmen mànmānr de zǒu, zài qiánbiān nà ge qìchēzhàn děng wǒ.

我去问问。
Wǒ qù wènwen.

　　　　*　　　　*　　　　*　　　　*　　　　*

大卫：　请问，　有空房间　吗？
Dàwèi：　Qǐngwèn, yǒu kòng fángjiān ma?

服务员：现在　没有，都住满了。
fúwùyuán：Xiànzài méi yǒu, dōu zhùmǎn le.

大卫：　请您想想　办法，帮个忙　吧！
Dàwèi：　Qǐng nín xiǎngxiang bànfǎ, bāng ge máng ba!

服务员：你们几位？
fúwùyuán：Nǐmen jǐ wèi?

大卫：　两个女的，一个男的。
Dàwèi：　Liǎng ge nǚ de, yí ge nán de.

服务员：你们　等　一会儿看看，可能　有客人要　走。
fúwùyuán：Nǐmen děng yíhuìr kànkan, kěnéng yǒu kèren yào zǒu.

202

玛丽： 这 个 房间 很 不错，窗户 很 大。
Mǎlì： Zhè ge fángjiān hěn búcuò, chuānghu hěn dà.

尼娜： 我 想 洗澡。
Nínà： Wǒ xiǎng xǐ zǎo.

玛丽： 先 吃 点儿 东西 吧。
Mǎlì： Xiān chī diǎnr dōngxi ba.

尼娜： 我 不饿，刚才 吃 了 一 块 蛋糕。
Nínà： Wǒ bú è, gāngcái chī le yí kuài dàngāo.

玛丽： 那 个 包 你 放 进 衣柜 里 去 吧。
Mǎlì： Nà ge bāo nǐ fàng jìn yīguì li qù ba.

尼娜： 包 很 大，放 得 进去 放 不 进去？
Nínà： Bāo hěn dà, fàng de jìn qu fàng bu jìn qu?

玛丽： 你 试试。
Mǎlì： Nǐ shìshi.

尼娜： 放 得 进去。我 的 红 衬衫 怎么 不 见 了？
Nínà： Fàng de jìn qu. Wǒ de hóng chènshān zěnme bú jiàn le?

玛丽： 不 是 放 在 椅子 上 吗？
Mǎlì： Bú shì fàng zài yǐzi shang ma?

尼娜： 啊！刚 放 的 就 忘 了。
Nínà： À! Gāng fàng de jiù wàng le.

注释 **Note**

　"累死了！" I'm really worn out.

　"死"作补语，表示程度高，即"达到极点"的意思。

　"死" as a complement indicates a great extent, i.e. the limit of a scale.

三、替换与扩展 Substitution and Extension

1. 累死了!

麻烦 忙 饿 渴 高兴 难

2. 只要<u>找</u>个<u>离市中心近</u>的<u>旅馆</u>就行。

穿	颜色好看	衣服
买	好用	笔
找	交通方便	饭店

3. 那<u>个</u> 包你放进<u>衣柜</u>里去吧。

条	裙子	箱子
条	裤子	包
件	毛衣	衣柜
瓶	啤酒	冰箱

＊ ＊ ＊ ＊ ＊

1. 餐厅 在 大门 的 旁边。
   Cāntīng zài dàmén de pángbiān.

2. A：你 洗 个 澡 吧。
   Nǐ xǐ ge zǎo ba.

   B：不，我 饿 死 了，先 吃 点儿 东西 再说。
   Bù, wǒ è sǐ le, xiān chī diǎnr dōngxi zàishuō.

四、生词 New Words

1	终于	（副）	zhōngyú	at last, finally
2	死	（动、形）	sǐ	to die; dead
3	只要……就……		zhǐyào……jiù……	if...then...
4	市	（名）	shì	city
5	中心	（名）	zhōngxīn	centre, downtown area
6	旅馆	（名）	lǚguǎn	hotel
7	空	（形）	kòng	vacant
8	满	（形）	mǎn	occupied, full
9	包	（名）	bāo	bag
10	地	（助）	de	(structural particle)
11	位	（量）	wèi	(a measure word for people)
12	客人	（名）	kèren	guest
13	洗澡		xǐ zǎo	to have a bath
14	饿	（形）	è	hungry
15	衬衫	（名）	chènshān	shirt, blouse

204

16	椅子	（名）	yǐzi	chair
17	裙子	（名）	qúnzi	skirt
18	箱子	（名）	xiāngzi	trunk, suitcase
19	裤子	（名）	kùzi	trousers, pants
20	渴	（形）	kě	thirsty
21	餐厅	（名）	cāntīng	dining hall

五、语法　Grammar

1. 形容词重叠与结构助词"地"　Reduplication of adjectives and the structural particle "地"

1）一部分形容词可以重叠,重叠后表示性质程度的加深。

单音节形容词重叠后第二个音节变为第一声,并可儿化。如"好好儿"、"慢慢儿"等;双音节形容词的重叠形式为"AABB"。例如"高高兴兴"、"干干净净"等。

There are a number of adjectives that can be reduplicated in Chinese. When an adjective is reduplicated, its meaning properties are intensified.

When a monosyllabic adjective is reduplicated, the second syllable is pronounced in the lst tone and can be retroflexed with "r", e.g. "好好儿", "慢慢儿". The reduplication of a disyllabic adjective takes the form "AABB", e.g. "高高兴兴", "干干净净".

2）单音节形容词重叠后作状语用不用"地"都可,双音节形容词重叠一般要用"地"。例如：

A reduplicated monosyllabic adjective may or may not take "地" when it is used as an adverbial, while a reduplicated disyllabic adjective normally requires "地", e.g.

(1) 你们慢慢(地)走啊!

(2) 他高高兴兴地说:"我收到了朋友的来信。"

(3) 玛丽舒舒服服地躺在床上睡了。

2. 可能补语(2)　The potential complement (2)

1）动词和趋向补语之间加"得"或"不",就可构成可能补语。例如：

The potential complement can also be formed by inserting a structural particle "得" or "不" between a verb and a directional complement, e.g.

(1) 他们去公园了,十二点以前回得来。

(2) 山很高,我爬不上去。

2）正反疑问句的构成方式是并列可能补语的肯定形式和否定形式。例如：

An affirmative-negative question is formed by juxtaposing the positive and the negative forms of a potential complement, e.g.

(3) 你们十二点以前回得来回不来?

(4) 门很小,汽车开得进来开不进来?

六、练习 Exercises

1. 填上适当的量词 Supply the proper measure words：

一＿＿＿＿衬衫　　　两＿＿＿＿裤子　　　一＿＿＿＿裙子

一＿＿＿＿桌子　　　三＿＿＿＿马路　　　一＿＿＿＿衣柜

四＿＿＿＿小说　　　两＿＿＿＿票　　　　一＿＿＿＿自行车

三＿＿＿＿圆珠笔　　一＿＿＿＿小狗　　　三＿＿＿＿客人

2. 把下面的句子改成正反疑问句 Change the following sentences into affirmative-negative questions：

例：今天晚上六点你回得来吗？　　　→今天晚上六点你回得来回不来？

(1) 那个门很小，汽车开得进去吗？

(2) 这个包里再放进两件衣服，放得进去吗？

(3) 这么多药水你喝得下去吗？

(4) 箱子放在衣柜上边，你拿得下来吗？

3. 用"只要……就"回答问题 Answer the questions with "只要……就"：

例：明天你去公园吗？　　　→只要天气好，我就去。

(1) 中国人说话，你听得懂吗？

(2) 你去旅行吗？

(3) 明天你去看杂技吗？

(4) 你想买什么样的衬衫？

4. 完成对话 Complete the conversation：

A：请问，一个房间＿＿＿＿＿＿＿？

B：一天八十块。

A：＿＿＿＿＿＿＿＿＿＿？

B：有两张床。

A：＿＿＿＿＿＿＿＿＿＿？

B：很方便，一天二十四小时都有热水。

A：这儿能打国际电话吗？

B：＿＿＿＿＿＿。

A：好，我要一个房间。

5. 会话 Conversation：

在饭店看房间，服务员说这个房间很好，你觉得太贵了，想换一个。

提示：房间大小，有什么东西，能不能洗澡，是不是干净，一天多少钱，住几个人。

An attendant at a hotel has just taken you to a room, saying that it is a nice one. You feel that it is very expensive and want to change it for another.

Suggested points：You want to know the size, the furniture, the bathing facilities, the sanitary conditions, the rent and the capacity of the room.

206

6. 听述　Listen and retell：

这个饭店不错。房间不太大,可是很干净。每个房间都能洗澡,很方便。晚上可以看电视,听音乐。饭店的楼上有咖啡厅和卡拉 OK(kǎlā OK　karaoke)。客人们白天在外边参观游览了一天,晚上喝杯咖啡,唱唱卡拉 OK,可以好好地休息休息。

7. 语音练习　Phonetic drills：

(1) 常用音节练习　Drill on the frequently used syllables

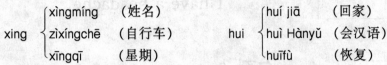

xing
- xìngmíng　　（姓名）
- zìxíngchē　　（自行车）
- xīngqī　　　（星期）

hui
- huí jiā　　　（回家）
- huì Hànyǔ　（会汉语）
- huīfù　　　　（恢复）

(2) 朗读会话　Read aloud the conversation

A：Qǐngwèn, yǒu kòng fángjiān ma?

B：Duìbuqǐ, xiànzài méi yǒu.

A：Shénme shíhou néng yǒu?

B：Xiàwǔ liù diǎn.

A：Hǎo, liù diǎn zài lái.

看病 kàn bìng TO SEE A DOCTOR

我头疼
I have a headache.

一、句子　Sentences

245　你怎么了？
　　　Nǐ zěnme le?
Is there any thing wrong with you?

246　我头疼，咳嗽。
　　　Wǒ tóu téng, késou.
I have a headache and a cough.

247　我昨天　晚上　就开始不舒服。
　　　Wǒ zuótiān wǎnshang jiù kāishǐ bù shūfu.
I began to feel unwell last night.

248　你把嘴张开，我看看。
　　　Nǐ bǎ zuǐ zhāngkāi, wǒ kànkan.
Please open your mouth and let me have a look.

249　吃两天药，就会好的。
　　　Chī liǎng tiān yào, jiù huì hǎo de.
Take medicine for two days and you will get well.

250　王兰呢？
　　　Wáng Lán ne?
Where is Wang Lan?

251　我找了她两次，都不在。
　　　Wǒ zhǎo le tā liǎng cì, dōu bú zài.
I looked for her twice, but she was not in on both occasions.

252　她一出门就摔倒了。
　　　Tā yì chū mén jiù shuāidǎo le.
No sooner had she left the room than she fell down.

二、会话　Conversation

大夫：　你怎么了？
dàifu:　Nǐ zěnme le?

玛丽：　我头疼，咳嗽。
Mǎlì:　Wǒ tóu téng, késou.

大夫： 几 天 了？
dàifu: Jǐ tiān le?

玛丽： 昨天 上午 还好好 的， 晚上 就开始不舒服了。
Mǎlì: Zuótiān shàngwǔ hái hǎohāo de, wǎnshang jiù kāishǐ bù shūfu le.

大夫： 你吃药了吗？
dàifu: Nǐ chī yào le ma?

玛丽： 吃了一次。
Mǎlì: Chīle yí cì.

大夫： 你把嘴张开， 我看看。嗓子有点儿红。
dàifu: Nǐ bǎ zuǐ zhāngkāi, wǒ kànkan. Sǎngzi yǒu diǎnr hóng.

玛丽： 有 问题 吗？
Mǎlì: Yǒu wèntí ma?

大夫： 没 什么。 你试试 表 吧。
dàifu: Méi shénme. Nǐ shìshi biǎo ba.

玛丽： 发烧 吗？
Mǎlì: Fā shāo ma?

大夫： 三十七 度 六, 你 感冒 了。
dàifu: Sānshíqī dù liù, nǐ gǎnmào le.

玛丽： 要 打针 吗？
Mǎlì: Yào dǎ zhēn ma?

大夫： 不用， 吃 两 天 药 就会好的。
dàifu: Búyòng, chī liǎng tiān yào jiù huì hǎo de.

*　　　*　　　*　　　*　　　*

和子： 王 兰呢？我 找了 她 两 次，都 不 在。
Hézǐ: Wáng Lán ne? Wǒ zhǎole tā liǎng cì, dōu bú zài.

刘京： 到 医院 去 了。
Liú Jīng: Dào yīyuàn qù le.

和子： 病 了 吗？
Hézǐ: Bìng le ma?

刘京：不是, 她 受 伤 了。听说 今天 早上 她一出门就
Liú Jīng: Bú shì, tā shòu shāng le. Tīngshuō jīntiān zǎoshang tā yì chū mén jiù

209

摔倒 了。
shuāidǎo le.

和子： 去 哪个 医院 了？
Hézǐ： Qù nǎ ge yīyuàn le?

刘京：可能 是 第三 医院。
Liú Jīng：Kěnéng shì Dì-sān Yīyuàn.

和子： 现在 情况 怎么样？ 伤 得 重 吗？
Hézǐ： Xiànzài qíngkuàng zěnmeyàng? Shāng de zhòng ma?

刘京：还 不 清楚， 检查了 才能 知道。
Liú Jīng：Hái bù qīngchu, jiǎnchále cáinéng zhīdao.

注释　Note

"王兰呢？"

"呢"的问句,在没有上下文时,是问地点的。"王兰呢？"意思就是"王兰在哪儿？"

A question ending with "呢", if without any context, concerns the whereabouts of somebody or something. Therefore, "王兰呢？" means "Where is Wang Lan?"

三、替换与扩展　Substitution and Extension

1. 你把嘴张开。

窗户	开开，	他的信	送去
冰箱	打开，	铅笔	放好
门	锁上		

2. 我找了她两次,都不在。

| 问 | 说， | 请 | 来 |
| 给 | 要， | 约 | 去 |

3. 她一出门就摔倒了。

| 到家 | 吃饭， | 放假 | 去旅行 |
| 关灯 | 睡着， | 起床 | 去锻炼 |

*　　　*　　　*　　　*　　　*

1. 他发了两 天 烧， 吃药 以后， 今天 好 多了。
   Tā fā le liǎng tiān shāo, chī yào yǐhòu, jīntiān hǎo duō le.

2. 他住 院 了， 每天 打 两 针， 上午 一 针， 下午 一 针。
   Tā zhù yuàn le, měitiān dǎ liǎng zhēn, shàngwǔ yì zhēn, xiàwǔ yì zhēn.

下 星 期 可 以 出 院 了。

Xià xīngqī kěyǐ chū yuàn le.

四、生词 New Words

1	开始	（动）	kāishǐ	to begin
2	把	（介）	bǎ	(preposition)
3	嘴	（名）	zuǐ	mouth
4	张	（动）	zhāng	to open
5	一……就……		yī……jiù	no sooner...than
6	摔	（动）	shuāi	to fall（down）
7	倒	（动）	dǎo	to slip, to fall（down）
8	嗓子	（名）	sǎngzi	throat
9	表	（名）	biǎo	thermometer
10	发烧		fā shāo	to run a fever
11	打针		dǎ zhēn	to give an injection
12	受	（动）	shòu	to suffer from
13	伤	（名、动）	shāng	wound; to wound
14	情况	（名）	qíngkuàng	situation
15	重	（形）	zhòng	serious
16	锁	（动、名）	suǒ	to lock; lock
17	关	（动）	guān	to turn off
18	灯	（名）	dēng	light
19	锻炼	（动）	duànliàn	to do physical training
20	住院		zhù yuàn	to be hospitalized
21	出院		chū yuàn	to leave hospital

专名 Proper Name

第三医院   Dì-sān Yīyuàn   No. Three Hospital

五、语法 Grammar

1. 动量补语 The complement of frequency

1）动量词和数词结合,放在动词后边,说明动作发生的次数,构成动量补语。例如:

211

A complement of frequency, which denotes the number of times an action takes place, is formed by putting after a verb a compound consisting of a numeral and a measure word for action, e.g.

    (1) 他只来过一次。   (2) 我找过他两次,他都不在。

2) "一下儿"作动量补语,除了可以表示动作的次数外,也可以表示动作经历的时间短暂,并带有轻松随便的意味。例如:

"一下儿" as a complement of frequency denotes not only the frequency of an action, but also the short duration of that action. Moreover, it usually carries a casual undertone, e.g.

    (3) 给你们介绍一下儿。   (4) 你帮我拿一下儿。

2. "把"字句(1)　The "把" sentence (1)

1) "把"字句常常用来强调说明动作对某事物如何处置及处置的结果。在"把"字句里,介词"把"和它的宾语——被处置的事物,必须放在主语之后,动词之前,起状语的作用。例如:

A "把" sentence is usually used to stress how the object of a verb is disposed of and what result is brought about. In such a sentence, the preposition "把" and its object—the thing to be disposed of, should be inserted between the subject and the verb so as to function as an adverbial, e.g.

    (1) 你把门开开。   (2) 我把信寄出去了。

    (3) 小王把那本书带来了。   (4) 请你把那儿的情况介绍介绍。

2) "把"字句有如下几个特点:

Some characteristics of the "把" sentence:

①"把"的宾语是说话人心目中已确定的。不能说"把一杯茶喝了",只能说"把那杯茶喝了"。

The object of "把" is something definite in the mind of the speaker. Therefore, one can say "把那杯茶喝了", but not "把一杯茶喝了".

②"把"字句的主要动词一定是及物的,并带有处置或支配的意义。没有处置意义的动词如:"有"、"是"、"在"、"来"、"去"、"回"、"喜欢"、"知道"等,不能用于"把"字句。

The main verb of a "把" sentence should be transitive and has a meaning of disposing or controlling something. The verbs without such a meaning, e.g. "有","是","在","来","回","喜欢","知道"and so on can't be used in the "把" sentence.

③"把"字句的动词后,必须有其他成分。比如不能说"我把门开",必须说"我把门开开"。

In a "把"sentence, there must be some constituent that follows the verb. Thus, one may say "我把门开开", but not "我把门开".

3. "一……就……"　The expression "一……就……"(no sooner...than...)

1) 有时表示两件事紧接着发生。例如:

It sometimes means that two events occur in close succession, e.g.

    (1) 他一下车就看见玛丽了。   (2) 他们一放假就都去旅行了。

2) 有时候前一分句表示条件,后一分句表示结果。例如:

Occasionally, the first part denotes the condition while the second part expresses the result, e.g.

212

(3) 他一累就头疼。　　　　　　(4) 一下雪,路就很滑。

六、练习　Exercises

1.给下面的词配上适当的结果补语　Match the following words with proper complements of result：

关_____窗户　　　张_____嘴　　　锁_____门
开_____灯　　　　吃_____饭　　　修_____自行车
洗_____衣服　　　接_____一个电话

2.仿照例子,把下面的句子改成"把"字句　Change the following sentences into sentences with "把" by following the model：

例:他画好了一张画儿。　　→他把那张画儿画好了。

(1) 他打开了那个收录机。

(2) 我弄丢了小王的杂志。

(3) 我们布置好那个房间了。

(4) 我摔坏了刘京的铅笔。

3.完成对话　Complete the conversation：

A：_____?

B：我刚一病就住院了。

A：_____?

B：现在还正在检查,检查了才能知道。

A：_____。

B：我一定告诉你。

A：我_____带来了。(把、书)

B：谢谢。

4.会话　Make a dialogue：

大夫和看病的人对话。(打球的时候,手受伤了,去医院看病。)

Between a doctor and a patient. (The patient is telling the doctor that he hurt his hand while he was playing ball and this is the reason why he has come to the hospital.)

5.听述　Listen and retell：

今天小王一起床就头疼,不想吃东西。他没去上课,去医院看病了。大夫给他检查了身体,问了他的情况。

他不发烧,嗓子也不红,不是感冒。昨天晚上他睡得很晚,很长时间睡不着。头疼是因为(yīnwèi　because)睡得太少了。大夫没给他药,告诉他回去好好睡一觉就会好的。

6.语音练习　Phonetic drills：

(1) 常用音节练习　Drill on the frequently used syllables

zheng
- zhèngzài （正在）
- zhēngqǔ （争取）
- zhěngqí （整齐）

xi
- dōngxi （东西）
- xībiān （西边）
- xǐ zǎo （洗澡）

213

(2) 朗读会话　Read aloud the conversation

A：Dàifu, wǒ dùzi téng.

B：Shénme shíhou kāishǐ de?

A：Jīntiān zǎoshang.

B：Zuótiān nǐ chī shénme dōngxi le? Chī tài liáng de dōngxi le ma?

A：Hē le hěn duō bīngshuǐ.

B：Kěnéng shì yīnwèi hē de tài duō le, chī diǎnr yào ba.

<table>
<tr><td>探 望
tànwàng
TO PAY A VISIT</td></tr>
</table>

你好点儿了吗?

Are you better now?

一、句子　**Sentences**

253　我 想　买点儿点心 什么　的。
　　　Wǒ xiǎng mǎi diǎnr diǎnxin shénme de.
　　　I want to buy some refreshments and things like that.

254　没 什么　好 点心。
　　　Méi shénme hǎo diǎnxin.
　　　There aren't any good refreshments (here).

255　去 小卖部　看看, 什么　好 就
　　　Qù xiǎomàibù kànkan, shénme hǎo jiù
　　　买 什么。
　　　mǎi shénme.
　　　Let's go to the store to see if there are any things good to buy.

256　医院 前边　修路,汽车 到 不 了
　　　Yīyuàn qiánbiān xiū lù, qìchē dào bu liǎo
　　　医院 门口。
　　　yīyuàn ménkǒu.
　　　The road is being repaired in front of the hospital, so the car can't reach its gate.

257　你 好 点儿 了 吗?
　　　Nǐ hǎo diǎnr le ma?
　　　Are you better now?

258　看 样子, 你 好 多 了。
　　　Kàn yàngzi, nǐ hǎo duō le.
　　　You look much better.

259　我 觉得 一 天 比 一 天 好。
　　　Wǒ juéde yì tiān bǐ yì tiān hǎo.
　　　I am feeling better and better each day.

260　我们　给 你 带来 一些 吃 的。
　　　Wǒmen gěi nǐ dài lái yìxiē chī de.
　　　We've brought you something to eat.

二、会话　**Conversation**

玛丽:　今天 下午 我们　去 看 王 兰, 好 吗?
Mǎlì:　Jīntiān xiàwǔ wǒmen qù kàn Wáng Lán, hǎo ma?

215

刘 京：　不 行，今天 不 能 看 病人。　明天 下午 可以。
Liú Jīng:　Bù xíng, jīntiān bù néng kàn bìngrén. Míngtiān xiàwǔ kěyǐ.

大卫：　给 她 送 点儿 什么 呢？
Dàwèi:　Gěi tā sòng diǎnr shénme ne?

玛丽：　我 想 给 她 买 点儿 点心 什么 的。
Mǎlì:　Wǒ xiǎng gěi tā mǎi diǎnr diǎnxin shénme de.

大卫：　没 什么 好 点心。还是 买 些 罐头 和 水果 吧。
Dàwèi:　Méi shénme hǎo diǎnxin. Háishi mǎi xiē guàntou hé shuǐguǒ ba.

玛丽：　去 小卖部 看看，什么 好 就 买 什么。
Mǎlì:　Qù xiǎomàibù kànkan, shénme hǎo jiù mǎi shénme.

刘 京：　这 两 天 医院 前边 修 路，汽车 到 不 了 医院 门口。
Liú Jīng:　Zhè liǎng tiān yīyuàn qiánbiān xiū lù, qìchē dào bu liǎo yīyuàn ménkǒu.

玛丽：　那 怎么 办？
Mǎlì:　Nà zěnme bàn?

大卫：　我们 在 前 一 站 下车，从 那儿 走着 去 很 近。
Dàwèi:　Wǒmen zài qián yí zhàn xià chē, cóng nàr zǒu zhe qù hěn jìn.

* * * * *

玛丽：　王 兰，你 好 点儿 了 吗？
Mǎlì:　Wáng Lán, nǐ hǎo diǎnr le ma?

刘 京：　看 样子，你 好多 了。
Liú Jīng　Kàn yàngzi, nǐ hǎoduō le.

王 兰：我 觉得 一 天 比 一 天 好。谢谢 你们 来 看 我。
Wáng Lán: Wǒ juéde yì tiān bǐ yì tiān hǎo. Xièxie nǐmen lái kàn wǒ.

大卫：　我们 给 你 带来 一些 吃 的。
Dàwèi:　Wǒmen gěi nǐ dàilai yìxiē chī de.

王 兰：你们 太 客气 了，真 不好意思。我 好 几 天 没 上课 了。
Wáng Lán: Nǐmen tài kèqi le, zhēn bùhǎoyìsi. Wǒ hǎo jǐ tiān méi shàng kè le.

　　　　眼镜 也 摔 坏 了。
　　　　Yǎnjìng yě shuāi huài le.

刘 京：　你 别 着急，老师 让 我 告诉 你，以后 给 你 补课。
Liú Jīng:　Nǐ bié zháojí, lǎoshī ràng wǒ gàosu nǐ, yǐhòu gěi nǐ bǔ kè.

216

玛丽： 我 给 你 带来了 收录机,你 可以 听听 英语 广播。
Mǎlì: Wǒ gěi nǐ dàilaile shōulùjī, nǐ kěyǐ tīngting Yīngyǔ guǎngbō.

王 兰：多 谢 你们 了。
Wáng Lán：Duō xiè nǐmen le.

大卫： 你 好好 休息,下 次 我们 再 来 看 你。
Dàwèi： Nǐ hǎohāo xiūxi, xià cì wǒmen zài lái kàn nǐ.

王 兰：再见!
Wáng Lán：Zàijiàn!

三 人：再见!
sān rén： Zàijiàn!

注释 Note

"我觉得一天比一天好。" I am feeling better and better each day.

"一天比一天"作状语,表示随着时间的推移,事物变化的程度递增或递减。也可以说"一年比一年"或"一次比一次"等。

"一天比一天" as an adverbial, means that things are changing for the better or worse as time goes on. One may also say "一年比一年" and "一次比一次".

三、替换与扩展　Substitution and Extension

1. 买点儿<u>点心</u>什么的。

带 花,	听 音乐
吃 面条,	买 面包

2. 没什么好<u>点心</u>,还是 <u>买罐头</u>吧。

节目	听音乐
糖	买水果
电视	看录像
杂志	看画报

3. 我们给你<u>带</u>来<u>一些吃的</u>。

弄 感冒药,	借 录像带
拿 英语书,	买 磁带

＊　　　　＊　　　　＊　　　　＊　　　　＊

1. 天 很 黑,看 样子要 下 雨 了。
Tiān hěn hēi, kàn yàngzi yào xià yǔ le.

217

2. 人民 的 生活 一年 比一年 幸福。
Rénmín de shēnghuó yì nián bǐ yì nián xìngfú.

3. 那个 戴 眼镜 的 人 是 谁?
Nà ge dài yǎnjìng de rén shì shuí?

四、生词 New Words

1	点心	（名）	diǎnxin	refreshments, pastry
2	小卖部	（名）	xiǎomàibù	store, shop
3	了	（动）	liǎo	to finish, to complete
4	门口	（名）	ménkǒu	entrance, doorway
5	看样子		kàn yàngzi	it seems..., one looks...
6	病人	（名）	bìngrén	patient
7	罐头	（名）	guàntou	canned food
8	眼镜	（名）	yǎnjìng	glasses
9	着急	（形）	zháojí	uneasy
10	补	（动）	bǔ	to repair
11	广播	（名、动）	guǎngbō	broadcast; to broadcast
12	面条	（名）	miàntiáo	noodles
13	面包	（名）	miànbāo	bread
14	节目	（名）	jiémù	program
15	糖	（名）	táng	sweets
16	杂志	（名）	zázhì	magazine
17	画报	（名）	huàbào	pictorial
18	录像带	（名）	lùxiàngdài	videotapes
19	磁带	（名）	cídài	tapes
20	黑	（形）	hēi	black
21	戴	（动）	dài	to wear, to put on

五、语法 Grammar

1. 疑问代词"什么" The interrogative pronoun "什么"

疑问代词"什么"除了在疑问句中表示疑问以外,还有以下几种用法:

The interrogative pronoun "什么" inquires about something when it is used in an interrogative

218

sentence. It also has the following other uses.

1)"什么"加"的",用在一个成分或几个并列成分之后,表示"等等"或"……之类"的意思。例如:

When "什么" takes "的" and is placed after an element or several paralell elements, it denotes "等等"(and so forth) or "……之类"(and such things), e.g.

(1) 我们带着一些水果、罐头什么的,去看王兰。

(2) 跑步、打球、游泳什么的,他都喜欢。

2)指代不肯定的事物或人,把"什么"去掉后,意思不变,只是语气比较直率。例如:

It may refer to an indefinite thing or person. In a more straightforward style, "什么" can be omitted without affecting the meaning of the sentence, e.g.

(3) 没什么好点心。　　　　(4) 你去上海,我没什么不放心的。

3)"什么"表示任指,用在"都"或"也"前,表示在所说的范围内没有例外。例如:

When "什么" is used before "都" or "也", it refers to anything that has been mentioned so far, e.g.

(5) 王兰病了,什么都不想吃。 (6) 我什么也不知道。

4)有时有两个"什么"前后照应,表示前者决定后者。例如:

At times when there are two occurrences of "什么" in a sentence, it is generally the case that the former controls the latter, e.g.

(7) 什么好就买什么。 (8) 什么最好吃,我就吃什么。

2.动词"了"作可能补语　The verb "了" as a potential complement

1)动词"了"表示"完毕"、"结束"或"可能"的意思。常用在动词后,构成可能补语,表示对行为实现的可能性作出估计。例如:

The verb "了" means "finish", "complete". It is often put after the verb to form a potential complement. Such a construction makes assessment of the possible execution of an action, e.g.

(1) 明天你去得了公园吗? 　　(2) 他病了,今天上不了课了。

2)有时作可能补语仍旧表示"完毕"的意思。例如:

Though used as a potential complement, sometimes it still means "completion", e.g.

(3) 这么多菜,我一个人吃不了。　　(4) 做这点儿练习,用不了半个小时。

六、练习　Exercises

1.把下面的句子改成用"什么"的问句　Change the following sentences into questions with "什么":

(1) 我们学习外语。

(2) 我喜欢红颜色的毛衣。

(3) 他昨天晚上开始嗓子疼的。

(4) 他要去桂林旅行。

2. **仿照例子,用"什么"改写句子** Rewrite the sentences below with **"什么"** by following the model:

例:水果好就买水果,罐头好就买罐头。 —→什么好就买什么。

(1) 京剧好就看京剧,杂技好就看杂技。

(2) 杂志容易懂就看杂志,报容易懂就看报。

(3) 烤鸭好吃就吃烤鸭,饺子好吃就吃饺子。

(4) 喜欢红的就买红的,喜欢黑的就买黑的。

3. **完成对话** Complete the conversations:

(1) 用上"什么" by using"什么"

A:＿＿＿＿＿＿＿＿＿＿?

B:我喜欢游泳,可是游得不好。

A:＿＿＿＿＿＿＿＿＿＿?

B:去年夏天才开始学。

(2) 用上"什么……什么……" by using"什么……什么……"

A:你要买什么颜色的衬衫?

B:＿＿＿＿＿＿＿＿＿＿。

A:你什么时候去?

B:＿＿＿＿＿＿＿＿＿＿。(有空儿)

(3) A:前边怎么有那么多人,那么多车?

B:＿＿＿＿＿＿＿＿＿＿。(看样子 事故)

A:要等多长时间才能过去?

B:＿＿＿＿＿＿＿＿＿＿。(看样子)

4. **会话 Make a dialogue:**

去医院看病人。与病人一起谈话。

提示:医院生活怎么样,病(的)情(况)怎么样,要什么东西等。

You went to a hospital to visit a patient and had a chat with him (or her).

Suggested points: What is his/her life like in the hospital? How about his/her illness? What does he/she need?

5. **听述 Listen and retell:**

小王住院了,上星期六我们去看她了。她住的病房有四张病床。有一张是空的,三张病床都有人。我们去看她的时候,她正躺着看书呢。看见我们她高兴极了。她说想出院,我们劝(quàn to persuade)她不要着急,出院后我们帮她补英语,想吃什么就给她送去。她很高兴,不再说出院的事了。

6. **语音练习 Phonetic drills:**

(1) 常用音节练习 Drill on the frequently used syllables

ba { bā ge （八个）
zǒu ba （走吧）
bàba （爸爸）

fa { chūfā （出发）
fāngfǎ （方法）
fā shāo （发烧）

220

（2）朗读会话　Read aloud the conversation

A：Qǐngwèn, Wáng Lán zhùzài jǐ hào bìngfáng?

B：Tā zài wǔ hào dì-yī chuáng, kěshì jīntiān bù néng kàn bìngrén.

A：Wǒ yǒudiǎnr jí shì, ràng wǒ jìnqu ba.

B：Shénme shì?

A：Tā xiǎng chī bīngjilíng, xiànzài bú sòngqu jiù děi hē bīng shuǐ le.

B：Méi guānxi, wǒ kěyǐ gěi tā fàngzài bīngxiāng li.

复习（七） Review（Ⅶ）

一、会话 Conversation

A：你去过四川(Sìchuān Sichuan Province)吗？看过乐山大佛(Lèshān Dàfó the Giant Buddha at Leshan)吗？

B：我去过四川，可是没看过乐山大佛。

A：没看过？那你一定要去看看这尊(zūn a measure word)有名的大佛！

B：乐山大佛有多大？

A：他坐着从头到脚(jiǎo foot)就有 71 米(mǐ metre)。他的头有 14 米长，耳朵(ěrduo ear)7 米长。

B：啊，真大啊！他的耳朵有 7 米长，那他的脚一定更长了。

A：那当然。大佛的脚有多长，我记不清楚了。不过可以这样说，他的一只脚上可以停五辆大汽车。

B：真了不起(liǎo bu qǐ extraordinary)！这尊大佛是什么时候修建(xiūjiàn build)的？

A：唐代(Tángdài Tang Dynasty)就修建了，大佛在那儿已经坐了一千(qiān thousand)多年了。你看，这些照片都是在那儿照的。

B：照得不错。那儿的风景也很美。你是什么时候去的？

A：1998 年 9 月坐船去的。我还想再去一次呢。

B：听了你的介绍，我一定去看看大佛。要是你有时间我们一起去，就可以请你当导游了。

A：没问题。

二、语法 Grammar

(一)几种补语 Several kinds of complements

1.程度补语 The complement of degree

程度补语一般由形容词充任，动词短语、副词等也可作程度补语。大部分程度补语必须带"得"，也有一类不带"得"的。例如：

A complement of degree is usually made up of an adjective. But a verb phrase or an adverb can also be used as a complement of degree Most complements of degree must be preceded by "得", with only one exception, e.g.

（1）老师说得很慢。　　　　　　　　（2）他高兴得不知道说什么好。

（3）这儿比那儿冷得多。　　　　（4）那只小狗可爱极了。（不带"得"的程度补语）

2．结果补语　The complement of result

（1）你看见和子了吗？　　　　　（2）你慢点儿说，我能听懂。

（3）玛丽住在九楼。　　　　　　（4）我把啤酒放在冰箱里了。

3．趋向补语　The directional complement

（1）王老师从楼上下来了。　　　（2）玛丽进大厅去了。

（3）他买回来很多水果。　　　　（4）那个包你放进衣柜里去吧。

4．可能补语　The potential complement

结果补语、简单或复合趋向补语前加"得"或"不"，都可构成可能补语。例如：

Either a complement of result, or a simple or complex directional complement, if preceded by "得" or "不", can constitute a potential complement, e.g.

（1）练习不太多，今天晚上我做得完。　（2）我听不懂你说的话。

（3）现在去长城，下午两点回得来回不来？（4）衣柜很小，这个包放不进去。

5．数量补语　The complement of quantity

（1）姐姐比妹妹大三岁。　　　　（2）大卫比我高一点儿。

（3）那本词典比这本便宜两块多钱。

6．动量补语　The complement of frequency

（1）来北京以后，他只去过一次动物园。　（2）我去找了他两次。

7．时量补语　The complement of duration

（1）我们休息了二十分钟。　　　（2）他只学了半年汉语。

（3）大卫做练习做了一个小时。　（4）小王已经毕业两年了。

（二）结构助词"的"、"得"、"地"　The structural particles "的"，"得" and "地"

1．"的"用在定语和中心语之间。例如："的" is used between an attributive and a headword, e.g.

（1）穿白衣服的同学是他的朋友。　（2）那儿有个很大的商店。

2．"得"用在谓语动词、形容词和补语之间。例如："得" is put between a verbal or adjectival predicate and a complement, e.g.

（1）我的朋友在北京过得很愉快。　（2）这些东西你拿得了拿不了？

3．"地"用在状语和谓语动词之间。例如："地" is inserted between an adverbial adjunct and a verbal predicate, e.g.

（1）小刘高兴地说："我今天收到三封信。"（2）中国朋友热情地欢迎我们。

三、练习　Exercises

1．按照实际情况说话　Talk about the following topics according to real situations：

（1）说说你的宿舍是怎么布置的？（用上"着"）

（2）说说你一天的生活。（用上趋向补语"来""去"）

（3）介绍一次旅游的情况。（买票　找旅馆　参观　游览）

2. 会话　Conversations：

（1）旅游　Travel

① 买票　Buy a ticket

到……的票还有吗？　　　　　　要……次的？

预订……张……(时间)的票。　　几点开(起飞)？

要硬卧(软卧)。　　　　　　　　坐……要坐多长时间？

② 旅馆　Hotel

有空房间吗？　　　　　　　　　住一天多少钱？

几个人一个房间？　　　　　　　餐厅(舞厅、咖啡厅……)

有洗澡间吗？　　　　　　　　　在哪儿？

③ 参观游览　Visit places of interest

这儿的风景……　　　　　　　　顺便到……

有什么名胜古迹？　　　　　　　跟……一起……

先去……再去……　　　　　　　……当导游

（2）看病　See a doctor

你怎么了？　　　　　　　　　　我不舒服

试试表吧。　　　　　　　　　　头疼

发烧……度。　　　　　　　　　嗓子疼

感冒了。　　　　　　　　　　　咳嗽

吃点儿药　　　　　　　　　　　什么病？

一天吃……次。

一天打……针

住(出)院吧。

（3）探望　See a patient

什么时候能看病人？　　　　　　谢谢你……来看我。

给他买点儿什么？　　　　　　　(你们)太客气了。

你好点儿了吗？　　　　　　　　现在好多了。

看样子你……。

别着急,好好休息。

你要什么吗？

医院的生活怎么样？

什么时候出院？

3. 完成对话　Complete the conversation：

A：玛丽,天津离北京这么近。星期四我们去玩儿玩儿吧。

B：好,我们可以让_____。

A：不行,小刘病了。

B：_____？

A：她发烧、咳嗽。

224

B：_____? 我怎么不知道。

A：昨天晚上才开始的。

B：_____，我们自己去不方便。

A：也好，小刘什么时候好了，我们就什么时候去。

4．语音练习　Phonetic drills：

（1）声调练习：　第一声＋第三声　Drill on tones：1st tone＋3nd tone

Yāoqǐng（邀请）

Yāoqǐng qīnyǒu（邀请亲友）

Yāoqǐng qīnyǒu hē jiǔ（邀请亲友喝酒）

（2）朗读会话　Read aloud the conversation

A：Dàifu, wǒ sǎngzi téng.

B：Yǒudiǎnr hóng, yào duō hē shuǐ.

A：Wǒ hē de bù shǎo.

B：Bié chī de tài xián.

A：Wǒ zhīdao.

B：Xiànzài nǐ qù ná yào, yàoshi bù hǎo, zài lái kàn.

A：Hǎo, xièxie. Zàijiàn!

225

告别
gào bié
DEPARTURE

我要回国了
I'll return home.

一、句子　Sentences

261　好 久 不 见 了。
　　　Hǎo jiǔ bú jiàn le.
　　　I haven't seen you for ages.

262　你 今天 怎么 有 空儿 来 了？
　　　Nǐ jīntiān zěnme yǒu kòngr lái le?
　　　What brings you here today?

263　我 来 向 你 告别。
　　　Wǒ lái xiàng nǐ gàobié.
　　　I've come to say good-bye to you.

264　我 常 来 打扰 你，很 过意不去。
　　　Wǒ cháng lái dǎrǎo nǐ, hěn guòyìbúqù.
　　　I am sorry to trouble you so often.

265　你 那么 忙，不用 送 我 了。
　　　Nǐ nàme máng, búyòng sòng wǒ le.
　　　Don't bother to see me off. You are so busy.

266　我 一边 学习，一边 工作。
　　　Wǒ yìbiān xuéxí, yìbiān gōngzuò.
　　　I study while I work.

267　朋友们 有的 知道，有的 不 知道。
　　　Péngyoumen yǒude zhīdao, yǒude bù zhīdao.
　　　Some friends know this, but others don't.

268　趁 这 两 天 有空儿，我 去 向
　　　Chèn zhè liǎng tiān yǒu kòngr, wǒ qù xiàng
　　　他们 告别。
　　　tāmen gào bié.
　　　I'll go and say good-bye to them, as I am free in the next few days.

二、会话　Conversation

玛丽：你好， 王 先生！
Mǎlì: Nǐ hǎo, Wáng xiānsheng!

王：　玛丽 小姐，好 久 不 见 了。今天 怎么 有 空儿 来 了？
Wáng: Mǎlì xiǎojie, hǎo jiǔ bú jiàn le. Jīntiān zěnme yǒu kòngr lái le?

玛丽：我 来 向 你 告别。
Mǎlì: Wǒ lái xiàng nǐ gào bié.

王：　你 要 去 哪儿？
Wáng: Nǐ yào qù nǎr?

玛丽：我 要 回 国 了。
Mǎlì: Wǒ yào huí guó le.

王：　日子 过 得 真 快，你 来 北京 已经 一 年 了。
Wáng: Rìzi guò de zhēn kuài, nǐ lái Běijīng yǐjing yì nián le.

玛丽：常　 来 打扰 你，很 过意不去。
Mǎlì: Cháng lái dǎrǎo nǐ, hěn guòyìbúqù.

王：　哪儿 的 话，因为 忙，对 你 的 照顾 很 不够。
Wáng: Nǎr de huà, yīnwèi máng, duì nǐ de zhàogù hěn bú gòu.

玛丽：你 太 客气 了。
Mǎlì: Nǐ tài kèqi le.

王：　哪天 走？我 去 送 你。
Wáng: Nǎ tiān zǒu? Wǒ qù sòng nǐ.

玛丽：你 那么 忙，　不用 送 了。
Mǎlì: Nǐ nàme máng, búyòng sòng le.

＊　　　　＊　　　　＊　　　　＊　　　　＊

刘京：　这 次 回国，你 准备 工作 还是 继续 学习？
Liú Jīng: Zhè cì huí guó, nǐ zhǔnbèi gōngzuò háishi jìxù xuéxí?

大卫：　我 打算 考 研究生，　一边 学习，一边 工作。
Dàwèi: Wǒ dǎsuàn kǎo yánjiūshēng, yìbiān xuéxí, yìbiān gōngzuò.

刘京：　那 很 辛苦 啊。
Liú Jīng: Nà hěn xīnkǔ a.

大卫：　没 什么，我们 那儿 很 多 人 都 这样。
Dàwèi: Méi shénme, wǒmen nàr hěn duō rén dōu zhèyàng.

刘京：　你 要 回国 的 事，朋友们 都 知道 了 吗？
Liú Jīng: Nǐ yào huí guó de shì, péngyoumen dōu zhīdao le ma?

大卫： 有的 知道，有的 不 知道。 趁 这 两 天 有 空儿，我 去
Dàwèi： Yǒude zhīdao, yǒude bù zhīdao. Chèn zhè liǎng tiān yǒu kòngr, wǒ qù

向 他们 告别。
xiàng tāmen gàobié.

注释　Note

"哪儿的话。"

用在答话里表示否定。这是受到对方称赞时常用的客气话。

"哪儿的话" has a negative connotation and is a common polite reply to somebody's praise.

三、替换与扩展　Substitution and Extension

1. <u>你来北京</u>已经<u>一年</u>了。

他	离开上海	两年
我	起床	一刻钟
小王	去日本	三个月

2. 一边<u>学习</u>，一边<u>工作</u>。

看电视	谈话，	跳舞	唱歌
喝茶	讨论，	散步	聊天

3. <u>朋友</u>们有的<u>知道</u>，有的<u>不知道</u>。

同学	来	不来
老师	参加	不参加

＊　　　＊　　　＊　　　＊　　　＊

1. 这 两 天 我 得 去 办 各 种 手续， 没 时间 去 向 你 告
   Zhè liǎng tiān wǒ děi qù bàn gè zhǒng shǒuxù, méi shíjiān qù xiàng nǐ gào

   别 了。 请 原谅。
   bié le. Qǐng yuánliàng.

2. 有 几 位 老 朋友 好 久 不 见 了，趁 出 差 的 机会 去
   Yǒu jǐ wèi lǎo péngyou hǎo jiǔ bú jiàn le, chèn chū chāi de jīhuì qù

   看看 他们。
   kànkan tāmen.

四、生词　New Words

1 向　　　　(介)　xiàng　　　　　　　　　to, towards

228

2	告别		gào bié	to depart, to say good-bye to
3	打扰	(动)	dǎrǎo	to trouble, to bother
4	过意不去		guòyìbúqù	to be sorry
5	那么	(代)	nàme	in this way, like that
6	一边……一边……		yìbiān……yìbiān……	at the same time
7	们	(尾)	men	(plural suffix)
8	趁	(动)	chèn	to take the advantage of
9	日子	(名)	rìzi	time, days
10	已经	(副)	yǐjing	already
11	因为	(连)	yīnwèi	because
12	照顾	(动)	zhàogù	to take care of
13	够	(动)	gòu	to be enough
14	准备	(动)	zhǔnbèi	to prepare
15	继续	(动)	jìxù	to continue
16	打算	(动、名)	dǎsuàn	to plan, to want; intention
17	研究生	(名)	yánjiūshēng	post-graduate
18	聊天儿		liáo tiānr	to chat
19	离开		lí kāi	to leave
20	老	(形)	lǎo	old, veteran
21	出差		chū chāi	to go on an errand
22	机会	(名)	jīhuì	chance, opportunity

五、语法　Grammar

1. 时量补语(3)　The complement of duration (3)

有些动词,如"来"、"去"、"到"、"下(课)"、"离开"等不是表示动作的持续,而是表示从发生到某时(或说话时)的一段时间,也可用时量补语。动词后有宾语时,时量补语要放在宾语之后。例如:

Some actions, e.g."来","去","到","下(课)","离开", are not durational. If one wants to indicate the period from the time an action occurs to a later specific point in time (or time of speaking), one may use a complement of duration. When an object follows a verb, the complement of duration is put after the object, e.g.

　　(1) 他来北京已经一年了。　　　　(2) 下课十五分钟了。

2."有的……有的……"　The expression "有的……有的……" (some...and the others...)

　　1) 代词"有的"作定语时,常指它所修饰的名词的一部分,可以单用,也可以两三个连用。例如:

When "有的" is used as an attributive, it modifies the noun, usually referring to some of the entities denoted by that noun. It can occur once, twice or thrice in a sentence, e.g.

(1) 有的话我没听懂。

(2) 我们班同学中有的喜欢看电影,有的喜欢听音乐,有的喜欢看小说。

2) 如果所修饰的名词前面已出现过,也可以省略。例如:

If the noun it modifies has appeared before, it can be omitted, e.g.

(3) 他的书很多,有的(书)是中文的,有的(书)是英文的。

六、练习　Exercises

1. 熟读下列词组并造句　Read until fluent the following phrases and make sentences:

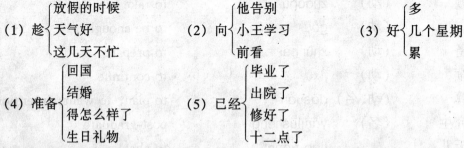

2. 选择适当的词语完成句子　Complete the sentences with proper words and phrases:

有的　继续　研究　老　出差　够

(1) 你的病还没好,应该＿＿＿＿＿＿。

(2) 买两本书得十五块钱,我带的＿＿＿＿＿＿,买一本吧。

(3) 他已经五十岁了,可是看样子＿＿＿＿＿＿。

(4) 他＿＿＿＿＿＿,很少在家。

(5) 他是中文系的研究生,他想＿＿＿＿＿＿。

(6) 我有很多中国朋友＿＿＿＿＿＿。

3. 按照实际情况回答问题　Answer the questions according to actual situations:

(1) 你来北京多长时间了?

(2) 你什么时候中学毕业的? 毕业多长时间了?

(3) 你现在穿的这件衣服,买了多长时间了?

(4) 你离开你们的国家多长时间了?

4. 完成对话　Complete the conversation:

A:小王,我要回国了。

B:＿＿＿＿＿＿＿＿＿＿＿＿＿?

A:二十号晚上走。

B:＿＿＿＿＿＿＿＿＿＿＿＿＿?

A:准备得差不多了。

B:＿＿＿＿＿＿＿＿＿＿＿＿＿?

230

A：不用帮忙,我自己可以。

B：_____。

A：你很忙,不用送我了。

5. 会话　Talk about the following topic:

你来中国的时候向朋友告别。

提示:朋友问你学什么,学习多长时间;你问他们有没有要办的事等。

You bid farewell to your friends when you left for China.

Suggested points:Your friends asked what you would study and how long you would study the subject(s). You asked what you could do for them.

6. 听述　Listen and retell:

明天我要去旅行。这次去的时间比较长,得去向朋友告别一下,可是老张住院了。

在北京的这些日子里,老张像家里人一样照顾我,我也常去打扰他,我觉得很过意不去。今天不能去跟他告别,我就给他写一封信去,问他好吧。希望(xīwàng　hope)我回来的时候他已经出院了。

7. 语音练习　Phonetic drills:

(1) 常用音节练习　Drill on the frequently used syllables

fu $\begin{cases} \text{dàifu　(大夫)} \\ \text{fùqin　(父亲)} \\ \text{fūrén　(夫人)} \end{cases}$
jing $\begin{cases} \text{yǐjing　(已经)} \\ \text{ānjìng　(安静)} \\ \text{jǐngchá　(警察)} \end{cases}$

(2) 朗读会话　Read aloud the conversation

A：Xiǎo Wáng, wǒ xiàng nǐ gào bié lái le.

B：Zhēn qiǎo, wǒ zhèng yào qù kàn nǐ ne. Qǐng jìn.

A：Nǐ nàme máng, hái chángcháng zhàogù wǒ, wǒ fēicháng gǎnxiè.

B：Nǎr de huà, zhàogù de hěn bú gòu.

231

第三十七课　Lesson　37

真舍不得你们走
We are sorry to let you go.

一、句子　Sentences

269　回国的日子越来越近了。
　　　Huí guó de rìzi　yuè lái yuè jìn le.

The day of returning home is drawing near.

270　虽然时间不长，但是我们
　　　Suīrán shíjiān bù cháng, dànshì wǒmen
　　　的友谊很深。
　　　de yǒuyì hěn shēn.

We haven't stayed together for long, but we have already built up profound friendship.

271　我们把地址写在本子上了。
　　　Wǒmen bǎ dìzhǐ xiězài běnzi shang le.

We've already written down the address in our notebooks.

272　让我们一起照张相吧!
　　　Ràng wǒmen yìqǐ zhào zhāng xiàng ba!

Let's have a photo taken together.

273　除了去实习的以外，都来了。
　　　Chúle qù shíxí de yǐwài, dōu lái le.

Except those who have gone to do field practice, everybody is here.

274　你用汉语唱个歌吧。
　　　Nǐ yòng Hànyǔ chàng ge gē ba.

Please sing us a Chinese song.

275　我唱完就该你们了。
　　　Wǒ chàngwán jiù gāi nǐmen le.

I've finished singing. It is your turn now.

276　真不知道说什么好。
　　　Zhēn bù zhīdao shuō shénme hǎo.

I really don't know what to say.

二、会话　Conversation

和子：　回国的日子越来越近了。
Hézǐ:　　Huí guó de rìzi　yuè lái yuè jìn le.

232

王 兰：真 舍不得 你们 走。
Wáng Lán：Zhēn shěbude nǐmen zǒu.

大卫：是 啊，虽然 时间 不 长，但是 我们 的 友谊 很 深。
Dàwèi：Shì a, suīrán shíjiān bù cháng, dànshì wǒmen de yǒuyì hěn shēn.

玛丽：我们 把 地址 写在 本子 上 了，以后 常常 写信。
Mǎlì：Wǒmen bǎ dìzhǐ xiězài běnzi shang le, yǐhòu chángcháng xiě xìn.

刘京：我 想，你们 还是 有 机会 来 的。
Liú Jīng：Wǒ xiǎng, nǐmen háishi yǒu jīhuì lái de.

和子：要是 来 北京，一定 来 看 你们。
Hézǐ：Yàoshi lái Běijīng, yídìng lái kàn nǐmen.

大卫：让 我们 一起 照 张 相 吧！
Dàwèi：Ràng wǒmen yìqǐ zhào zhāng xiàng ba!

玛丽：好，多 照 几 张，留作 纪念。
Mǎlì：Hǎo, duō zhào jǐ zhāng, liúzuò jìniàn.

　　　　＊　　　＊　　　＊　　　＊　　　＊

玛丽：参加 欢送会 的 人 真 多。
Mǎlì：Cānjiā huānsònghuì de rén zhēn duō.

刘京：除了 去 实习 的 以外，都 来 了。
Liú Jīng：Chúle qù shíxí de yǐwài, dōu lái le.

和子：开始 演 节目 了。
Hézǐ：Kāishǐ yǎn jiémù le.

大卫：玛丽，你 用 汉语 唱 个 歌 吧。
Dàwèi：Mǎlì, nǐ yòng Hànyǔ chàng ge gē ba.

玛丽：我 唱完，就 该 你们 了。
Mǎlì：Wǒ chàngwán, jiù gāi nǐmen le.

王 兰：各班 的 节目 很 多，很 精彩。
Wáng Lán：Gè bān de jiémù hěn duō, hěn jīngcǎi.

和子：同学 和 老师 这么 热情 地 欢送 我们，真 不 知道
Hézǐ：Tóngxué hé lǎoshī zhème rèqíng de huānsòng wǒmen, zhēn bu zhīdao

说 什么 好。
shuō shénme hǎo

233

刘 京： 祝贺 你们 取得了 好 成绩。

Liú Jīng： Zhùhè nǐmen qǔdéle hǎo chéngjì.

王 兰：祝 你们 更 快 地 提高 中文 水平。

Wáng Lán：Zhù nǐmen gèng kuài de tígāo Zhōngwén shuǐpíng.

三、替换与扩展 Substitution and Extension

1. <u>回国的日子</u>越来越<u>近</u>了。

| 他的发音 | 好， | 旅游的人 | 多 |
| 他的技术水平 | 高， | 北京的天气 | 暖和 |

2. 虽然<u>时间不长</u>,但是<u>我们的友谊很深</u>。

年纪很大	身体很好
路比较远	交通比较方便
学习的时间很短	提高得很快

3. 我们把<u>地址</u> <u>写</u>在<u>本子上</u>了。

| 字 | 写 | 黑板上， | 自行车 | 放 | 礼堂右边 |
| 地图 | 挂 | 墙上， | 通知 | 贴 | 黑板左边 |

* * * * *

1. 他除了英语 以外 都 不 会，从 这个月 开始 学习 汉语。

   Tā chúle Yīngyǔ yǐwài dōu bú huì, cóng zhè ge yuè kāishǐ xuéxí Hànyǔ.

2. 这次 篮球 赛 非常 精彩，你 没 去 看， 真 遗憾。

   Zhè cì lánqiú sài fēicháng jīngcǎi, nǐ méi qù kàn, zhēn yíhàn.

四、生词 New Words

1	越来越……		yuèláiyuè……	more and more
2	虽然……但是……		suīrán……dànshì……	though
3	深	（形）	shēn	deep, profound
4	地址	（名）	dìzhǐ	address
5	实习	（动）	shíxí	to do field practice, to practise
6	该	（动、能愿）	gāi	should, must
7	舍不得		shěbude	to hate to part with...
8	留	（动）	liú	to stay

234

9	欢送会	（名）	huānsònghuì	farewell party
10	精彩	（形）	jīngcǎi	excellent, brilliant
11	热情	（形）	rèqíng	enthusiastic, warm
12	欢送	（动）	huānsòng	to send off, to see off
13	取得	（动）	qǔdé	to achieve
14	旅游	（动）	lǚyóu	to travel
15	年纪	（名）	niánjì	age
16	水平	（名）	shuǐpíng	level
17	黑板	（名）	hēibǎn	blackboard
18	右边	（名）	yòubiān	the right side
19	地图	（名）	dìtú	map
20	墙	（名）	qiáng	wall
21	贴	（动）	tiē	to stick, to paste, to put up
22	左边	（名）	zuǒbiān	the left side

五、语法　Grammar

1. "虽然……但是……"复句　The complex sentence with "虽然……但是……"

关联词"虽然"和"但是(可是)"可以构成表示转折关系的复句。"虽然"放在第一分句的主语前或主语后,"但是"(或用"可是")放在第二分句句首。例如:

The conjunctions "虽然" and "但是" (or "可是") may be used to form a complex sentence denoting a transitional relationship. "虽然" is put before or after the subject in the first clause, while "但是" (or "可是") is placed at the beginning of the second clause, e.g.

(1) 虽然下雪,但是天气不太冷。

(2) 今天我虽然很累,但是玩得很高兴。

(3) 虽然他没来过北京,可是对北京的情况知道得很多。

2. "把"字句(2)　The "把" sentence (2)

1) 如果要说明受处置的事物或人通过动作处于某处时,必须用"把"字句。例如:

The "把" sentence is used if one wants to show that a thing or a person which is disposed through the action denoted by the verb has reached a certain place, e.g.

(1) 我们把地址写在本子上了。　　　(2) 我把啤酒放进冰箱里了。

(3) 他把汽车开到学校门口了。

2) 说明受处置的事物通过动作交给某一对象时,在一定条件下也要用"把"字句。例如:

In some circumstances, the "把" sentence should also be used if one wants to show the change of hands of something from one person to another, e.g.

(4) 我把钱交给那个售货员了。　　　(5) 把这些饺子留给大卫吃。

235

六、练习　Exercises

1. 选词填空　Fill in the blanks with the words given:

舍不得　精彩　该　机会　留　热情

(1) 昨天的游泳比赛很_____,运动员的水平很高。

(2) 离上课的时间不多了,我们_____进教室去了。

(3) 来中国学习是很好的_____,我一定好好学习。

(4) 我的地址_____给你了吧?

(5) 那个饭店的服务员很_____,我们高兴极了。

(6) 这块蛋糕她_____吃,因为妹妹喜欢吃,她要留给妹妹。

2. 仿照例子,用"越来越……"改写句子　Rewrite the following sentences with "越来越……" by following the model:

例:刚才雪很大,现在更大。　→雪越来越大了。　或:雪下得越来越大了。

(1) 冬天快过去了,天气慢慢地暖和了。

(2) 他的汉语比刚来的时候好了。

(3) 张老师的小女儿一年比一年漂亮了。

(4) 参加欢送会的人比刚开始的时候多了。

(5) 大家讨论以后,这个问题比以前清楚了。

3. 用所给的词语造"把"字句　Make sentences with "把" by using the words given:

例:汽车　停　九楼前边　→把汽车停在九楼前边了。

(1) 名字　　写　　本子上

(2) 词典　　放　　桌子上

(3) 钱包　　忘　　小卖部

(4) 衬衫　　挂　　衣柜里

4. 完成对话　Complete the conversation:

A:小张,你这次去法国留学,祝你顺利!

B:祝你_____!

C:谢谢大家,为_____干杯!

A:_____。

C:我一到那儿就来信。

B:_____。

C:我一定注意身体。谢谢!

5. 说话　Talk about the following topic:

说说开茶话会欢送朋友回国的情况。

提示:一边喝茶一边谈话,你对朋友说些什么,朋友说些什么。

Say something about the tea party held to give a send-off to your friend going back to his country.

236

Suggested points：You had a chat over a cup of tea. What did you say to your friend? What did he say to you in return?

6. 听述　Listen and retell：

我在这儿学了三个月汉语，下星期一要回国了。虽然我在中国的时间不长，可是认识了不少中国朋友和别的国家的朋友。我们的友谊越来越深。我真舍不得离开他们。要是以后有机会，我一定再来中国。

7. 语音练习　Phonetic drills：

（1）常用音节练习　Drill on the frequently used syllables

yuan $\begin{cases} \text{yuánlái} & \text{（原来）} \\ \text{yuànyì} & \text{（愿意）} \\ \text{xuéyuàn} & \text{（学院）} \end{cases}$ yan $\begin{cases} \text{yǎnjìng} & \text{（眼镜）} \\ \text{chōu yān} & \text{（抽烟）} \\ \text{yánjiū} & \text{（研究）} \end{cases}$

（2）朗读会话　Read aloud the conversation

A：Míngtiān wǒmen gěi Lǐ Hóng kāi ge huānsònghuì ba.

B：Duì, tā chū guó liúxué shíjiān bǐjiào cháng.

C：Děi zhǔnbèi yì xiē shuǐguǒ hé lěngyǐn.

A：Bié wàng le zhào xiàng.

B：Zhè cì xiān jiǎnchá yíxiàr jiāojuǎnr shànghǎo le méiyǒu.

<table>
<tr><td>托运
tuōyùn
SHIPMENT</td></tr>
</table>

这儿托运行李吗?

Is this the place for checking luggage?

一、句子　Sentences

277　我 打听 一下儿, 这儿 托运
　　　Wǒ dǎting yíxiàr,　zhèr tuōyùn

行李 吗?
xíngli ma?

Can you tell me if we can check our luggage here?

278　邮局 寄 不但 太 贵, 而且 这么
　　　Yóujú jì búdàn tài guì, érqiě zhème
大 的 行李 也 不 能 寄。
dà de xíngli yě bù néng jì.

On the one hand it is very expensive to send something by post and on the other it is simply impossible to mail such a big piece of luggage.

279　我 记 不 清楚 了。
　　　Wǒ jì bu qīngchu le.

I can't remember it clearly.

280　我 想 起来 了。
　　　Wǒ xiǎng qǐlai　le.

Now I can remember it.

281　运 费 怎么 算?
　　　Yùn fèi zěnme suàn?

How do you calculate the cost of transportation?

282　按照　这个 价目表 收 费。
　　　Ànzhào zhè ge jiàmùbiǎo shōu fèi.

You should pay according to this price list.

283　你 可以 把 东西 运 来。
　　　Nǐ　kěyǐ bǎ dōngxi yùn lai.

You may bring your luggage here.

284　我 的 行李 很 大, 一 个 人
　　　Wǒ de xíngli hěn dà, yí ge rén
搬 不 动。
bān bu dòng.

My luggage is so big that I can't carry it myself.

二、会话 Conversation

刘 京：　你 这么 多 行李，坐 飞机 的 话，一定 超 重。
Liú Jīng:　Nǐ zhème duō xíngli, zuò fēijī de huà, yídìng chāo zhòng.

和子：　那 怎么 办？
Hézǐ:　Nà zěnmebàn?

王 兰：　邮局 寄 不但 太 贵，而且 这么 大 的 行李 也 不 能 寄。
Wáng Lán:　Yóujú jì búdàn tài guì, érqiě zhème dà de xíngli yě bù néng jì.

刘 京：　可以 海运。
Liú Jīng:　Kěyǐ hǎiyùn.

和子：　海运 要 多 长 时间？
Hézǐ:　Hǎiyùn yào duō cháng shíjiān?

刘 京：　我 记 不 清楚 了，我们 可以 去 托运 公司 问问。
Liú Jīng:　Wǒ jì bu qīngchu le, wǒmen kěyǐ qù tuōyùn gōngsī wènwen.

王 兰：　啊！我 想 起来 了，去年 大平 也 托运过。
Wáng Lán:　À! Wǒ xiǎng qǐlai le, qùnián Dàpíng yě tuōyùnguo.

和子：　那 好，明天 我 去 问 一下儿。
Hézǐ:　Nà hǎo, míngtiān wǒ qù wèn yíxiàr.

＊　　　＊　　　＊　　　＊　　　＊

和子：　我 打听 一下儿，这儿 托运 行李 吗？
Hézǐ:　Wǒ dǎting yíxiar, zhèr tuōyùn xíngli ma?

服务员：　托运。你 要 运到 哪儿？
fúwùyuán:　Tuōyùn. Nǐ yào yùndào nǎr?

和子：　日本。要 多 长 时间？
Hézǐ:　Rìběn. Yào duō cháng shíjiān?

服务员：　大概 一 个 多 月。
fúwùyuán:　Dàgài yí ge duō yuè.

和子：　运费 怎么 算？
Hézǐ:　Yùnfèi zěnme suàn?

239

服务员： 按照 这个价目表 收费。你可以把东西 运来。
fúwùyuán： Ànzhào zhè ge jiàmùbiǎo shōu fèi. Nǐ kěyǐ bǎ dōngxi yùn lai.

和子： 我的行李很大，一个人 搬 不动。
Hézǐ： Wǒ de xíngli hěn dà, yí ge rén bān bu dòng.

服务员： 没关系，为了方便 顾客，我们 也可以去取。
fúwùyuán： Méi guānxi, wèile fāngbiàn gùkè, wǒmen yě kěyǐ qù qǔ.

和子： 那太 麻烦你们了。
Hézǐ： Nà tài máfan nǐmen le.

注释　Note

"我想起来了。"

遗忘的事通过回忆而在脑子中浮现出来。

It means "to call something to memory."

三、替换与扩展　Substitution and Extension

1. 坐飞机的话,你的行李一定超重。

上高速公路	你们	要注意安全
坐软卧	我们	觉得很舒服
寄包裹	你	要包好
放假	他们	去旅行

2. 我记不清楚了。

| 做 完， | 洗 干净 |
| 搬 动， | 去 了 |

3. 你可以把东西运来。

王大夫	请来
这个包	带去
修好的手表	取来

*　　*　　*　　*　　*

1. 一个月的水费、电费、房费 不少。
   Yí ge yuè de shuǐfèi、diànfèi、fángfèi bù shǎo.

2. 我想 起来了,这个人是大平, 以前我在东京 见过他。
   Wǒ xiǎng qǐlai le, zhè ge rén shì Dàpíng, yǐqián wǒ zài Dōngjīng jiànguo tā.

240

3. 我 打听 一下儿,星期六 大使馆 办 公 不办 公?

Wǒ dǎting yíxiàr, xīngqīliù dàshǐguǎn bàn gōng bú bàn gōng?

四、生词 New Words

1	打听	（动）	dǎting	to inquire about
2	托运	（动）	tuōyùn	to consign for transportation
3	不但……而且……		búdàn……érqiě……	not only...but also...
4	运	（名）	yùn	transportation
5	费	（名、动）	fèi	cost; to cost
6	算	（动）	suàn	to calculate
7	按照	（介）	ànzhào	by, according to
8	价目表	（名）	jiàmùbiǎo	price list
9	搬	（动）	bān	to remove, to move, to carry
10	动	（动）	dòng	to move
11	的话	（助）	dehuà	(modal particle)
12	超重		chāo zhòng	overweight
13	海运	（动）	hǎiyùn	sea transportation
14	为了	（介）	wèile	for, in order to
15	顾客	（名）	gùkè	customer, shopper, patron
16	取	（动）	qǔ	to get, to claim
17	高速公路		gāosùgōnglù	expressway
18	包裹	（名）	bāoguǒ	parcel
19	电	（名）	diàn	electricity
20	大使馆	（名）	dàshǐguǎn	embassy
21	办公		bàn gōng	to handle official business

专名 Proper Name

大平	Dàpíng	Oidara (name of a person)

五、语法 Grammar

1. "不但……而且……"复句 The complex sentence with "不但……而且……"

"不但……而且……"表示递进关系。两个复句的主语相同,"不但"放在第一分句的主语

之后,如果两个分句的主语不同,"不但"放在第一分句的主语之前。例如:

"不但……而且……" indicates a further development in meaning in the second clause from what is stated in the first one. If the two clauses have the same subject, "不但" is put after the subject of the first clause; if they have different subjects, "不但" is put before the subject of the first clause, e.g.

(1) 他不但是我的老师,而且也是我的朋友。

(2) 这个行李不但大,而且很重。

(3) 不但他会英语,而且小王和小李也会英语。

2．"动"作可能补语 The verb "动" as a potential complement

动词"动"作可能补语,表示有力量做某事。例如:

The verb "动" as a potential complement denotes that one is capable of doing something, e.g.

(1) 这只箱子不重,我拿得动。　　(2) 走了很多路,我现在走不动了。

(3) 这个行李太重了,一个人搬不动。

3．能愿动词在"把"字句中的位置 The position of modal verbs in the "把" sentence

能愿动词都在介词"把"的前边。例如:

As a rule, modal verbs precede the preposition "把", e.g.

(1) 我可以把收录机带来。　　(2) 晚上有大风,应该把窗户关好。

六、练习　Exercises

1．用动词加可能补语填空 Fill in the blanks with the appropriate verbs and their complements:

(1) 天太黑,我＿＿＿＿＿＿＿黑板上的字。

(2) 这张桌子很重,我一个人＿＿＿＿＿＿＿。

(3) 我的中文水平不高,还＿＿＿＿＿＿＿中文报。

(4) 从这儿海运到东京,一个月＿＿＿＿＿＿＿吗?

(5) 这本小说,你一个星期＿＿＿＿＿＿＿吗?

(6) 今天的天气,照相＿＿＿＿＿＿＿吗?

2．用"不但……而且……"完成句子 Complete the sentences with "不但……而且……":

(1) 那儿不但名胜古迹很多,＿＿＿＿＿＿＿。

(2) 抽烟＿＿＿＿＿＿＿,而且对别人的身体也不好。

(3) 他不但会说汉语,＿＿＿＿＿＿＿。

(4) 昨天在欢送会上不但＿＿＿＿＿＿＿,而且别的班同学也都演了节目。

3．用"为了"完成句子 Complete the sentences with "为了":

(1) ＿＿＿＿＿＿＿,我要去旅行。

(2) ＿＿＿＿＿＿＿,我们要多听多说。

(3) ＿＿＿＿＿＿＿,你别骑快车了。

(4) ＿＿＿＿＿＿＿,我买了一张画儿。

4. **完成对话　Complete the conversation：**

A：_____?

B：我去托运行李。

A：_____?

B：运到上海。

A：_____?

B：七八天。

A：运费贵吗?

B：_____。

A：你拿得动吗? 要不要我帮忙?

B：_____。

5. **会话　Make a dialogue：**

去邮局寄包裹。与营业员对话。

提示：东西是不是超重、邮费多少、多长时间能到。

You went to a post office to mail a parcel to somebody and had a conversation with a post-office employee.

Suggested points：You asked if your parcel was overweight, what the postage was and how long it would take to get there.

6. **听述　Listen and retell：**

　　小刘要去日本,他不知道可以托运多少行李。小王去过法国,去法国和去日本一样,可以托运二十公斤(gōngjīn　kilogram),还可以带一个五公斤的小包。小刘东西比较多,从邮局寄太贵。小张让他海运,海运可以寄很多,而且比较便宜。小刘觉得这是个好主意(zhǔyi idea)。

7. **语音练习　Phonetic drills：**

(1) 常用音节练习　Drill on the frequently used syllables

yuan
- huāyuán （花园）
- yuánzhūbǐ （圆珠笔）
- yuànyì （愿意）

me
- shénme （什么）
- zěnmeyàng （怎么样）
- zhème （这么）

(2) 朗读会话　Read aloud the conversation

A：Xiǎojie, wǒ yào jì shū, hǎiyùn.

B：Wǒ kànkan, a, chāo zhòng le.

A：Yì bāo kěyǐ jì duōshao?

B：Wǔ gōngjīn.

A：Wǒ náchu jǐ běn lái ba.

B：Hǎo.

送行(一)

sòngxíng

TO SEE

SOMEONE OFF (1)

不能送你去机场了

I can't go to the airport to see you off.

一、句子　Sentences

285　你 准备 得 怎么样 了？

Nǐ zhǔnbèi de zěnmeyàng le?

Are you ready?

286　你 还 有 什么　没办 的 事，我

Nǐ hái yǒu shénme méi bàn de shì, wǒ

可以 替 你 办。

kěyǐ　tì nǐ bàn.

If you have anything to attend to, I can take care of it.

287　我 冲洗 了 两 个 胶卷儿，来

Wǒ chōngxǐle liǎng ge jiāojuǎnr, lái

不 及 去 取 了。

bu jí qù qǔ le.

I have got two reels of film developed, but I have got no time to fetch them.

288　我 正 等着　你 呢!

Wǒ zhèng děngzhe nǐ ne!

I am just waiting for you.

289　你 的 东西　收拾好 了 吗？

Nǐ de dōngxi shōushihǎole ma?

Have you got your things ready?

290　出 门 跟 在 家 不 一样，麻烦

Chū mén gēn zài jiā bù yíyàng, máfan

事 就 是 多。

shì jiù shì duō.

Going on a trip is not like staying at home, you'll certainly have more problems to solve.

291　四 个 小 包 不如 两 个 大 包 好。

Sì ge xiǎo bāo bùrú liǎng ge dà bāo hǎo.

Four small parcels are not as convenient as two big parcels.

292　又 给 你 添 麻烦 了。

Yòu gěi nǐ tiān máfan le.

I am sorry to trouble you again.

二、会话　Conversation

王　兰：　准备　得　怎么样　了？
Wáng Lán：　Zhǔnbèi de zěnmeyàng le?

玛丽：　我　正　收拾　东西　呢。你看，多　乱　啊！
Mǎlì：　Wǒ zhèng shōushi dōngxi ne. Nǐ kàn, duō luàn a!

王　兰：　路　上　要用　的东西　放在　手提包　里，这样　用　起来
Wáng Lán：　Lù shang yào yòng de dōngxi fàngzài shǒutíbāo li, zhèyàng yòng qǐlai

方便。
fāngbiàn.

玛丽：　对。我　随身　带的东西不太多，两个箱子　都已经
Mǎlì：　Duì. Wǒ suíshēn dài de dōngxi bú tài duō, liǎng ge xiāngzi dōu yǐjing

托运　了。
tuōyùn le.

王　兰：　真　抱歉，　我不能　送　你去机场　了。
Wáng Lán：　Zhēn bàoqiàn, wǒ bù néng sòng nǐ qù jīchǎng le.

玛丽：　没关系。　你忙　吧。
Mǎlì：　Méi guānxi. Nǐ máng ba.

王　兰：　你还有　什么　没办　的事，我可以替你办。
Wáng Lán：　Nǐ hái yǒu shénme méi bàn de shì, wǒ kěyǐ tì nǐ bàn.

玛丽：　我冲洗了　两　个　胶卷儿，来不及去取了。
Mǎlì：　Wǒ chōngxǐle liǎng ge jiāojuǎnr, lái bu jí qù qǔ le.

王　兰：　星期六　或者　星期天　我替你去取，然后　寄给你。
Wáng Lán：　Xīngqīliù huòzhě xīngqītiān wǒ tì nǐ qù qǔ, ránhòu jìgěi nǐ.

　　　*　　　　　*　　　　　*　　　　　*　　　　　*

大卫：　你来了，我　正　等着　你呢！
Dàwèi：　Nǐ lái le, wǒ zhèng děngzhe nǐ ne!

刘京：　你的东西　收拾好　了吗？
Liú Jīng：　Nǐ de dōngxi shōushihǎo le ma?

大卫：　马马虎虎。这次又坐火车　又坐飞机，特别麻烦。
Dàwèi：　Mǎmǎhūhū. Zhè cì yòu zuò huǒchē yòu zuò fēijī, tèbié máfan.

245

刘 京： 是 啊，出 门 跟 在 家 不 一 样，麻烦 事 就 是 多。这
Liú Jīng: Shì a, chū mén gēn zài jiā bù yíyàng, máfan shì jiù shì duō. Zhè

　　　　 几 个 包 都 是 要 带走 的 吗？
　　　　 jǐ ge bāo dōu shì yào dàizǒu de ma?

大 卫： 是 的。都 很 轻。
Dàwèi: Shì de. Dōu hěn qīng.

刘 京： 四 个 小 包 不如 两 个 大 包 好。
Liú Jīng: Sì ge xiǎo bāo bùrú liǎng ge dà bāo hǎo.

大 卫： 好 主意！
Dàwèi: Hǎo zhǔyi!

刘 京： 我 帮 你 重新 弄弄 吧。
Liú Jīng: wǒ bāng nǐ chóngxīn nòngnong ba.

大 卫： 又 给 你 添 麻烦 了。
Dàwèi: Yòu gěi nǐ tiān máfan le.

刘 京： 哪儿 的 话。
Liú Jīng: Nǎr de huà.

大 卫： 另外， 要是 有 我 的 信，请 你 转 给 我。
Dàwèi: Lìngwài, yàoshi yǒu wǒ de xìn, qǐng nǐ zhuǎn gěi wǒ.

刘 京： 没 问题。
Liú Jīng: Méi wèntí.

注释　Notes

① **"这样用起来方便。"**

"用起来"的意思是"用的时候"。

"用起来" means "when using it".

② **"出门跟在家不一样。"**

这里的"出门"是指离家远行。

"出门" here means that one journeys far away from home.

三、替换与扩展　Substitution and Extension

1. 星期六或者星期天<u>我</u>替<u>你</u>去<u>取胶卷</u>。

哥哥	我	报名
我	妈妈	接人
我朋友	我	交电费
我	大卫	取照片

246

2. <u>四个小包</u>不如<u>两个大包</u>好。

这种鞋	那种鞋	结实
这条街	那条街	安静
这种茶	那种茶	好喝

3. 你还有什么<u>没办的事</u>,我可以<u>替你办</u>。

不了解的情况	给你介绍
不懂的词	帮你翻译
没买的东西	帮你买

*　　　*　　　*　　　*　　　*

1. 我 走进 病房 看他的 时候, 他 正 安静 地 躺着 呢。
   Wǒ zǒujìn bìngfáng kàn tā de shíhou, tā zhèng ānjìng de tǎngzhe ne.

2. 离开车还有二十分钟, 我来不及回去关 窗户 了,
   Lí kāi chē hái yǒu èrshí fēnzhōng, wǒ lái bu jí huí qu guān chuānghu le,

   麻烦 你替 我关 一下儿。
   máfan nǐ tì wǒ guān yíxiàr.

四、生词　New Words

1	替	(介、动)	tì	for ; to do sth. for sb.
2	冲洗	(动)	chōngxǐ	to develop
3	不如	(动)	bùrú	not as good as, can't compare with
4	添	(动)	tiān	to add
5	乱	(形)	luàn	disorder, chaotic
6	手提包	(名)	shǒutíbāo	handbag
7	随身	(副)	suíshēn	(to carry) on one's person
8	或者	(连)	huòzhě	or
9	特别	(副、形)	tèbié	special; especially
10	轻	(形)	qīng	light
11	主意	(名)	zhǔyi	idea
12	重新	(副)	chóngxīn	again
13	另外	(连、副)	lìngwài	moveover, besides ; additional
14	报名		bào míng	to report, to register
15	鞋	(名)	xié	shoes
16	结实	(形)	jiēshi	solid, durable

17	街	（名）	jiē	street
18	安静	（形）	ānjìng	quiet
19	了解	（动）	liǎojiě	to know, to understand
20	病房	（名）	bìngfáng	ward of a hospital

五、语法　Grammar

1．动作的持续与进行　The continuation and progression of an action

动作的持续一般也就意味着动作正在进行,所以"着"常和"正在"、"正"、"在"、"呢"等词连用。例如:

The continuation of an action normally means that the action is going on right now. Therefore, "着" is usually used together with such words as "正在","正","在","呢", e.g.

(1) 我正等着你呢。　　　　(2) 外边下着雨呢。

(3) 我去的时候,他正躺着看杂志呢。

2．用"不如"表示比较　The use of "不如" for comparison

"A 不如 B"的意思,即"A 没有 B 好"。例如:

"A 不如 B" means "A is not as good as B", e.g.

(1) 我的汉语水平不如他高。　　(2) 这个房间不如那个房间干净。

六、练习　Exercises

1．用"还是"或"或者"填空　Fill in the blanks with "还是" or "或者":

(1) 你这星期走＿＿＿＿＿＿下星期走?

(2) 你坐飞机去＿＿＿＿＿＿坐火车去?

(3) 今天＿＿＿＿＿＿明天,我去看你。

(4) 这次旅行,我们先去上海＿＿＿＿＿＿先去桂林?

(5) 我们走着去＿＿＿＿＿＿骑自行车去,别坐公共汽车,公共汽车太挤(jǐ crowded)。

(6) 现在我们收拾行李,＿＿＿＿＿＿去和同学们告别?

2．用"不如"改写下面的句子　Rewrite the following sentences with "不如":

(1) 他的手提包比我的漂亮。

(2) 北京的春天冷,我们那儿的春天暖和。

(3) 那个公园的人太多,这个公园安静。

(4) 你的主意好,小王的主意不太好。

3．用"替"完成句子　Complete the sentences with "替":

(1) 今天有我一个包裹,可是现在我有事,你去邮局的话,请＿＿＿＿＿＿,好吗?

(2) 我也喜欢这种糖,你去买东西的时候,＿＿＿＿＿＿。

(3) 现在我出去一下,要是有电话来＿＿＿＿＿＿。

248

（4）我头疼,不去上课了,你看见老师的时候,＿＿＿＿＿＿＿＿。

4. 完成对话 **Complete the conversation：**

A：小刘,你去广州参加排球赛,祝你们＿＿＿＿＿＿＿＿＿！

B：广州现在很热,你要＿＿＿＿＿＿＿＿＿！

C：谢谢大家。你们有什么事没有?

A：听说＿＿＿＿＿＿＿＿＿。

C：是的,广州的衣服不错,你要什么样的?

B：不是他要,是给他女朋友。

C：＿＿＿＿＿＿＿＿＿。

5. 会话 **Make a dialogue：**

你的中国朋友要去你们国家留学,你去宿舍看他,两人会话。

提示:准备的情况怎样,需要什么帮助,介绍那儿的一些情况。

Your Chinese friend is going to study in your country. You called on him in the dormitory and had a conversation with him.

Suggested points：You asked him if he had got everything ready and what kind of help he might need. You also told him something about your country.

6. 听述 **Listen and retell：**

尼娜今天要回国,我们去她的宿舍给她送行。她把行李都收拾好了,正等出租汽车呢。我看见墙上还挂着她的大衣,问她是不是忘了,她说不是,走的时候再穿。问她没用完的人民币换了没有,她说到机场能换。这样我们就放心了。出租汽车一到,我们就帮她拿行李,送她上车,跟她告别了。

7. 语音练习 **Phonetic drills：**

（1）常用音节练习 Drill on the frequently used syllables

dong $\begin{cases} \text{dōngxi} \quad （东西） \\ \text{dǒng le} \quad （懂了） \\ \text{yùndòng} \quad （运动） \end{cases}$

tong $\begin{cases} \text{tōngzhī} \quad （通知） \\ \text{tóngxué} \quad （同学） \\ \text{chuántǒng} \quad （传统） \end{cases}$

（2）朗读会话 Read aloud the conversation

A：　À, nǐmen dōu zài zhèr ne!

B：　Wǒmen yě shì gāng lái.

C：　Nǐmen dōu lái gěi wǒ sòngxíng, zhēn guòyìbúqù.

B：　Lǎo péngyou bù néng bú sòng.

A：　Shì a, zhēn shěbude ne.

C：　Xièxie péngyoumen.

A、B：　Zhù nǐ yílù píng'ān!

第四十课　Lesson　40

祝你一路平安

Have a pleasant journey.

一、句子　Sentences

293　离 起飞 还 早着 呢。
　　　Lí　qǐfēi　hái zǎozhe ne.

There is a plenty of time before the take-off.

294　你快 坐下，喝 点儿 冷饮 吧。
　　　Nǐ kuài zuòxia, hē diǎnr lěngyǐn ba.

Please sit down and have a cold drink.

295　你 没 把 护照 放在 箱子里 吧?
　　　Nǐ méi bǎ hùzhào fàngzài xiāngzi li ba?

You didn't put your passport in the trunk, did you?

296　一会儿 还 要 办 出 境 手续 呢。
　　　Yíhuìr　hái yào bàn chū jìng shǒuxù ne.

In a moment I'll go through exit formalities.

297　一路上 多 保重。
　　　Yílùshang duō bǎozhòng.

Take good care of yourself on the trip.

298　希望 你 常 来信。
　　　Xīwàng nǐ cháng lái xìn.

I hope you write us often.

299　你 可 别 把我们 忘了。
　　　Nǐ kě bié bǎ wǒmen wàng le.

Never forget us.

300　我 到了 那儿，就 给 你们 写信。
　　　Wǒ dàole nàr,　jiù gěi nǐmen xiěxìn.

I'll write you as soon as I get there.

301　祝 你 一路 平安!
　　　Zhù nǐ yílù píng'ān!

I wish you a pleasant journey.

二、会话　Conversation

刘 京： 离 起飞 还 早着 呢。
Liú Jīng: Lí qǐfēi hái zǎozhe ne.

250

玛丽： 我们 去候机室坐 一会儿。
Mǎlì: Wǒmen qù hòujīshì zuò yíhuìr.

李红： 张 丽英还没 来。
Lǐ Hóng: Zhāng Lìyīng hái méi lái.

刘京： 你看，她 跑来了。
Liú Jīng: Nǐ kàn, tā pǎolai le.

张： 车太挤，耽误了时间，我来晚了。
zhāng: Chē tài jǐ, dānwù le shíjiān, wǒ láiwǎn le.

刘京： 不晚，你来得 正 合适。
Liú Jīng: Bù wǎn, nǐ lái de zhèng héshì.

李红： 哎呀，你跑 得都 出汗了。
Lǐ Hóng: Āiya, nǐ pǎo de dōu chū hàn le.

玛丽： 快 坐下 喝点儿冷饮 吧。
Mǎlì: Kuài zuòxia, hē diǎnr lěngyǐn ba.

刘京： 你没 把护照 放在 箱子里吧？
Liú Jīng: Nǐ méi bǎ hùzhào fàngzài xiāngzi li ba?

玛丽： 我 随身 带着 呢。
Mǎlì: Wǒ suíshēn dàizhe ne.

李红： 你该进去 了。
Lǐ Hóng: Nǐ gāi jìnqu le.

张： 一会儿还要办 出境手续 呢。
zhāng: Yíhuìr hái yào bàn chū jìng shǒuxù ne.

＊ ＊ ＊ ＊ ＊

李红： 给 你行李,拿好。准备 海关 检查。
Lǐ Hóng: Gěi nǐ xíngli, náhǎo. Zhǔnbèi hǎiguān jiǎnchá.

张： 一路上 多 保重。
zhāng: Yílùshang duō bǎozhòng.

刘京： 希望 你常 来信。
Liú Jīng: Xīwàng nǐ cháng lái xìn.

李红： 你可别把我们 忘 了。
Lǐ Hóng: Nǐ kě bié bǎ wǒmen wàng le.

玛丽： 不 会 的。我 到 了 那儿，就 给 你们 写 信。
Mǎlì: Bú huì de. Wǒ dàole nàr, jiù gěi nǐmen xiě xìn.

刘 京：问候 你 全 家人！
Liú Jīng: Wènhòu nǐ quán jiā rén!

李 红： 问 安妮 小姐 好！
Lǐ Hóng: Wèn Ānnī xiǎojie hǎo!

大家： 祝 你 一路 平安！
dàjiā: Zhù nǐ yílù píng'ān!

玛丽： 再见 了！
Mǎlì: Zàijiàn le!

大家：再见！
dàjiā: Zàijiàn!

三、替换与扩展 Substitution and Extension

1. 你没把<u>护照</u><u>放</u>在<u>箱子里</u>吧?

帽子	忘	汽车上
钥匙	锁	房间里
牛奶	放	冰箱里

2. 你可别把<u>我们</u>忘了。

这件事	耽误
这支笔	丢
那句话	忘

3. 希望你<u>常来信</u>。

| 认真学习 | 好好考虑 |
| 继续进步 | 努力工作 |

* * * * *

1. 今天 我们 下了 班 就 去 看 展览 了。
   Jīntiān wǒmen xiàle bān jiù qù kàn zhǎnlǎn le.

2. 昨天 我 没 上 班，我 去 接 朋友 了。我 去 的 时候，他
   Zuótiān wǒ méi shàng bān, Wǒ qù jiē péngyou le. Wǒ qù de shíhou, tā

正在　办　入境　手续。

zhèngzài bàn rùjìng shǒuxù.

四、生词　New Words

1	冷饮	（名）	lěngyǐn	cold drink
2	出境		chū jìng	to leave the country
3	保重	（动）	bǎozhòng	to take care
4	希望	（动、名）	xīwàng	to hope; wish
5	可	（副）	kě	(for emphasis)
6	平安	（形）	píng'ān	safe
7	候机室	（名）	hòujīshì	airport lounge
8	挤	（形、动）	jǐ	crowded, jammed; to squeeze
9	耽误	（动）	dānwu	to delay
10	合适	（形）	héshì	proper
11	汗	（名）	hàn	sweat
12	海关	（名）	hǎiguān	customs
13	问候	（动）	wènhòu	to greet, to ask after
14	帽子	（名）	màozi	cap, hat
15	牛奶	（名）	niúnǎi	milk
16	认真	（形）	rènzhēn	careful, conscientious, earnest
17	考虑	（动、名）	kǎolǜ	to think; consideration
18	进步	（形）	jìnbù	progressive
19	努力	（形）	nǔlì	to make an effort
20	下班		xià bān	come or go off work
21	展览	（动、名）	zhǎnlǎn	to exhibit; exhibition
22	上班		shàng bān	to go to work
23	入境		rù jìng	to enter a country

专名　Proper Name

安妮	Ānnī	Anne

五、语法　Grammar

1. "把"字句(3)　The "把" sentence (3)

1）"把"字句的否定形式是在"把"之前加否定副词"不"或"没"。例如：

253

The negative sentence with "把" is formed by putting the negative adverb "不" or "没" before "把", e.g.

  (1) 安娜没把这课练习做完。 (2) 他没把那件事告诉小张。

  (3) 今天晚上不把这本小说看完,就不休息。 (4) 你不把书带来怎么上课?

2) 如有时间状语也必须放在"把"之前。例如:

If an adverbial of time is needed, it should also be placed before "把", e.g.

  (5) 他明天一定把照片带来。 (6) 小王昨天没把开会的时间通知大家。

2. "……了……就……" The expression "……了……就……"(no sooner...than...)

表示一个动作完成紧接着发生第二个动作。例如:

It indicates that one action takes place immediately after another, e.g.

  (1) 昨天我们下了课就去参观了。 (2) 他吃了饭就去外边散步了。

六、练习 Exercises

1. **熟读下列词组并选择造句** Read until fluent the following words and make sentences with some of them:

  耽误学习 耽误时间 耽误了两天课

  进步很大 有进步   学习进步

  很合适   不合适   合适的时间

  努力工作 很努力   继续努力

2. **用"希望"完成句子** Complete the sentences with "希望":

 (1) 这次考试＿＿＿＿＿＿＿＿。

 (2) 你回国以后＿＿＿＿＿＿＿＿。

 (3) 你在医院要听大夫的话,好好休息。＿＿＿＿＿＿＿＿。

 (4) 每个爸爸、妈妈都＿＿＿＿＿＿＿＿。

 (5) 我第一次来中国,＿＿＿＿＿＿＿＿。

 (6) 这次旅行＿＿＿＿＿＿＿＿。

3. **选择适当的词语填空** Fill in the blanks with proper words/phrases from those given below:

  平安 特别 一边……一边…… 演 替 为 希望 要……了

  尼娜＿＿回国＿＿,我们＿＿她开了一个欢送会。那天＿＿热闹,同学们＿＿谈话＿＿喝茶,还＿＿了不少节目。我们说＿＿她回国以后常来信,而且＿＿我们问候她全家,祝她一路＿＿＿＿。

4. **完成对话** Complete the conversation:

 A：小李,你这次出差去多长时间?

 B：＿＿＿＿＿＿＿＿＿＿。

 A：出差很累,你要＿＿＿＿＿。

 B：谢谢,我一定注意。你要买什么东西吗?

 A：不买。太麻烦了。

254

B：＿＿＿＿＿＿＿＿＿＿，我可以顺便给你带回来。

A：不用了。祝你＿＿＿＿＿＿＿＿＿＿！

B：谢谢!

5. 说话　Talk about the following topic：

谈谈你来中国的时候,朋友或家里人给你送行的情况。

Say something about the send-off your friends or family gave you when you were leaving for China.

6. 听述　Listen and retell：

妹妹第一次出远门,要到中国去留学。我们全家送她到机场。她有两件行李,我和爸爸替她拿。妈妈很不放心,让她路上要注意安全,别感冒,到了中国就来信,把那儿的情况告诉我们。爸爸说妈妈说得太多了,妹妹已经不是小孩子了,应该让她到外边锻炼锻炼。妈妈说:“中国有句话说,‘儿行千里母担忧’(ér xíng qiān lǐ mǔ dān yōu　the mother worries for her son bound for far-off land),意思是,孩子到很远的地方去,妈妈不放心。我怎么能不说呢?”

7. 语音练习　Phonetic drills：

(1) 常用音节练习　Drill on the frequently used syllables

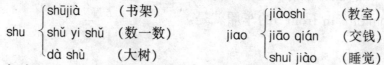

shu　⎧ shūjià　　　（书架）
　　　⎨ shǔ yi shǔ　（数一数）
　　　⎩ dà shù　　　（大树）

jiao　⎧ jiàoshì　　（教室）
　　　⎨ jiāo qián　（交钱）
　　　⎩ shuì jiào　（睡觉）

(2) 朗读会话　Read aloud the conversation

A：Qǐng kàn yíxiàr nín de hùzhào hé jīpiào.

B：Zěnme tuōyùn xíngli?

A：Nín xiān tián yíxiàr zhè zhāng biǎo.

B：Tiánwán le.

A：Gěi nín hùzhào hé jīpiào, nín kěyǐ qù tuōyùn xíngli le.

B：Hǎo, xièxie!

复习（八） Review（Ⅷ）

一、会话 Conversation

〔汉斯(Hànsī Hans)和小王是好朋友。现在汉斯要回国了,小王送他到火车站〕

王：　　我们进站去吧。

汉斯：　你就送到这儿,回去吧。

王：　　不,我已经买了站台(zhàntái platform)票了。来,你把箱子给我,我帮你拿。

汉斯：　我拿得动。

王：　　你拿手提包,我拿箱子。别客气。你看,这就是国际列车(guójì lièchē international train)。

汉斯：　我在 9 号车厢(chēxiāng railway car)。

王：　　前面(qiánmiàn in front)的车厢就是。

　　　　　*　　　　　*　　　　　*　　　　　*　　　　　*

王：　　汉斯,箱子放在行李架(xínglijià luggage rack)上。

汉斯：　这个手提包也要放在行李架上吗?

王：　　这个包放在座位下边,拿东西方便一些。

汉斯：　现在离开车还早着呢,你坐一会儿吧。

王：　　你的护照放在身边没有?

汉斯：　哟(yō)! 我的护照怎么没有了?

王：　　别着急,好好想想,不会丢了吧?

汉斯：　对了! 放在手提包里了。你看,我的记性(jìxing memory)真坏。

王：　　马上就要开车了,我下去了。你到了那儿就来信啊!

汉斯：　一定。

王：　　问你家里人好! 祝你一路平安!

汉斯：　谢谢! 再见!

二、语法   Grammar

（一） 动词的态 Aspects of the verb

1. 动作即将发生,可以用"要……了"、"快要……了"或"就要……了"来表示。例如:

　　"要……了","快要……了" **or** "就要……了" can be used to indicate that an action is going to happen immediately, e.g.

（1）飞机就要起飞了。　　　　　（2）快要到北京了。

（3）明天就要放假了。　　　　　（4）他要考大学了。

2. 动作的进行,可用"正在"、"正"、"在"、"呢"或"(正)在……呢"等表示。例如:

"正在","正","在","呢" or "(正)在……呢" can be used to indicate an on-going action, e.g.

（1）我正在看报呢。　　　　　　（2）他在跳舞呢。

（3）你在写毛笔字吗?

　　　　——我没写毛笔字,我正画画儿呢。

3. 动作或状态的持续,可用"着"表示,否定形式用"没有……着"。例如:

"着" may be used to indicate the continuation of an action or a state. Its negative form is "没有……着",e.g.

（1）墙上挂着几张照片。　　　　（2）桌子上放着花儿,花儿旁边放着几本书。

（3）他一边唱着歌,一边洗着衣服。　（4）通知上没写着他的名字。

4. 动作的完成,可以用动态助词"了"表示。否定形式用"没(有)"。例如:

The aspect particle "了" may be used to indicate the completion of an action. Its negative form is "没有",e.g.

（1）你看了那个电影吗?　　　　（2）我买了两支铅笔。

（3）今天的练习我已经做了。　　（4）今天的练习我没(有)做完。

5. 过去的经历用"过"表示,否定式是"没有……过"。例如:

"过" is used to indicate a past experience. Its negative form is "没有……过",e.g.

（1）我去过上海。　　　　　　　（2）他以前学过汉语。

（3）他还没吃过烤鸭呢。

(二) 几种特殊的动词谓语句　Sentences with special verbal predicates

1. "是"字句　The "是" sentence

（1）他是我的同学。　　　　　　（2）前边是一个中学,不是大学。

（3）那个收录机是新的。

2. "有"字句　The "有" sentence

（1）我有汉语书,没有法语书。　（2）我有哥哥,没有妹妹。

（3）书架上有很多小说和杂志。

3. 用"是……的"强调动作的时间、地点或方式等的句子。例如:

The sentence with the "是……的" construction is to stress when, where or how the action occurred, e.g.

（1）他是从东京来的。　　　　　（2）我是坐飞机去上海的。

（3）他妹妹是昨天到这儿的。　　（4）那本杂志是从李红那儿借来的。

4. 存现句　The sentence expressing existence, appearance, or disappearance

（1）床旁边放着一个衣柜。　　　（2）那边走过来一个人。

（3）我们班走了两个日本同学。

5. 连动句　The sentence with verbal constructions in series

（1）我去商店买东西。　　　　　（2）我有一个问题要问你。

（3）我没有钱花了。　　　　　　　（4）他们去医院看一个病人。

6.兼语句　The pivotal sentence

（1）老师让我们听录音。　　　　　　（2）他请我吃饭。

（3）外边有人找你。

7."把"字句　The "把" sentence

（1）他把信给玛丽了。　　　　　　　（2）他想把这件事告诉小王。

（3）别把东西放在门口。　　　　　　（4）他没把那本小说还给小刘。

（5）我们把他送到 机场了。

三、练习　Exercises

1.按照实际情况回答问题　Answer the questions according to actual situations：

（1）你回国的时候,怎么向中国朋友、中国老师告别?

提示:在中国学习、生活觉得怎么样,怎么感谢他们的帮助等等。

How will you bid farewell to your Chinese friends and teachers on returning home?

Suggested points：What will you think of your study and life in China? How will you thank them for their help?

（2）你参加过什么样的告别活动?

提示:欢送会、吃饭、照相、演节目等等。

What farewell parties have you taken part in?

Suggested points：send-off party, dinner, picture-taking, performances and so on.

2.会话　Conversations：

（1）告别　Farewell

我来向你告别。　　　　　　　日子过得真快。

我要……了。　　　　　　　　哪天走?

谢谢对我的照顾。　　　　　　真舍不得啊!

给你们添了不少麻烦。　　　　对你的照顾很不够。

不用送。　　　　　　　　　　你太客气了。

　　　　　　　　　　　　　　哪儿的话!

　　　　　　　　　　　　　　没什么。

　　　　　　　　　　　　　　不用谢。

　　　　　　　　　　　　　　准备得怎么样了?

　　　　　　　　　　　　　　……都收拾好了吗?

　　　　　　　　　　　　　　我帮你……

（2）送行　Send-off

祝你一路平安!

路上多保重。

问……好!

258

请问候……

希望你常来信。

(3) 托运　Consignation

这儿能托运吗？　　　　　　运什么？

可以海运吗？　　　　　　　运到哪儿？

要多长时间？　　　　　　　您的地址、姓名？

运费怎么算？　　　　　　　请填一下表。

　　　　　　　　　　　　　按照……收费。

3. 完成对话　Complete the conversation：

A：你什么时候走？

B：_____。

A：_____？

B：都托运了。谢谢你的照顾。

A：_____，照顾得很不够。

B：_____。

A：我一定转告。请问候你们全家。

B：_____，我也一定转告。

A：祝你_____！再见！

B：_____。

4. 语音练习　Phonetic drills：

(1) 声调练习：　第一声 + 第四声　Drill on tones：1st tone + 4th tone

bāngzhù　（帮助）

xiānghù bāngzhù　（相互帮助）

xīwàng xiānghù bāngzhù　（希望相互帮助）

(2) 朗读会话　Read aloud the conversation

A：Wǒ kuài huí guó le, jīntiān lái xiàng nǐ gào bié.

B：Shíjiān guò de zhēn kuài, shénme shíhou zǒu?

A：Hòutiān xiàwǔ liǎng diǎn bàn.

B：Xīwàng wǒmen yǐhòu hái néng jiàn miàn.

A：Xièxie nǐ hé dàjiā duì wǒ de zhàogù.

B：Nǎr de huà, nǐ tài kèqi le. Hòutiān wǒ qù sòng nǐ.

A：Búyòng sòng le.

B：Bié kèqi.

四、阅读短文　Reading Passage

今天晚上有中美两国的排球赛。这两个国家的女排打得都很好。我很想看，可是买不到票，只能在宿舍看电视了。

259

这个比赛非常精彩。两局(jú　set)的结果(jiéguǒ　score)是 1 比 1。现在是第三局,已经打到了 12 比 12 了,很快就能知道结果了。正在这时候,王兰走到我身边,告诉我有两个美国人在楼下传达室(chuándáshì　reception office)等我。他们是刚从美国来的。我不能看排球赛了,真可惜!

我一边走一边想,这两个人是谁呢? 对了,我姐姐发(fā　to send)来电传(diànchuán telex)说,她有两个朋友要来北京,问我要带什么东西。很可能就是我姐姐的朋友来了。

我开门走进传达室一看,啊! 是我姐姐和她的爱人。我高兴极了。马上又问她:"你们来,为什么不告诉我?"他们两个都笑(xiào　to smile)了,她说:"要是先告诉你,就没有意思了。"

词汇表　Vocabulary

A

啊	（叹、助）	a	17
哎呀	（叹）	āiyā	22
爱人	（名）	àiren	7

安静	（形）	ānjìng	39
安全	（形）	ānquán	27
按照	（介）	ànzhào	38

B

八	（数）	bā	2
把	（介）	bǎ	34
吧	（助）	ba	8
爸爸	（名）	bàba	1
白	（形）	bái	24
白天	（名）	báitiān	32
百	（数）	bǎi	14
班	（名）	bān	26
搬	（动）	bān	38
办	（动）	bàn	31
办法	（名）	bànfǎ	32
办公		bàn gōng	38
半	（数）	bàn	8
帮	（动）	bāng	15
帮忙		bāng máng	32
帮助	（动、名）	bāngzhù	21
包	（名）	bāo	33
包裹	（名）	bāoguǒ	38
包子	（名）	bāozi	30
饱	（形）	bǎo	20
保龄球	（名）	bǎolíngqiú	8
保重	（动）	bǎozhòng	40
报	（名）	bào	21
报名		bào míng	39
抱歉	（形）	bàoqiàn	23
杯	（名）	bēi	12

北边	（名）	běibiān	10
本	（量）	běn	13
本子	（名）	běnzi	13
比	（介、动）	bǐ	28
比较	（副、动）	bǐjiào	30
比赛	（动、名）	bǐsài	29
笔	（名）	bǐ	19
笔试	（名）	bǐshì	26
毕业		bì yè	18
表	（名）	biǎo	34
别	（副）	bié	19
别的	（代）	biéde	11
宾馆	（名）	bīnguǎn	9
冰	（名）	bīng	28
冰箱	（名）	bīngxiāng	30
病	（名、动）	bìng	27
病房	（名）	bìngfáng	39
病人	（名）	bìngrén	35
拨	（动）	bō	15
不错	（形）	búcuò	20
不但……		búdàn……	38
而且……		érqiě……	
不用		búyòng	19
补	（动）	bǔ	35
不	（副）	bù	3
不好意思		bùhǎoyìsi	19

耽误	（动）	dānwu	40	电	（名）	diàn	38
蛋糕	（名）	dàngāo	26	电话	（名）	diànhuà	14
当	（动）	dāng	30	电脑	（名）	diànnǎo	7
当然	（副、形）	dāngrán	16	电视	（名）	diànshì	6
导游	（名）	dǎoyóu	30	电梯	（名）	diàntī	23
倒	（动）	dǎo	34	电影	（名）	diànyǐng	8
到	（动）	dào	13	电影院	（名）	diànyǐngyuàn	23
的	（助）	de	5	丢	（动）	diū	24
的话	（助）	dehuà	38	冬天	（名）	dōngtiān	28
得	（助）	de	20	东边	（名）	dōngbiān	10
地	（助）	de	33	东西	（名）	dōngxi	6
得	（能愿）	děi	27	懂	（动）	dǒng	13
灯	（名）	dēng	34	动	（动）	dòng	38
等	（动）	děng	14	动物园	（名）	dòngwùyuán	17
迪斯科	（名）	dísikē	24	都	（副）	dōu	1
第	（头）	dì	19	度	（量）	dù	28
弟弟	（名）	dìdi	3	短	（形）	duǎn	12
地方	（名）	dìfang	10	锻炼	（动）	duànliàn	34
地区	（名）	dìqū	15	对	（形、介、动）	duì	9
地区号		dìqū hào	15				
地铁	（名）	dìtiě	17	对不起		duìbuqǐ	23
地图	（名）	dìtú	37	队	（名）	duì	29
地址	（名）	dìzhǐ	37	多	（形、副、数）	duō	11
点	（量）	diǎn	8				
点心	（名）	diǎnxin	35	多少	（代）	duōshao	9

E

饿	（形）	è	33	二	（数）	èr	2

F

发烧		fā shāo	34	方便	（形）	fāngbiàn	25
发音	（名）	fāyīn	30	房间	（名）	fángjiān	9
翻译	（名、动）	fānyì	19	放	（动）	fàng	25
饭	（名）	fàn	8	放假		fàng jià	29
饭店	（名）	fàndiàn	14	放心		fàng xīn	30

好看	（形）	hǎokàn	15		画报	（名）	huàbào	35
号（日）	（名）	hào(rì)	2		画儿	（名）	huàr	25
号码	（名）	hàomǎ	14		画展	（名）	huàzhǎn	22
喝	（动）	hē	11		话	（名）	huà	26
和	（连）	hé	7		话剧	（名）	huàjù	22
盒子	（名）	hézi	26		坏	（形）	huài	23
合适	（形）	héshì	40		欢迎	（动）	huānyíng	9
黑	（形）	hēi	35		欢送	（动）	huānsòng	37
黑板	（名）	hēibǎn	37		欢送会	（名）	huānsònghuì	37
很	（副）	hěn	1		还	（动）	huán	23
红	（形）	hóng	24		换	（动）	huàn	13
后天	（名）	hòutiān	24		黄	（形）	huáng	24
候机室	（名）	hòujīshì	40		回	（动）	huí	5
护照	（名）	hùzhào	32		回答	（动）	huídá	24
花	（动）	huā	14		会	（能愿、动）	huì	13
花	（名）	huār	17		会	（名）	huì	22
划	（动）	huá	17		火车	（名）	huǒchē	18
滑（冰）	（动）	huá(bīng)	28		或者	（连）	huòzhě	39
画	（动）	huà	25					

J

机场	（名）	jīchǎng	17		见	（动）	jiàn	24
机会	（名）	jīhuì	36		见面		jiàn miàn	22
极了		jí le	12		件	（量）	jiàn	12
急	（形）	jí	24		健康	（形）	jiànkāng	20
几	（数）	jǐ	6		交	（动）	jiāo	15
挤	（形、动）	jǐ	40		交通	（名）	jiāotōng	27
记	（动）	jì	30		胶卷	（名）	jiāojuǎnr	24
寄	（动）	jì	15		教	（动）	jiāo	29
计划	（动、名）	jìhuà	31		饺子	（名）	jiǎozi	20
纪念	（动、名）	jìniàn	15		叫	（动）	jiào	4
技术	（名）	jìshù	27		教室	（名）	jiàoshì	5
继续	（动）	jìxù	36		接	（动）	jiē	17
家	（名）	jiā	5		结实	（形）	jiēshi	39
价目表	（名）	jiàmùbiǎo	38		街	（名）	jiē	39
价钱	（名）	jiàqian	16		结婚		jié hūn	7
检查	（动）	jiǎnchá	24		节目	（名）	jiémù	35

姐姐	（名）	jiějie	3		经理	（名）	jīnglǐ	19
介绍	（动）	jièshào	5		九	（数）	jiǔ	2
借	（动）	jiè	23		久	（形）	jiǔ	23
斤	（量）	jīn	11		酒	（名）	jiǔ	16
今年	（名）	jīnnián	3		旧	（形）	jiù	28
今天	（名）	jīntiān	2		就	（副）	jiù	10
近	（形）	jìn	10		橘子	（名）	júzi	11
进	（动）	jìn	5		句	（量）	jù	19
进步	（形、动）	jìnbù	40		句子	（名）	jùzi	22
精彩	（形）	jīngcǎi	37		觉得	（动）	juéde	24
京剧	（名）	jīngjù	16					

K

咖啡	（名）	kāfēi	16		可是	（连）	kěshì	22
卡		kǎ	15		可惜	（形）	kěxī	24
开	（动）	kāi	18、21		可以	（能愿）	kěyǐ	12
开始	（动）	kāishǐ	34		渴	（形）	kě	33
看	（动）	kàn	5		刻	（量）	kè	8
看样子		kàn yàngzi	35		课	（名）	kè	7
考	（动）	kǎo	26		客气	（形）	kèqi	19
考虑	（动）	kǎolǜ	40		客人	（名）	kèren	33
考试	（动、名）	kǎoshì	17		空	（形）	kòng	33
烤鸭	（名）	kǎoyā	16		空儿	（名）	kòngr	22
咳嗽	（动）	késou	27		口	（量）	kǒu	7
可	（副）	kě	40		口试	（名）	kǒushì	26
可爱	（形）	kě'ài	26		裤子	（名）	kùzi	33
(可口)可乐	（名）	(kěkǒu) kělè	11		块(元)	（量）	kuài(yuán)	11
可能	（能愿、形、名）	kěnéng	23		快	（形）	kuài	14
					快乐	（形）	kuàilè	26

L

来	（动）	lái	1		劳驾		láojià	10
来不及		lái bu jí	31		老	（形、副）	lǎo	36
来得及		lái de jí	31		老师	（名）	lǎoshī	2
篮球	（名）	lánqiú	29		了	（助）	le	7

累	(形)	lèi	3	了	(动)	liǎo	35
冷	(形)	lěng	12	了解	(动)	liǎojiě	39
冷饮	(名)	lěngyǐn	40	零(○)	(数)	líng	3
另外	(形、副)	lìngwài	39	留	(动)	liú	37
离	(介)	lí	10	留学生	(名)	liúxuéshēng	4
离开		lí kāi	36	六	(数)	liù	2
里	(名)	lǐ	14	楼	(名)	lóu	9
里边	(名)	lǐbiān	21	录音		lù yīn	11
礼堂	(名)	lǐtáng	32	录像		lù xiàng	30
礼物	(名)	lǐwù	26	录像带	(名)	lùxiàngdài	35
练	(动)	liàn	29	路	(名)	lù	9
练习	(动、名)	liànxí	12	乱	(形)	luàn	39
凉快	(形)	liángkuai	28	旅馆	(名)	lǚguǎn	33
两	(数)	liǎng	8	旅行	(动)	lǚxíng	29
辆	(量)	liàng	20	旅游	(动)	lǚyóu	37
聊天儿		liáo tiānr	36				

M

妈妈	(名)	māma	1	没	(副)	méi	7
麻烦	(动、形、名)	máfan	19	没关系		méi guānxi	23
				每	(代)	měi	27
马虎	(形)	mǎhu	25	美	(形)	měi	25
马路	(名)	mǎlù	27	美元	(名)	měiyuán	14
马上	(副)	mǎshàng	24	妹妹	(名)	mèimei	3
吗	(助)	ma	1	门	(名)	mén	26
嘛	(助)	ma	25	门口	(名)	ménkǒu	35
买	(动)	mǎi	6	们	(尾)	men	36
卖	(动)	mài	32	面包	(名)	miànbāo	35
满	(形)	mǎn	33	面条	(名)	miàntiáo	35
慢	(形)	màn	19	名菜		míng cài	16
忙	(形)	máng	3	名胜古迹		míngshèng gǔjì	31
毛(角)	(量)	máo(jiǎo)	11				
毛笔	(名)	máobǐ	29	名字	(名)	míngzi	4
毛衣	(名)	máoyī	12	明年	(名)	míngnián	3
贸易	(名)	màoyì	18	明天	(名)	míngtiān	3
帽子	(名)	màozi	40				

哪	（代）	nǎ	13
哪儿	（代）	nǎr	5
那	（代）	nà	4
那么	（代）	nàme	36
那儿	（代）	nàr	10
男	（名）	nán	22
难	（形）	nán	24
南边	（名）	nánbiān	32
呢	（助）	ne	3
能	（能愿）	néng	14
能力	（名）	nénglì	30
你	（代）	nǐ	1

你们	（代）	nǐmen	1
年	（名）	nián	3
年纪	（名）	niánjì	37
念	（动）	niàn	14
您	（代）	nín	2
牛奶	（名）	niúnǎi	40
农贸市场		nóngmào shìchǎng	5
弄	（动）	nòng	23
努力	（形）	nǔlì	40
暖和	（形）	nuǎnhuo	28
女	（名）	nǚ	22

爬	（动）	pá	29
排球	（名）	páiqiú	29
旁边	（名）	pángbiān	10
胖	（形）	pàng	28
跑	（动）	pǎo	40
跑步		pǎo bù	29
陪	（动）	péi	22
朋友	（名）	péngyou	4

啤酒	（名）	píjiǔ	18
便宜	（形）	piányi	11
票	（名）	piào	13
漂亮	（形）	piàoliang	24
瓶	（名、量）	píng	11
平安	（形）	píng'ān	40
苹果	（名）	píngguǒ	11
普通话	（名）	pǔtōnghuà	30

七	（数）	qī	2
骑	（动）	qí	17
起	（动）	qǐ	8
起飞	（动）	qǐfēi	18
汽车	（名）	qìchē	10
气温	（名）	qìwēn	28
铅笔	（名）	qiānbǐ	25
钱	（名）	qián	11
钱包	（名）	qiánbāo	32

前	（名）	qián	10
前边	（名）	qiánbiān	10
墙	（名）	qiáng	37
巧	（形）	qiǎo	22
轻	（形）	qīng	39
清楚	（形）	qīngchu	30
情况	（名）	qíngkuàng	34
请	（动）	qǐng	5
请问		qǐng wèn	10

秋天	（名）	qiūtiān	28		去年	（名）	qùnián	17
取	（动）	qǔ	38		全	（形、副）	quán	26
取得	（动）	qǔdé	37		裙子	（名）	qúnzi	33
去	（动）	qù	5					

R

然后	（连）	ránhòu	31		认识	（动）	rènshi	4
让	（动、介）	ràng	23		认真	（形）	rènzhēn	40
热	（形）	rè	19		日语	（名）	Rìyǔ	7
热闹	（形）	rènao	31		日子	（名）	rìzi	36
热情	（形）	rèqíng	37		容易	（形）	róngyì	24
人	（名）	rén	4		入境		rù jìng	40
人民	（名）	rénmín	20		软卧	（名）	ruǎnwò	32
人民币	（名）	rénmínbì	14					

S

三	（数）	sān	2		圣诞节	（名）	Shèngdàn Jié	21
散步		sànbù	29		十	（数）	shí	2
嗓子	（名）	sǎngzi	34		时候	（名）	shíhou	8
山	（名）	shān	29		时间	（名）	shíjiān	14
伤	（动、名）	shāng	34		食堂	（名）	shítáng	8
商店	（名）	shāngdiàn	5		实习	（动、名）	shíxí	37
上	（动、名）	shàng 7、13、17			市	（名）	shì	33
上(班)		shàng (bān)	40		市场	（名）	shìchǎng	5
上保险		shàng bǎoxiǎn	31		试	（动）	shì	12
					事	（名）	shì	16
上(车)		shàng (chē)	13		事故	（名）	shìgù	27
上午	（名）	shàngwǔ	6		是	（动）	shì	4
少	（形）	shǎo	12		收	（动）	shōu	16
舍不得		shě bu de	37		收录机	（名）	shōulùjī	23
深	（形）	shēn	37		收拾	（动）	shōushi	30
身体	（名）	shēntǐ	2		手	（名）	shǒu	25
什么	（代）	shénme	4		手表	（名）	shǒubiǎo	30
生词	（名）	shēngcí	12		手提包	（名）	shǒutíbāo	39
生活	（名、动）	shēnghuó	20		手续	（名）	shǒuxù	31
生日	（名）	shēngrì	6		受	（动）	shòu	34

269

售货员	（名）	shòuhuòyuán	11	顺便	（副）	shùnbiàn	31
售票员	（名）	shòupiàoyuán	13	顺利	（形）	shùnlì	19
瘦	（形）	shòu	28	说	（动）	shuō	13
书	（名）	shū	6	死	（形、动）	sǐ	33
舒服	（形）	shūfu	27	四	（数）	sì	2
数	（动）	shǔ	14	送	（动）	sòng	19
数	（名）	shù	14	宿舍	（名）	sùshè	5
摔	（动）	shuāi	34	算	（动）	suàn	38
谁	（代）	shuí	5	虽然……		suīrán……	37
水	（名）	shuǐ	18	但是		dànshì	
水果	（名）	shuǐguǒ	31	随身	（副）	suí shēn	39
水平	（名）	shuǐpíng	37	岁	（量）	suì	6
睡	（动）	shuì	20	锁	（名、动）	suǒ	34
睡觉		shuì jiào	8				

T

她	（代）	tā	1	天气	（名）	tiānqì	17
他	（代）	tā	1	添	（动）	tiān	39
他们	（代）	tāmen	1	挑	（动）	tiāo	15
太	（副）	tài	3	条	（量）	tiáo	17
太极拳	（名）	tàijíquán	29	跳舞		tiào wǔ	21
谈	（动）	tán	30	贴	（动）	tiē	37
糖	（名）	táng	35	听	（动）	tīng	5
躺	（动）	tǎng	29	听说		tīng shuō	14
讨论	（动）	tǎolùn	32	停	（动）	tíng	32
套	（量）	tào	15	通	（动）	tōng	15
特别	（副、形）	tèbié	39	通知	（动、名）	tōngzhī	21
疼	（动）	téng	27	同学	（名）	tóngxué	22
提高	（动）	tígāo	30	头	（名）	tóu	27
替	（介、动）	tì	39	图书馆	（名）	túshūguǎn	32
天	（名）	tiān	12	托运	（动）	tuōyùn	38

W

外边	（名）	wàibiān	19	玩儿	（动）	wánr	9
完	（动）	wán	30	晚	（形）	wǎn	20

Y

Z